MOMENTOS DE QUIETUD CON

Dios

DEVOCIONARIO

MOMENTOS DE QUIETUD CON

DEVOCIONARIO

365 INSPIRACIONES DIARIAS

JOYCE MEYER

New York   Nashville

FaithWords
Hachette Book Group
1290 Avenue of the Americas, New York, NY 10104
faithwords.com
twitter.com/faithwords

FaithWords es una división de Hachette Book Group, Inc. El nombre y logotipo de FaithWords es una marca registrada de Hachette Book Group, Inc.

La editorial no es responsable de los sitios web (o su contenido) que no son propiedad de la editorial.

El Hachette Speakers Bureau proporciona una amplia gama de autores para dar charlas. Si desea obtener más información, visite www.hachettespeakersbureau.com o llame al (866) 376-6591.

A menos que se indique lo contrario, el texto bíblico ha sido tomado de la Santa Biblia, NUEVA VERSIÓN INTERNACIONAL® NVI® © 1999, 2015 por Biblica, Inc.® Usado con permiso de Biblica, Inc.® Reservados todos los derechos en todo el mundo.

Las escrituras marcadas como "RVR1960" son tomadas de la versión Reina-Valera © 1960 Sociedades Bíblicas en América Latina; © renovado 1988 Sociedades Bíblicas Unidas. Usada con permiso. Reina-Valera 1960® es una marca registrada de la American Bible Society, y puede ser usada solamente bajo licencia.

Las escrituras marcadas como "TLA" son tomadas de la Santa Biblia, Traducción en lenguaje actual Copyright © Sociedades Bíblicas Unidas, 2000. Todos los derechos reservados.

Traducción, edición y corrección en español por LM Editorial Services | lmeditorial. com | lydia@lmeditorial.com con la colaboración de Carmen Caraballo

ISBN: 978-1-5460-3603-6 (tapa dura) / E-ISBN: 978-1-4555-6030-1 (libro electrónico)

Primera edición en español: octubre 2020

Impreso en los Estados Unidos de América

LSC-C

10 9 8 7 6 5 4 3 2 1

INTRODUCCIÓN

Sin lugar a dudas, el mejor tiempo que puede pasar a diario es cuando toma un *momento con Dios*. No importa cuán agitada sea su agenda o cuán ocupado esté su día, si se detiene y pasa tiempo con Dios, se sorprenderá de la diferencia que esto marcará en su vida.

Vivimos en un mundo que parece cada vez más agitado. Las demandas del trabajo, el ajetreo de la vida, las distracciones de las redes sociales y el entretenimiento, todo parece agitar nuestras almas. Ninguna de estas cosas es mala en sí misma, pero si no tenemos cuidado, podemos permitir que ahoguen la voz de Dios.

Tenga en cuenta que Dios no compite por nuestra atención. Su voz no es áspera ni dominante. En 1 Reyes 19:12 se nos ofrece una imagen de Dios hablando en "un suave murmullo". Creo que por eso tantas personas dicen que no han oído a Dios. No es que Dios no les esté hablando; es solo que ellos no se han detenido y puesto sus almas en silencio para escucharlo.

Esa es la razón por la que titulé este devocionario *Momentos de quietud con Dios*. Mi oración es que, a medida que se toma el tiempo para orar, leer y estudiar la Palabra de Dios o simplemente meditar en su bondad, enriquecerá su vida de maneras asombrosas. Espero que estas inspiraciones diarias sean un gran punto de partida para usted. En cada día del devocionario, encontrará una escritura, un pensamiento a considerar e incentivos sobre varios temas de la Palabra. Haga que el pasar tiempo con Dios sea una prioridad en su vida; ¡será el mejor tiempo que pase en todo el día!

Solo en Dios halla descanso mi alma; de él viene mi salvación.

Salmos 62:1

Dios es su fuente de poder

Yo soy la vid y ustedes son las ramas. El que permanece en mí, como yo en él, dará mucho fruto; separados de mí no pueden hacer nada. (Juan 15:5)

Su vida en Cristo no es un proyecto de bricolaje. En otras palabras, usted no se queda solo para resolver sus problemas o enfrentar los desafíos de la vida en sus propias fuerzas. Dios está con usted. Él es su fuente.

A medida que crece en su relación personal con Dios, pasa tiempo hablando con Él y estudiando su Palabra, progresivamente aprende a buscar a Dios en todo momento, apoyándose en su fortaleza en lugar de la suya propia. Empieza a entender que Él es su proveedor infalible.

Como Dios está siempre a su lado, usted tiene acceso a todo lo que necesita para salir victorioso en la vida. Paz, gozo, confianza, fortaleza, sabiduría y el fruto del Espíritu, todo está disponible para usted en Cristo Jesús.

Pensamiento del día

En lugar de preguntarse: ¿Cómo voy a hacer esto? o ¿cómo voy a resolver este problema?, pídale a Dios su ayuda, su fortaleza y su guía. Confíe en que Él será su fuente.

Profundice en la Palabra de Dios: Isaías 40:29; Efesios 3:16

Esperar con expectativa

Pon tu esperanza en el Señor; ten valor, cobra ánimo; ¡pon tu esperanza en el Señor! (Salmos 27:14)

En algún momento en nuestras vidas, todos nos encontramos orando por una situación y esperando que Dios responda a esa oración. Esperar puede ser difícil, y a menudo nos preguntamos si Dios ha escuchado nuestras oraciones.

Pero tenga la seguridad de que Dios escucha cada una de sus oraciones y está obrando en las respuestas, aunque es posible que usted no conozca todos los detalles. Hasta que obtenga una respuesta a su oración, podría esperar de manera pasiva o de manera expectante.

Una persona pasiva se rinde fácilmente, pero una persona expectante tiene confianza y cree que la respuesta está a la vuelta de la esquina. La expectativa nos llena de esperanza. Nos da la fe y la fuerza para despertarnos cada mañana con entusiasmo: ¡Este podría ser el día que Dios haga algo increíble!

Pensamiento del día

Aun cuando esté esperando en el Señor, manténgase activo. Ore activamente, estudie la Palabra activamente y activamente confíe que Dios está obrando, aun cuando usted no pueda verlo.

Profundice en la Palabra de Dios: Habacuc 2:3; Salmos 39:7

Será un buen día

Este es el día que el Señor actuó; regocijémonos y alegré-
monos en él. (Salmos 118:24)

¿Alguna vez ha dicho: "Bueno, es que he tenido un mal día"? La mayoría de nosotros lo ha tenido. Pero el problema con los días malos es que tienden a acumularse. Un mal día se convierte en una mala semana. Una mala semana se convierte en un mal mes. Y antes de que se dé cuenta, un mes malo puede convertirse en un año malo.

Usted no tiene que atravesar la vida como rehén de sus circunstancias. No importa lo que pase a su *alrededor*; si usted ha aceptado a Jesucristo como su Salvador, tiene el Espíritu Santo *dentro* de usted. Su esperanza y felicidad no dependen del mundo. La Biblia declara: "el que está en ustedes es más poderoso que el que está en el mundo" (1 Juan 4:4).

Sea que haga sol o llueva, tenga un reporte bueno o malo, esté rodeado de amigos o esté solo, usted puede disfrutar cada día de esa vida que Dios le ha dado. Él está con usted en todo momento. Haga pausas frecuentes durante el día y diga: "¡Dios está conmigo ahora mismo!".

Pensamiento del día

Dios quiere que disfrute su vida todos los días, no solo
ocasionalmente. Cada día puede ser un día maravilloso,
porque Dios está a su lado.

Profundice en la Palabra de Dios: Juan 15:11; Job 8:21

Superar lo imposible

Todo lo puedo en Cristo que me fortalece. (Filipenses 4:13)

No asuma nunca que donde ha estado o donde está es tan bueno como parece. Y cuando su meta o su situación parezca imposible, tenga en cuenta que nada es imposible para Dios. En Mateo 19:26, Jesús dijo: "Para los hombres es imposible, aclaró Jesús, mirándolos fijamente, mas para Dios todo es posible".

Las mejoras cosas que puede hacer en la vida son las cosas que no puede hacer por su cuenta. Usted sabe que está en el camino correcto cuando un desafío o una oportunidad solo se puede hacer con la ayuda de Dios.

No importa cómo sea la situación a su alrededor, Dios es más grande que cualquier obstáculo que pueda enfrentar. Cualquier cosa que nunca se haya hecho es imposible que alguien lo haga; entonces, ¿por qué no puede ser usted? No permita que su mente se convierta en un obstáculo para las cosas que puede lograr en la vida. Piense en grande, como lo hace Dios.

Pensamiento del día

Crea que Dios va a hacer algo mejor en su vida. Anímese y hágase de ilusiones…Dios le está llevando a algo mejor de lo que puede imaginar.

Profundice en la Palabra de Dios: Romanos 12:21; 1 Juan 5:4

Fe en lugar de miedo

Pues Dios no nos ha dado un espíritu de timidez, sino de poder, de amor y de dominio propio. (2 Timoteo 1:7)

El miedo, en pocas palabras, es lo opuesto a la fe. Dios quiere que caminemos por fe, pero Satanás trata de hacernos vivir con miedo. Cuando aprendemos a vivir por fe y no dejar que el miedo gobierne nuestras vidas, podemos vivir una vida plena, satisfactoria, pacífica y gozosa en Cristo.

El miedo comienza con un pensamiento. Proverbios 23:7 nos dice: "Porque cual es su pensamiento en su corazón, tal es él" (RVR1960). Me gusta decirlo de esta manera: donde va la mente, el hombre sigue.

Esta es la razón por la cual la Biblia habla sobre meditar en la Palabra de Dios y renovar la mente (ver Romanos 12:2). Meditar en la Palabra de Dios significa reflexionar una y otra vez sobre la escritura hasta que esta se convierta en parte suya. Cuando hace esto, la información se convierte en revelación. ¡Mientras más estudie la Palabra de Dios y medite en sus promesas, mejor será su vida!

Pensamiento del día

Piense acerca de lo que está pensando. En lugar de pensamientos de miedo y preocupación, escoja enfocarse en pensamientos llenos de fe.

Profundice en la Palabra de Dios: 1 Juan 4:18; Salmos 118:6

El tiempo perfecto de Dios

Y no solo en esto, sino también en nuestros sufrimientos, porque sabemos que el sufrimiento produce perseverancia; la perseverancia, entereza de carácter; la entereza de carácter, esperanza. (Romanos 5:3-4)

Dios tiene un plan tremendo para cada una de nuestras vidas y quiere bendecirnos enormemente. Sin embargo, puede que no bendiga nuestras circunstancias más allá del nivel de nuestra madurez espiritual.

Por ejemplo, oré por años para que mi ministerio creciera. Pero si Dios me hubiera dado todo lo que quería antes de que yo fuera lo suficientemente madura espiritualmente, me habría lastimado porque no habría tenido el carácter piadoso y la fuerza para manejarlo todo. Puede sonar extraño, pero ahora estoy agradecida por los tiempos difíciles cuando tuve que esperar el tiempo de Dios; todo ello me ayudó a posicionarme donde estoy hoy.

Cuando sienta que las cosas no suceden *de la manera* que desea, *cuando* lo quiere, le animo a confiar en el momento perfecto de Dios. Él sabe lo que usted puede manejar y siempre tiene su mejor interés en mente.

Pensamiento del día

Dios le está preparando para el plan que Él tiene para usted.

Profundice en la Palabra de Dios: Isaías 30:18; Eclesiastés 3:11

Sepa quién es

Por lo tanto, si alguno está en Cristo, es una nueva creación.
¡Lo viejo ha pasado, ha llegado ya lo nuevo! (2 Corintios 5:17)

Hay muchas personas que no están usando sus dones y talentos recibidos de Dios, porque trataron de hacer algo en el pasado y fallaron. Están frustrados en la vida, porque han dejado que las derrotas pasadas definan quiénes son. ¡En lugar de renunciar o rendirse, Dios quiere que siga intentándolo hasta que lo haga bien!

Cuando nacemos de nuevo a través de una relación con Jesucristo, en realidad, somos "recreados" en Él. Entonces, sea lo que sea Jesús, nosotros también lo somos.

- Él es fuerte, y en Él, somos fuertes (ver Filipenses 4:13).
- Él es valiente, y en Él, somos valientes (ver Mateo 19:26; Juan 16:33).
- Él es un vencedor, así que nosotros también vencemos (ver Romanos 8:37).
- Él tiene paz y gozo, así que nosotros tenemos paz y gozo (ver Juan 14:27).

Usted puede superar cualquier derrota o fracaso del pasado al verse a sí mismo en Cristo. Luego descubrirá que tiene todo lo que necesita para hacer lo que fue creado para hacer.

Pensamiento del día

¡Sus errores pasados no tienen que determinar su futuro!

Profundice en la Palabra de Dios: Génesis 1:27; Romanos 8:37

Amor incondicional

Pero Dios, que es rico en misericordia, por su gran amor por nosotros, nos dio vida con Cristo, aun cuando estábamos muertos en pecados. ¡Por gracia ustedes han sido salvados! (Efesios 2:4-5)

Una de las cosas más bellas que dice la Biblia es que mientras aun éramos pecadores, Cristo murió por nosotros (ver Romanos 5:8). Él no esperó a que mereciéramos su amor. Él nos ama incondicionalmente.

Debido a su gran, maravilloso e incondicional amor, Dios derramó su vida por nosotros libremente. Ese es el amor revolucionario, amor real e incomprensible que se entrega a sí mismo, porque nunca puede satisfacerse por menos.

Pensamiento del día

¡El amor de Dios por usted está disponible ahora mismo, y todo lo que necesita hacer es recibirlo!

Profundice en la Palabra de Dios: Juan 3:16; Efesios 3:17-19

Ser una persona decidida

Así que podemos decir con toda confianza: "El Señor es quien me ayuda; no temeré. ¿Qué me puede hacer un simple mortal?". (Hebreos 13:6)

Si alguna vez se ha sentido estresado ante las múltiples opciones, tengo buenas noticias para usted: puede ser una persona que toma decisiones sabias, audaces y seguras.

No tiene que pasar por la vida sintiéndose indeciso e inseguro, y ya no tiene que sentirse intimidado por la gran cantidad de opciones que tiene ante sí.

Simplemente pídale dirección a Dios y luego siga los pasos en los cuales Él le hace sentir paz. Cuando confía en su guía, Él le mostrará qué decisión tomar. ¡Crea que tiene la sabiduría de Dios y tome medidas de fe en lugar de quedarse congelado por el miedo!

Pensamiento del día

Puede escuchar de Dios y puede ser dirigido y guiado por el Espíritu Santo. ¡Créalo y tenga confianza!

Profundice en la Palabra de Dios: Santiago 1:5; Salmos 49:3

Encuentre lo bueno en todo

Ninguna palabra corrompida salga de vuestra boca, sino la que sea buena para la necesaria edificación, a fin de dar gracia a los oyentes. (Efesios 4:29, RVR1960)

Existe una gran fuerza cuando se dicen palabras positivas y llenas de fe durante el día. En lugar de hablar de aquellas cosas a las cuales les teme, hable de las promesas de Dios para el día venidero, y verá suceder cosas increíbles.

- En lugar de decir: "Uf, parece que hoy va a llover. Qué deprimente"; diga algo como: "¡Llueva o haga sol, voy a tener un gran día!".
- En lugar de decir: "Tengo tanto trabajo que hacer esta semana. No puedo esperar hasta que lo termine"; diga algo como: "Parece una semana desafiante, ¡pero no puedo esperar para ver cómo Dios me va a usar!".

¿Ve la diferencia? Cuando usted cambia la conversación, acaba con el miedo justo antes de que llegue. ¡Hable palabras optimistas y seguras todos los días y observe lo que Dios hará!

Pensamiento del día

Hable las promesas de Dios con fe; eso abre la puerta para que Él obre en su vida.

Profundice en la Palabra de Dios: Nahún 1:7; Proverbios 18:21

Vivir en el presente

Que el Señor de paz les conceda su paz siempre y en todas las circunstancias. El Señor sea con todos ustedes. (2 Tesalonicenses 3:16)

El tener una actitud de paz y calma no tiene precio. Es una actitud que dice: "Confío en Dios"; así lo honra y esto habla poderosamente a los demás.

Una manera de desarrollar una paz consistente es aprender a vivir "en el presente". Podemos pasar mucho tiempo pensando acerca del pasado o preguntándonos qué nos depara el futuro... pero no podemos lograr nada a menos que nuestra mente esté centrada en el presente.

La Biblia nos dice que Dios nos da gracia para cada día que vivimos. No nos la da antes del tiempo en que la necesitamos. Creo que la gracia es el poder, la facultad o la energía para hacer lo que necesitamos hacer, y Él nos la da generosamente. Su poder y habilidad aumentarán si se concentra en lo que está haciendo en lugar de permitir que su mente se preocupe por el pasado o el futuro.

Pensamiento del día

Usted puede tomar una decisión cada mañana de decir: "Dios me ha dado el día de hoy. ¡Me alegraré y viviré cada momento según venga!".

Profundice en la Palabra de Dios: Mateo 6:34; Salmos 16:5

Caminar en el plan perfecto de Dios

El corazón del hombre traza su rumbo, pero sus pasos los dirige el Señor. (Proverbios 16:9)

Nosotros pensamos y planificamos en términos temporales, pero Dios piensa y planifica en términos infinitos. Lo que esto significa es que nosotros estamos muy interesados en el momento, y Dios está mucho más interesado en la eternidad.

Nunca olvide que Dios ve y entiende lo que aún no podemos ver o entender. Nos pide que confiemos en Él, que no vivamos frustrados porque las cosas no siempre salen de acuerdo con nuestro plan. Él quiere que confiemos en que está trabajando en su plan perfecto... en su tiempo perfecto.

A menudo, queremos lo que produce resultados inmediatos, pero Dios está dispuesto a invertir tiempo. Dios es un inversionista; Él invierte tiempo en nosotros, y si escogemos en y con Él, ¡amaremos el resultado!

Pensamiento del día

Dios no solo tiene un plan para su vida, sino que tiene el momento perfecto para cada paso de ese maravilloso plan.

Profundice en la Palabra de Dios: Eclesiastés 3:1; Salmos 37:4-7

La disciplina conduce al gozo

Al contrario, debe ser hospitalario, amigo del bien, sensato, justo, santo y disciplinado. (Tito 1:8)

Hay muchas cosas que compiten por nuestra cantidad limitada de tiempo y energía. Estas cosas a menudo roban nuestro gozo.

Solía quejarme ante Dios porque mi agenda estaba demasiado ocupada. Me quejaba: "Dios, ¿cómo puede esperarse que alguien haga todo lo que tengo que hacer?". Entonces, Dios me mostró que fui yo la que hizo mi agenda y que nadie podía cambiarla, excepto yo. Dios me mostró que simplificar mi agenda era la forma de simplificar mi vida.

Pídale a Dios que le muestre qué cambios puede hacer para eliminar el estrés de apresurarse y, luego, disciplínese para hacer esos cambios. Pase un tiempo con Dios primero y encontrará que el resto de su tiempo será más fructífero y sereno.

Pensamiento del día

Decida hoy que va a administrar su agenda en lugar de permitirle que ella sea la que le administre a usted.

Profundice en la Palabra de Dios: Proverbios 1:7; Hebreos 12:7

¡Algo bueno va a suceder!

Pero los que confían en el Señor renovarán sus fuerzas; volarán como las águilas: correrán y no se fatigarán, caminarán y no se cansarán. (Isaías 40:31)

La esperanza es una expectativa positiva de que algo bueno va a suceder debido al gran amor de Dios por usted. No es una actitud insípida, de "vamos a ver qué pasa", sino más bien una mentalidad que debemos tener a propósito cada día.

La esperanza en Cristo nos permite soportar dificultades y largos periodos de espera sin rendirnos, y Dios usa estos tiempos para desarrollar nuestro carácter y nuestra resistencia.

La esperanza nos recuerda que Dios tiene un plan; que las cosas van a funcionar. Es la sensación, a veces inexplicable, pero siempre innegable, de que hoy sería un mal día para rendirnos. Cuando usted elige la esperanza, elige seguir avanzando, sabiendo que Dios abrirá un camino.

Pensamiento del día

Cuando enfrente un día difícil, elija la esperanza sobre la desesperación o el desánimo. ¡Dios está en control!

Profundice en la Palabra de Dios: Salmos 5:3; Judas 1:21

Jesús ha vencido

Yo les he dicho estas cosas para que en mí hallen paz. En este mundo afrontarán aflicciones, pero ¡anímense! Yo he vencido al mundo. (Juan 16:33)

Con demasiada frecuencia, nuestro nivel de estrés está vinculado a nuestras circunstancias. Podríamos estar estresados porque siempre estamos ocupados o estamos luchando financieramente o no nos llevamos bien con alguien que amamos.

Podrían ser varias situaciones; pero lo interesante es que estas situaciones no son, en realidad, la causa del estrés. El estrés es *realmente* causado por la perspectiva que tengamos de nuestras circunstancias.

Si nos enfocamos en nuestras bendiciones en lugar de nuestros desafíos, entonces los desafíos no parecerán tan desalentadores. Jesús dijo que tendríamos tribulación, pero también nos prometió la victoria. ¡En lugar de dejar que los problemas nos hagan sentir miserables, podemos animarnos! No importa lo que esté sucediendo en este momento, al final ganaremos.

Pensamiento del día

Cuando las tormentas de la vida rujan a su alrededor, confíe en que Dios le llevará a través de la tormenta y llegará seguro al otro lado.

Profundice en la Palabra de Dios: 1 Corintios 15:57; Juan 1:5

Cercanía con su Padre celestial

> *Y ustedes no recibieron un espíritu que de nuevo los escla-*
> *vice al miedo, sino el Espíritu que los adopta como hijos y*
> *les permite clamar: "¡Abba! ¡Padre!".* (Romanos 8:15)

Abba es un término usado por los niños para dirigirse a sus padres. Es muy similar a las palabras de hoy: *papi, papito, papá.* Estos términos son menos formales que el término *padre* y denotan una cercanía de confianza entre un niño y su padre.

Jesús dijo que podíamos llamar a Dios, *Abba*, porque Él nos había librado de todo temor. Él siempre cuida a sus hijos amados, y podemos acercarnos a Él sin temor a ser rechazados o condenados.

Cuando corremos hacia nuestro Padre celestial, nuestro *Abba*, con cualquier problema o dolor, Él nos espera con los brazos abiertos para consolarnos y alentarnos.

Pensamiento del día

Dios no es un Dios distante, lejano y fuera de contacto. Él le ama profundamente y quiere tener una relación personal y cercana con usted.

Profundice en la Palabra de Dios: Gálatas 4:6; Romanos 8:1

Superar el dolor

De modo que se toleren unos a otros y se perdonen si alguno tiene queja contra otro. Así como el Señor los perdonó, perdonen también ustedes. (Colosenses 3:13)

El ser lastimado o traicionado por alguien cercano a usted, alguien a quien ama, es una de las situaciones más dolorosas y difíciles que soportará, pero si sucede, debe dejar que Dios le sane y seguir hacia adelante, o esto le destruirá. Al no perdonar, usted simplemente estará solo con su dolor, amargura y resentimiento. Además, su capacidad para disfrutar a Dios y su bien para usted disminuiría, si es que no se destruye por completo.

Hágase un favor y perdone totalmente a la persona que le lastimó. Dios nunca le pide que haga nada sin darle la capacidad para hacerlo. Con su ayuda, puede perdonar y superar su dolor. No tiene que pasar su vida sintiéndose herido, amargado, enojado y ofendido. Puede perdonar y ser libre.

Pensamiento del día

Usted cree que, cuando perdona, está dejando salir a alguien de la cárcel. Solo después de perdonar se da cuenta de que el prisionero era usted.

Profundice en la Palabra de Dios: Salmos 32:10; Apocalipsis 21:4

Dios sabe todo sobre usted . . . y lo ama

Señor, tú me examinas, tú me conoces. (Salmos 139:1)

Para estar en una relación cercana con Dios, es importante saber que Él está complacido con usted, a pesar de sus defectos e imperfecciones.

Muchas personas sufren terriblemente de preocupaciones secretas, porque creen que no están complaciendo a Dios. Temen que Dios está enojado con ellos por los errores que han cometido.

Pero la verdad es que usted es justo por la obra redentora de Jesús, no por sus propias obras. Usted es imperfecto y comete errores, pero Dios no se sorprende cuando lo hace. Él ya sabía cada error que usted cometería cuando le llamó para tener una relación con Él.

El salmo 139 nos dice claramente que Dios sabe lo que vamos a hacer antes de que lo hagamos, así que trate de tener en cuenta que Dios sabe todo acerca de usted y que le ama de todos modos.

Pensamiento del día

Si pudiera ser perfecto por su cuenta, no necesitaría a Jesús.

Profundice en la Palabra de Dios: Romanos 8:38-39; 1 Juan 4:16

Tres maneras de practicar la paz

*Al de carácter firme lo guardarás en perfecta paz, porque
en ti confía. (Isaías 26:3)*

Creo que una de las claves para mantener la paz en su vida es dar
pequeños pasos hacia la paz todos los días. Aquí hay tres consejos
para tener un estilo de vida más tranquilo.

1. *Sea selectivo en la forma en que pasa su tiempo.* Puede estar
   tratando de hacer demasiadas cosas y terminar sin hacer ninguna de ellas bien. *Apresurarse* es tratar de hacer más de lo que
   el Espíritu Santo le está guiando a hacer; reduzca la velocidad
   y déjese guiar por el Espíritu Santo.
2. *Establézcase límites usted mismo.* La vida está llena de interrup-
   ciones, pero podemos aprender a establecer límites que nos
   ayuden a manejarlos de manera saludable en lugar de dejar que
   nos controlen. Tómese un descanso cuando esté fuera de los
   límites. Deje que sus llamadas pasen al correo de voz, apague
   su correo electrónico, aprenda a decir no, y así sucesivamente.
3. *Escuche al Espíritu Santo.* Si puede ver que su plan no le produce
   paz, vuelva a Dios para encontrar la fuente del problema y haga
   los cambios que le permitirán disfrutar de una vida pacífica.

Pensamiento del día

*Si puede aprender a programar su día sabiamente y seguir
la guía del Espíritu Santo durante toda la semana, puede
convertirse en una persona verdaderamente serena.*

Profundice en la Palabra de Dios: Mateo 5:9; Colosenses 3:15

Conectarse a la gracia con fe

Ahora bien, la fe es la garantía de lo que se espera, la certeza de lo que no se ve. (Hebreos 11:1)

La fe consiste en cómo nos conectamos a la gracia de Dios. Piense en ello como una lámpara: ella solo puede iluminar si está conectada a una fuente de alimentación. Si está desconectada, no funcionará, sin importar cuántas veces activemos y desactivemos el interruptor.

Así que, déjeme preguntarle: ¿está conectado al poder de Dios o está desconectado? ¿Ha dejado que el miedo y la preocupación se cuelen en su alma? ¿Está tratando de resolver sus problemas con su propio poder o tiene fe en que el poder de Dios y su gracia le llevarán a la victoria?

Puede recuperar su paz en este momento simplemente liberando su fe en Dios y confiando en que Él hará lo que necesite hacerse en su vida.

Pensamiento del día

La gracia se recibe solo a través de la fe. Por eso es muy importante hacer todo lo que hace con fe.

Profundice en la Palabra de Dios: Efesios 2:28; Gálatas 2:16

Fortaleza en la perseverancia

*No nos cansemos de hacer el bien, porque a su debido tiempo
cosecharemos si no nos damos por vencidos. (Gálatas 6:9)*

Uno de los rasgos más importantes que una persona puede tener
es la determinación persistente. Una persona persistente está pre-
parada y es poderosa. Ha determinado que no se rendirá hasta que
tenga éxito.

La persistencia es clave, porque habrá dificultades en la vida. La
Biblia nunca prometió que cuando usted entregara su vida a Dios ya no
tendría ningún problema. Como seguramente habrá notado, la vida
no siempre es fácil. Habrá días difíciles y circunstancias difíciles, pero
atravesarlas en lugar de rendirse es lo que nos hace fuertes.

La Biblia nos da muchos ejemplos de perseverancia a seguir.
Moisés no se rindió cuando se enfrentó a la oposición egipcia. Ester
no se rindió en su plan para salvar a su pueblo. David no se rindió cuando Saúl lo atacó. Y Pablo no se rindió, incluso cuando fue
encarcelado por predicar el evangelio.

Estos ejemplos nos enseñan que cuando sabemos quiénes somos
en Dios y confiamos en su obra en nuestras vidas, no nos rendire-
mos, no importa cuán desafiante sea la vida. Cuando las cosas se
pongan difíciles, persevere a través de la fuerza que tiene en Cristo.

Pensamiento del día

¡Tome la decisión de que nunca, nunca, nunca se va a rendir!

Profundice en la Palabra de Dios: Hebreos 6:12; Mateo 24:13

Resistir al enemigo

*Así que sométanse a Dios. Resistan al diablo, y él huirá de
ustedes.* (Santiago 4:7)

Aunque tiene un enemigo, usted no tiene nada que temer. El diablo no tiene poder sobre usted... ¡ninguno! En el momento en que
entregó su vida al Señor, se convirtió en un hijo de Dios redimido,
perdonado y justificado. Satanás no tiene un lugar legítimo en su
vida, así que no deje que le engañe.

En lugar de vivir en miedo, Dios puede darle poder, a través de
la fe, para vivir una vida audaz y productiva que esté llena de felicidad y el poder de Dios.

Nunca tendrá que vivir preocupado o dudando, preguntándose:
¿Me va a vencer el enemigo hoy? El Espíritu de Dios en usted es más
grande que cualquier ataque del diablo. La Biblia le da esta garantía: "...porque el que está en ustedes es más poderoso que el que
está en el mundo" (1 Juan 4:4).

Pensamiento del día

*Niéguese a vivir con una mentalidad de derrota. ¡Usted es
victorioso, un vencedor, más que un conquistador!*

Profundice en la Palabra de Dios: Salmos 1:1; 2 Crónicas 7:14

La armadura de Dios provista para usted

Por último, fortalézcanse con el gran poder del Señor.
(Efesios 6:10)

El apóstol Pablo enseña en el libro de los Efesios que usted está equipado con la "armadura de Dios" para que pueda "sacar su fuerza de Él". Continúa diciendo que esta armadura de Dios le permitirá "mantenerse firme" (Efesios 6:10-13).

En Cristo, usted es un guerrero, con acceso a toda la armadura que necesita para derrotar al enemigo en cada área de su vida. A usted se le ha dado:

- El cinturón de la verdad (vivir en la verdad de las Escrituras)
- La coraza de justicia (sabiendo que es justo delante de Dios por causa de Jesús)
- Los zapatos de la paz (caminando en la paz de Dios)
- El escudo de la fe (creyendo las promesas de Dios)
- El casco de la salvación (esperanza que acompaña su salvación)
- La espada del Espíritu (hablando la Palabra de Dios)

Ahora, ¡póngase la armadura completa de Dios y manténgase firme!

Pensamiento del día

¡Usted es más fuerte de lo que cree! Puede hacer lo que necesite hacer con la ayuda de Dios.

Profundice en la Palabra de Dios: Efesios 6:14-18; Romanos 13:12

Cómo ponerse la armadura de Dios

Por lo tanto, pónganse toda la armadura de Dios, para que cuando llegue el día malo puedan resistir hasta el fin con firmeza. (Efesios 6:13)

La Biblia dice que debe *ponerse* la armadura que Dios le ha dado; esta es una decisión consciente de su parte. Las decisiones que toma diariamente y las palabras que dice son cómo usted se viste activamente con la armadura de Dios. Tome unos minutos en oración todas las mañanas y diga: *Señor, hoy me puse la armadura que me has provisto a través de Jesús. Te doy gracias que hoy soy justo en Cristo. Elijo usar la coraza de justicia. Y te agradezco que tengo el escudo de la fe. Hoy elegiré vivir por fe, no por vista, confiando en las promesas en tu Palabra. Además, te agradezco que me hayas armado con la espada del Espíritu.*

Luego, repase la lista de la armadura que se encuentra en Efesios 6:13-17, pieza por pieza. El confesar estas promesas en alta voz le ayuda a renovar su mente y a liberar las bendiciones de Dios que son suyas, y le recuerda al diablo que usted conoce sus derechos como hijo de Dios.

Pensamiento del día

El confesar la Palabra de Dios es una de las maneras de liberar su fe para que obre a su favor.

Profundice en la Palabra de Dios: 1 Tesalonicenses 5:8;
2 Corintios 10:4

Justicia, paz y gozo

Porque el reino de Dios no es cuestión de comidas o bebidas, sino de justicia, paz y alegría en el Espíritu Santo.
(Romanos 14:17)

Tan pronto como acepta a Cristo, su amor es derramado en su corazón. De hecho, Él le amaba antes de que lo aceptara como su Salvador.

La promesa de que Dios le ama es una de las verdades más importantes que jamás conocerá. El recibir el amor de Dios, amarlo a cambio y luego amarse a usted mismo de una manera sana y equilibrada, es el primer paso para cumplir su destino. Conviértase en un recipiente del amor de Dios para que pueda difundir su amor a los demás. Es la clave para tener todo aquello por lo cual Jesús murió para que usted tuviera.

Romanos 14:17 nos dice que el reino de Dios no es comida o bebida. Es muchas más que "cosas"; es algo mucho más importante: es su justicia, su paz y su alegría.

Pensamiento del día

Cuando entiende el amor de Dios por usted, puede aceptar que justo ante Él, puede dejar ir el miedo y la preocupación, y disfrutar la vida que Jesús vino a darle.

Profundice en la Palabra de Dios: Proverbios 21:21; 2 Corintios 13:11

Un nuevo comienzo

Yo les compensaré a ustedes por los años en que todo lo devoró ese gran ejército de langostas que envié contra ustedes: las grandes, las pequeñas, las larvas y las orugas. Ustedes comerán en abundancia, hasta saciarse, y alabarán el nombre del Señor su Dios, que hará maravillas por ustedes ¡Nunca más será avergonzado mi pueblo! (Joel 2:25-26)

A lo largo de toda la Escritura, Dios perdonó, redimió y usó a personas comunes de maneras poderosas. Nuestro Dios es el Dios de los cambios, segundas oportunidades y nuevos comienzos.

Tal vez está atrapado, congelado en un momento. Podría ser un fracaso personal de algún tipo o algo completamente fuera de su control, como una enfermedad o la muerte de un ser querido. Tal vez le haya decepcionado una expectativa insatisfecha: las cosas no salieron como quería. Entonces piensa: *Se acabó. Es muy tarde para mí.*

Pero no es demasiado tarde. Nunca es demasiado tarde para tener un nuevo comienzo cuando tiene a Jesús en su vida. Su pasado no es su destino. Si se niega a perder la esperanza y comienza de nuevo, Dios no solo restaurará lo que ha perdido, sino que Él hará que su vida sea mucho mejor.

Pensamiento del día

El dolor de su pasado no puede detener el gran plan de Dios para su futuro.

Profundice en la Palabra de Dios: Salmos 80:3; 1 Pedro 5:10

Abrazar la esperanza

*Que el Dios de la esperanza los llene de toda alegría y paz
a ustedes que creen en él, para que rebosen de esperanza
por el poder del Espíritu Santo. (Romanos 15:13)*

Independientemente de quién sea o en qué condición se encuentra
su vida, no puede funcionar con éxito sin esperanza en Dios. Si las
circunstancias son malas, seguramente necesita esperanza, y si son
buenas, necesita esperanza de que se mantendrán así.

La esperanza nos da energía y nos motiva a tomar medidas al
hacernos dar un paso de fe y actuar en obediencia a la Palabra de
Dios. La esperanza cree con valentía, decide con valentía, habla
con firmeza y persevera apasionadamente. ¡La esperanza espera
que pase algo bueno! Cuando aceptamos la esperanza a propósito,
influye nuestros pensamientos, nuestra perspectiva y la forma en
que hablamos. La esperanza nos edifica mientras esperamos en
Dios. Libera gozo y el gozo del Señor se convierte en nuestra fuente
de fortaleza (ver Nehemías 8:10).

Pensamiento del día

*¡Atrévase a tener esperanza! ¡Atrévase a soñar! ¡Atrévase
a esperar que le pase algo maravilloso!*

Profundice en la Palabra de Dios: Hebreos 6:19; 1 Pedro 1:3

Arranque la yerba mala antes de que eche raíces

*Arraigados y edificados en él, confirmados en la fe como se
les enseñó, y llenos de gratitud. (Colosenses 2:7)*

Hay semillas buenas y malas, cosas que hacemos y no queremos
arraigar en nuestras vidas.

Cuando se planta una semilla, toma un tiempo antes de que
tenga raíces largas y fuertes. Si la semilla se desentierra y desecha
antes de que tenga la oportunidad de echar raíces, nunca habrá
fruto de ella.

Cuando experimentamos un pensamiento, una emoción, un
comportamiento o un temor de que no queremos convertirnos en
un elemento permanente, lo mejor que podemos hacer es resistirlo
desde el principio. Sea agresivo al enfrentarlo y firme en su decisión de no ceder ante él. Recuerde siempre que cuanto más tiempo
deje que algo permanezca, más tiempo le tomará deshacerse de él.

Pensamiento del día

*No se someta simplemente a una emoción negativa sin
pelear, sino pelee, y recuerde siempre pelear en el poder de
Dios, no en el suyo.*

Profundice en la Palabra de Dios: Mateo 13:37-39; Gálatas 3:29

Amor que se ofrece gratuitamente

Tú, Señor, eres bueno y perdonador; grande es tu amor por todos los que te invocan. (Salmos 86:5)

En nuestras relaciones con nuestros padres u otras personas, es posible que hayamos tenido que actuar de cierta manera para ganar su amor, pero el amor de Dios no es así. Su amor se ofrece gratuitamente a todos los que lo reciben por fe.

Aunque Dios se enoja ante el pecado, la maldad y el mal, no es un Dios enojadizo. ¡Dios odia el pecado, pero ama a los pecadores! Él es "bueno y está listo para perdonar". Es abundante en misericordia y lleno de bondad amorosa.

Dios nunca se dará por vencido con nosotros, y continuará trabajando con nosotros para lograr un cambio positivo en nuestras vidas. Dios nunca deja de amarnos ni por un segundo. Nos encuentra justo donde estamos y nos ayuda a llegar a donde necesitamos estar.

Pensamiento del día

Es por el gran amor de Dios que se niega a dejarnos solos, perdidos y abandonados en el pecado.

Profundice en la Palabra de Dios: Salmos 33:5; Jeremías 31:3

¿Por qué estoy teniendo problemas?

Queridos hermanos, no se extrañen del fuego de la prueba que están soportando, como si fuera algo insólito. (1 Pedro 4:12)

Una razón por la cual pasamos por pruebas es para probar la calidad de nuestra fe. A menudo, nos encontramos deseando tener una fe tan fuerte como la de otra persona. Les puedo asegurar que, si esa persona tiene una fe fuerte y vibrante, no la desarrolló fácilmente. Así como los músculos se desarrollan a través del ejercicio, la fe firme proviene del horno de la aflicción.

Nadie que haga algo de valor para Dios ha recorrido un camino fácil. Hacer cosas grandes por Dios requiere carácter y el carácter se desarrolla al pasar las pruebas de la vida y permanecer fiel a Él a través de las pruebas.

La próxima vez que encuentre algún tipo de prueba o tribulación, determine creer que Dios lo resolverá para su bien. ¡Pase la prueba y confíe en Dios para promoverlo a nuevos niveles de poder y bendición!

Pensamiento del día

En lugar de preguntar por qué está teniendo pruebas, pídale a Dios que lo ayude a responder correctamente ante ellas.

Profundice en la Palabra de Dios: 1 Pedro 1:6; Santiago 1:12

Compañerismo con Dios

Todo mi ser te desea por las noches; por la mañana mi
espíritu te busca. Pues, cuando tus juicios llegan a la tie-
rra, los habitantes del mundo aprenden lo que es justicia.
(Isaías 26:9)

Nada puede satisfacer nuestro anhelo por Dios, excepto la comunión y el compañerismo con Él. Isaías expresó bien nuestra hambre de Dios cuando escribió: "…mi ser te desea por las noches; por la mañana mi espíritu te busca". Isaías necesitaba momentos tranquilos con Dios, y nosotros también.

El escuchar a Dios es vital para disfrutar su plan eterno para nuestras vidas. Escuchar a Dios es nuestra decisión; nadie más puede hacerlo por nosotros. Dios no nos obligará a escoger su voluntad, pero hará todo lo posible para alentarnos a decir sí a sus caminos.

Esto significa que Dios quiere participar incluso en los detalles más pequeños de nuestras vidas. Su Palabra nos dice que lo reconozcamos en todos nuestros caminos, y Él allanará nuestras sendas (ver Proverbios 3:6). Reconocer a Dios es preocuparse por lo que piensa y pedir su opinión. Si hace esto a diario, encontrará su guía y caminará en una relación mucho más cercana con Él.

Pensamiento del día

Dios siempre está hablando. La pregunta es: ¿está usted
escuchando?

Profundice en la Palabra de Dios: 1 Juan 1:3; 1 Corintios 1:9

Sea usted mismo

Te alabaré; porque formidables, maravillosas son tus obras; estoy maravillado, y mi alma lo sabe muy bien.
(Salmos 139:14 RVR1960)

Para superar las inseguridades y ser la persona que Dios le ha llamado a ser, es importante tener el coraje de ser diferente. La infelicidad y la frustración ocurren cuando rechazamos nuestra singularidad y tratamos de ser como otras personas.

Dios quiere que se guste a sí mismo y acepte la persona que Él creó en usted, en lugar de tratar de cumplir con las expectativas de otras personas o ser lo que los demás quieren que sea. Debe preguntarse: *¿soy una persona que complace a las personas o una que complace a Dios?* La verdadera paz y gozo en la vida llega cuando nos enfocamos en agradar a Dios, no al hombre.

Dios sabía lo que estaba haciendo cuando le creó, ¡Usted es un individuo único, formidable y maravillosamente hecho por Él!

Pensamiento del día

Acéptese como una nueva creación en Cristo Jesús, y gane seguridad y confianza al descubrir quién es usted en Él.

Profundice en la Palabra de Dios: Efesios 4:24; Salmos 139:13

¿Es Jesús su prioridad número uno?

Él es anterior a todas las cosas, que por medio de él forman un todo coherente. (Colosenses 1:17)

Colosenses 1:17 nos dice que Jesús está sosteniendo todo junto. ¡Qué verdad tan maravillosa! Piénselo. No podemos tener buenos matrimonios o amistades si Jesús no los mantiene unidos. Nada funciona bien sin Jesús, así que asegúrese de invitarlo a todo lo que haga.

Si Jesús no es lo más importante en nuestras vidas, entonces necesitamos reorganizar nuestras prioridades. Mateo 6:33 nos dice que busquemos a Dios y su reino primero, porque si no tenemos lo primero en primer lugar, entonces todo lo demás estará fuera de orden y nos causará problemas. Si aún no lo ha hecho, comience hoy dando a Jesús el primer lugar en su vida.

Pensamiento del día

Cuando priorice su vida, colocando a Jesús en la parte superior de la lista, se sorprenderá de cómo todo lo demás se unirá para su bien.

Profundice en la Palabra de Dios: Marcos 12:30; Números 15:41

Una mente positiva produce resultados poderosos

Porque para Dios no hay nada imposible. (Lucas 1:37)

Tener una mentalidad positiva va más allá de la idea de simplemente ver un vaso medio lleno en lugar de uno medio vacío. Se extiende a tomar decisiones y tomar medidas basadas en un pensamiento lleno de esperanza.

¿Alguna vez ha notado cómo el pensamiento negativo desproporciona un problema? Las situaciones comienzan a parecer más grandes y más difíciles de lo que realmente son.

Medite en la Palabra de Dios y deje que renueve su mente para que pueda pensar como Dios piensa. Practique ser positivo en todo momento y tendrá un nuevo gozo. Hay un gran poder disponible para nosotros a través de Dios cuando elegimos confiar en Él en cada circunstancia. Una mentalidad positiva basada en la Palabra de Dios sabe que nada es demasiado grande para Dios. Él está siempre presente y nada es imposible para Él.

Pensamiento del día

No importa cuántas cosas y personas negativas le rodeen, sea positivo y espere cosas buenas.

Profundice en la Palabra de Dios: Mateo 19:26; Mateo 15:11

Su relación consigo mismo

Amarás a tu prójimo como a ti mismo. (Mateo 22:39)

Todos entendemos que tenemos relaciones con otras personas, pero ¿alguna vez se le ocurrió que tiene una relación consigo mismo? Piénselo: usted pasa más tiempo con usted mismo que con nadie más. Así que, déjeme preguntarle: ¿cómo es su relación con usted mismo?

Podemos llegar a un lugar donde nos amamos y valoramos a nosotros mismos, no por orgullo o arrogancia, sino por la confianza en quiénes somos en Cristo. Esta comprensión es la clave para abrazar a la persona en la que fue creada.

Podemos aprender a ser lo suficientemente maduros espiritualmente para comprender que, incluso cuando Dios nos muestra un cambio que es necesario en nosotros, lo está haciendo porque nos ama y quiere lo mejor para nosotros. Podemos decir: "Creo que Dios me está cambiando a diario, pero durante este proceso no devaluaré lo que Dios valora. Me aceptaré, porque Dios me acepta".

Pensamiento del día

A medida que comience a verse a usted mismo como Dios le ve, como alguien que es valioso y apreciado, su visión de si mismo comenzará a cambiar. Se verá como una persona en la que vale la pena invertir.

Profundice en la Palabra de Dios: Salmos 139:16; 1 Juan 3:1

Cómo invertir en usted mismo

¿Acaso no saben que su cuerpo es templo del Espíritu Santo, quien está en ustedes y al que han recibido de parte de Dios? Ustedes no son sus propios dueños...Por tanto, honren con su cuerpo a Dios. (1 Corintios 6:19-20)

Una vez comience a ver lo valioso y precioso que es para Dios, comenzará a comprender la importancia de invertir en usted mismo. Déjeme mostrarle algunas maneras específicas en que puede hacer eso.

- *Decida hacer algo de ejercicio diario.* Independientemente de cómo elija hacer ejercicio (caminar, trotar, nadar, levantar pesas), haga un plan y sígalo.
- *Obtenga la cantidad adecuada de sueño.* El descanso adecuado es crucial para cuidar su cuerpo.
- *Cultive y desarrolle su mente.* Lea libros, sea creativo, mantenga su cerebro activo. Encuentre maneras de estimular su mente y aumentar su aprendizaje.
- *Comience un nuevo hábito saludable.* ¡La mejor manera de dejar los malos hábitos es comenzar unos que sean buenos!
- *Persiga sus habilidades y desarrolle sus talentos.* Encuentre en qué es bueno por naturaleza, practique y mejore aún más.

Pensamiento del día

Una buena inversión en usted mismo siempre vale la pena a largo plazo. ¡Dios quiere que usted lo haga!

Profundice en la Palabra de Dios: Proverbios 3:7-8; Nehemías 8:10

No se adelante a Dios

El Señor dice: "Yo te instruiré, yo te mostraré el camino que
debes seguir; yo te daré consejos y velaré por ti. (Salmos 32:8)

Dios tiene su propio tiempo. Él puede poner un sueño, visión o idea
en su corazón en un momento de su vida y luego no pedirle que
haga nada al respecto durante años. Moisés se sometió a un periodo
de entrenamiento de cuarenta años en el desierto antes de estar
preparado para cumplir el llamado de Dios para su vida. A pesar
de que Dios ha preparado algo para que usted haga, es posible que
necesite prepararlo para que pueda hacerlo con éxito.

Espero que no tenga que esperar tanto tiempo, pero no importa
cuál sea el plazo, solo sea paciente. Resista el impulso de salir
delante de Dios y no permitir quedarse tras de Él. Tratar de moverse
fuera de su tiempo, ya sea demasiado rápido o demasiado lento, le
causará el tipo de frustración que hace que quiera darse por vencido, porque su presencia no estará allí. Pero cuando se mueve
pacientemente en su tiempo, como Él lo indica, ¡no hay nada que
pueda detener su plan para su vida!

Pensamiento del día

Ya sea que Dios le pida que espere dos semanas o dos años,
sea sensible a su tiempo y esté dispuesto a esperarlo mien-
tras lo guía al nuevo lugar que tiene para usted.

Profundice en la Palabra de Dios: Miqueas 6:8; Eclesiastés 3:1-4

El poder de la risa

Gran remedio es el corazón alegre, pero el ánimo decaído seca los huesos. (Proverbios 17:22)

Dios nos ha dado la capacidad de reír por una razón. Puede parecer una pequeña cosa, pero la risa es de vital importancia en la batalla contra el estrés, la ansiedad, el miedo y la preocupación. Es una herramienta de Dios que le beneficia a usted en muchas maneras.

La Palabra de Dios dice que un corazón feliz es buena medicina. Es bueno porque la risa levanta el ánimo, mejora su salud mental, emocional y física, y quita el estrés de su mente. Y esta es la mejor parte: ¡no le cuesta nada y es muy divertido!

Ore para que Dios le traiga más risa a su vida y asegúrese de aprovechar cualquier oportunidad que le dé.

Pensamiento del día

No importa si es una noche de risa extrema con amigos hilarantes, el disfrute de una película divertida con su familia o incluso solo una risita por una broma tonta: toda risa es una forma de alivio del estrés.

Profundice en la Palabra de Dios: Proverbios 31:25; Salmos 4:7

El mejor tipo de confianza

Pero ustedes no tendrán que intervenir en esta batalla. Simplemente, quédense quietos en sus puestos, para que vean la salvación que el Señor les dará. (2 Crónicas 20:17)

La confianza es esencial para disfrutar su vida. Cuando vive con confianza, la preocupación y el desánimo tienen poco o ningún efecto en usted.

Pero no estoy hablando de autoconfianza. Puede ser útil el tener confianza en uno mismo, pero incluso la persona más segura de sí misma tiene sus limitaciones. El tipo de confianza del que estoy hablando es la confianza en Dios. Nos aísla de los efectos dañinos del miedo. Dios quiere que tengamos seguridad (fe y confianza) de que Él nos ama y está obrando a favor nuestro.

Imagine que es un cantante y se le ha dado la oportunidad de cantar un dueto en el espectáculo de talentos local. Además, resulta que tiene al vocalista más famoso del mundo como su amigo y compañero de dueto. ¿Se asustaría antes de salir al escenario? ¡Por supuesto que no! Cantaría con seguridad sabiendo que el talento de su compañero los ayudaría a ambos. Así es con Dios. Él siempre está con usted. No hay que preocuparse ni temer. Puede depositar su confianza en Él.

Pensamiento del día

Cuando tiene la seguridad de que Dios está de su lado, de que Él está obrando a su favor, puede resistir el miedo y disfrutar su vida.

Profundice en la Palabra de Dios: 2 Corintios 7:16; Salmos 71:5

Romper el hábito del desánimo

Pero cobró ánimo y puso su confianza en el Señor su Dios.
(1 Samuel 30:6)

Uno de los grandes beneficios de pasar un momento de quietud con Dios es que alienta su alma. Mientras más tiempo pase estudiando la Palabra de Dios y descubriendo sus promesas, más positivo y animado estará.

Para muchas personas, el desánimo es un hábito. Es la manera en que responden naturalmente a cualquier desafío o problema. Durante muchos años, tuve el hábito de desanimarme y sentir pena por mí misma cuando tenía problemas, pero rompí ese hábito con la ayuda de Dios y he formado el mejor hábito de ir a Dios para recibir su aliento y elegir estar gozosa si obtengo o no lo que quiero.

Con la ayuda de Dios usted puede comenzar a romper el hábito del desánimo. Elija reaccionar ante las situaciones con fe en lugar de miedo, con esperanza en lugar de temor. Pídale a Dios que le ayude a desarrollar una respuesta alegre, confiada y optimista, sin importar la situación que enfrente.

Pensamiento del día

La vida es un regalo demasiado valioso para desperdiciarlo atrapado en el desánimo y la desesperación. Piense en las cosas buenas que Dios ha hecho en su vida…y crea en muchas cosas buenas por venir.

Profundice en la Palabra de Dios: Josué 1:9; Efesios 3:13

Meditar en lo que piensa

Derribando argumentos y toda altivez que se levanta con-tra el conocimiento de Dios, y llevando cautivo todo pensa-miento a la obediencia a Cristo. (2 Corintios 10:5 RVR1960)

La mayoría de las personas no prestan atención a los pensamientos que están pensando. Meditan sobre cualquier pensamiento que le viene a la mente, independientemente de cuán destructivo pueda ser ese pensamiento.

Le animo a determinar que, con la ayuda de Dios, se enfocará en pensamientos positivos, llenos de fe y dejará de lado cualquier pensamiento negativo.

Estamos en una guerra espiritual, y la mente es el campo de batalla. Ganamos o perdemos nuestras batallas a base de ganar la guerra en nuestras mentes. Si elige pensar de acuerdo con la Palabra de Dios, sus emociones comenzarán a alinearse con sus pensamientos. Si ha tenido años de experimentar pensamientos erróneos y dejar que sus emociones lo guíen, realizar este cambio requerirá tiempo y esfuerzo… ¡pero Dios lo ayudará en cada paso del camino, y los resultados valdrán la pena!

Pensamiento del día

Con la ayuda de Dios, puede elegir los pensamientos en los que se enfoca. No diga: "Solo soy una persona emocional y no puedo evitar lo que pienso o siento". ¡Puede aprender a pensar como Dios piensa!

Profundice en la Palabra de Dios: Proverbios 12:5; Filipenses 3:13–15

Escuchar la voz de Dios

Mis ovejas oyen mi voz, y yo las conozco, y me sigue. (Juan 10:27)

Dios quiere comunicarse con usted de manera personal. Él quiere guiarle a las cosas buenas que tiene guardadas para usted. Hablar con Dios y escuchar de Él debería ser la manera natural en que vivimos.

Se le preguntó a un hombre cómo aprendió a escuchar a Dios, y él respondió: "Cometiendo muchos errores". Dios, a menudo, me habla dándome una idea de lo que necesito hacer para resolver un problema que tengo. En otras ocasiones, me doy cuenta de que tengo paz o no acerca de una dirección que estoy a punto de tomar. Él habla a través de su Palabra, y a veces habla a través de otras personas. Dios se comunicará con usted de una manera cómoda y adecuada para usted.

No siempre escucho perfectamente, y usted tampoco, pero he aprendido que ser guiada por Dios en mi vida diaria es una manera emocionante y poderosa de nosotros vivir.

Pensamiento del día

Pasar tiempo regularmente con Dios le ayudará a aprender a ser guiado por el Espíritu de Dios todo el día.

Profundice en la Palabra de Dios: Deuteronomio 5:27; Marcos 4:23

La pregunta del porqué

No temerá recibir malas noticias; su corazón estará firme, confiado en el Señor. (Salmos 112:7)

Cuando nos encontramos en medio de una lucha o adversidad, a menudo cuestionamos a Dios: "¿Por qué? ¿Por qué me está pasando esto?".

Imaginemos por un momento que Dios realmente respondió a esa pregunta. ¿Cambiaría algo su explicación? Los efectos de la situación aún estarían con usted. ¿Qué habría aprendido?

Cuando le hacemos esa pregunta a Dios, lo que realmente le estamos preguntando es: "Dios, ¿me amas? ¿Me cuidarás en mi dolor y pena? No me dejarás solo, ¿verdad? ¿Será posible que pedimos explicaciones porque tememos que Dios realmente no se preocupa por nosotros?

En su lugar, podemos aprender a decir: "Señor yo creo. No lo entiendo, y probablemente nunca entenderé todas las razones por las que suceden cosas malas, pero sé con certeza que me amas, que eres bueno y que estás conmigo, siempre".

Pensamiento del día

Se necesita más fe para pasar por algo victoriosamente que ser librado de ello. Ponga su fe en Dios y saldrá más fuerte al otro lado.

Profundice en la Palabra de Dios: *Romanos 8:28: Jeremías 17:7*

Expectativas saludables

Y ahora, Señor, ¿qué esperanza me queda? ¡Mi esperanza he puesto en ti! (Salmos 39:7)

Es natural tener expectativas de las personas y las circunstancias, pero solo debe ser de Dios que esperemos lo mejor. Cualquier otra expectativa podría conducirnos a la decepción y la frustración.

Es por eso que es importante para nosotros reexaminemos nuestras expectativas, asegurarnos de que nuestras expectativas y esperanza estén en Dios, no en una persona, un trabajo o una circunstancia que nos puede decepcionar.

No digo que nunca pueda confiar en las personas. Dios, a menudo, usa personas en nuestras vidas. La clave es pedirle a Dios, en su momento de quietud, lo que necesita y confiar en que Él obrará a través de quien Él elija. Cuando Dios es su fuente, nunca será decepcionado.

Pensamiento del día

Puede que Dios no le dé exactamente lo que espera, pero definitivamente le dará lo que es mejor.

Profundice en la Palabra de Dios: Filipenses 1:20; Romanos 8:25

Vivir con excelencia

Hagan lo que hagan, trabajen de buena gana, como para el Señor y no como para nadie en este mundo. (Colosenses 3:23)

Cualquier cosa que Dios haya puesto ante usted para hacer, ya sea trabajar en una carrera, criar una familia, ser un amigo, comenzar un ministerio, Él quiere que usted lo haga con excelencia.

La mediocridad es fácil. Cualquiera puede hacerlo. Pero es costosa. Nos cuesta la realización. Y nos cuesta verdadero gozo. Una forma de encontrar propósito y gozo en la vida es orar en su momento de quietud con Dios para que siempre le ayude a ser excelente en todo lo que hace cada día.

Esto no significa que será perfecto. Todos cometemos errores y tropezamos de vez en cuando. Pero, con la ayuda de Dios, usted puede aprender de esos errores y proponerse hacer cada cosa nueva delante de usted con excelencia en su servicio a Él.

Pensamiento del día

Es solo cuando se niega a conformarse con la mediocridad que realmente comienza a descubrir cuánto es capaz de hacer.

Profundice en la Palabra de Dios: 2 Corintios 8:7; Colosenses 3:1

Grandes cosas que decir

Panel de miel son las palabras amables: endulzan la vida y dan salud al cuerpo. (Proverbios 16:24)

A menudo nos enfocamos en las cosas que *no deberíamos* decir, pero es igual de importante (si no aún más) enfocarnos en las cosas que *deberíamos* decir. Aquí hay algunos ejemplos de la Palabra de Dios de cosas que debemos decir que beneficiarán nuestras vidas:

- *Bendiga todo lo que pueda bendecir.* Santiago 3:8-10 dice que tenemos el poder de bendecir o maldecir con las palabras de nuestras bocas. Elija usar sus palabras para bendecir.
- *Sea agradecido y dígalo.* (Ver Salmos 100:4). No solo piense cuánto aprecia a alguien, ¡dígaselo! Le alegrará su día, y el suyo.
- *Sea un animador.* (Ver Hebreos 10:24-25). Haga un esfuerzo para darle a alguien una palabra de aliento todos los días. Esta es una práctica que cambiará la manera en que ve a otras personas y a usted mismo.

En su momento de quietud con Dios, pídale que le muestre oportunidades para bendecir a otros, mostrar gratitud y alentar a alguien cerca de usted.

Pensamiento del día

Nunca es demasiado tarde para cambiar su conversación. Use sus palabras para edificar a los demás y a usted mismo. Son herramientas poderosas que Dios le ha dado.

Profundice en la Palabra de Dios: Éxodos 4:15; Juan 12:50

Dé un paso

Tu palabra es una lámpara a mis pies; es una luz en mi sendero. (Salmos 119:105)

Si Dios ha puesto una meta o un sueño en su corazón, es importante que dé un paso para lograr esa meta o realizar ese sueño.

Para vivir su vida de manera abundante, segura y llena de gozo, es importante entender que usted tiene un rol que desempeñar. No se sienta en miedo y pasividad; en cambio, actúe en fe y dé ese primer paso con intrepidez.

Ya sea inscribirse en una clase, hacer una llamada telefónica, reclutar a otros para que lo ayuden, escribir el primer capítulo del libro que ha querido escribir...sea lo que sea, dé ese paso de fe.

Es posible que no esté seguro de cómo va a resultar. Es posible que ni siquiera sepa cuál será el segundo paso. Pero si hace su parte, hay una cosa que puede saber con certeza: Dios promete que hará su parte en su vida.

Pensamiento del día

Si se enfoca en las promesas de Dios en lugar de los problemas potenciales, rápidamente verá que las cosas en su vida cambiarán para bien.

Profundice en la Palabra de Dios: Salmos 26:3; Salmos 16:8

Niéguese a renunciar

Ustedes, hermanos, no se cansen de hacer el bien. (2 Tesa-
lonicenses 3:13)

Hay momentos en que las personas acuden a mí en busca de consejos y oraciones, y cuando les digo lo que dice la Palabra de Dios o
lo que creo que dice el Espíritu Santo, su respuesta es: "Sé que es lo
correcto; Dios me ha estado mostrando lo mismo. Pero, Joyce, es
demasiado difícil".

Hubo momentos en mi pasado en que le dije lo mismo a Dios:
Señor, esto es demasiado difícil. Pero Dios gentilmente me mostró que esta es una mentira que el enemigo trata de inyectar en
nuestras mentes para lograr que nos rindamos. Las instrucciones
de Dios nunca son demasiado difíciles de obedecer.

Usted siempre puede caminar en obediencia a Dios, porque Él
ha dado su Espíritu para que obre poderosamente dentro de nosotros y nos ayude en todo momento (ver Juan 14:16). El Espíritu
Santo está con nosotros, y Él nos permitirá hacer todo lo que Dios
nos pida.

Pensamiento del día

Cada vez que Dios le guía en una dirección particular, es
para su beneficio. Y cuando se apoya y confía en la gracia
de Dios, puede lograr todo lo que Él le pide que haga.

Profundice en la Palabra de Dios: Hebreos 6:1; Job 17:9

Poner a otros primero

Con mi ejemplo les he mostrado que es preciso trabajar
duro para ayudar a los necesitados, recordando las pala-
bras del Señor Jesús: "Hay más dicha en dar que en reci-
bir". (Hechos 20:35)

Una de las mejores cosas que puede hacer para mejorar cualquier día es dejar de enfocarse en usted mismo y comenzar a buscar formas de ayudar y servir a los demás. Es una paradoja espiritual: cuanto más ayuda a los demás, más le ayudan a usted. Es por eso que Jesús dijo que es más bendecido dar que recibir.

En lugar de quejarse de sus problemas o de su terrible día, tome un momento de quietud con Dios y contemple cómo resolver los problemas de otra persona y alegrar su día. Piense en ella, ore por ella y pídale a Dios que le dé una nueva idea de cómo bendecirla. Poner a otros primero es una nueva perspectiva revolucionaria de la vida que le brindará la paz y el gozo que solo Dios puede brindar.

Pensamiento del día

Comience a hacer pequeñas cosas de manera regular para
ayudar a familiares, amigos e incluso a extraños. ¡Se sor-
prenderá cómo se divertirá en el proceso!

Profundice en la Palabra de Dios: Filipenses 2:3; 1 Corintios 10:24

Sea atrevido y sin miedo a fallar

Pues Dios no nos ha dado un espíritu de timidez, sino de poder, de amor y de dominio propio. (2 Timoteo 1:7)

A lo largo de las Escrituras, Dios nos llama a ser audaces, atrevidos y valientes.

Si tiene la tendencia a evitar arriesgarse en la vida porque tiene miedo de cometer errores, Dios quiere que sepa que está complacido cuando al menos es lo suficientemente atrevido como para intentarlo. No importa si no hace todo exactamente bien. Lo que importa es que dio un paso de fe, creyendo que Dios le ayudará.

¡Dios nos ha dado un "espíritu de poder" y quiere que lo usemos! No hace falta valor para hacer lo que ya sabemos que podemos hacer. El verdadero coraje se muestra cuando tiene miedo de hacer algo, pero sigue adelante y lo hace de todos modos. La verdad es que nunca debemos ceder ante el miedo, porque podemos pedirle ayuda a Dios en cualquier momento que la necesitemos.

Pensamiento del día

El error más grande que puede cometer es tener miedo de cometer uno.

Profundice en la Palabra de Dios: Mateo 14:27; Ezequiel 22:14

Pasar tiempo con Dios

Muy de madrugada, cuando todavía estaba oscuro, Jesús
se levantó, salió de la casa y se fue a un lugar solitario,
donde se puso a orar. (Marcos 1:35)

Conocer a Dios íntimamente requiere un estudio regular de su
Palabra, pasar tiempo hablando con Él en oración y elegir creer que
Él le ama y que tiene un gran plan para usted. Se trata de invitar a
Dios a tomar control de todas las facetas de su vida.

Habrá días cuando no tendrá deseos de orar, leer la Palabra o
servir a Dios, y habrá días en los que no sentirá necesariamente la
presencia de Dios.

Estos son los días en que simplemente se niega a vivir contro-
lado por sus sentimientos. En cambio, pídale a Dios que le ayude
a caminar en obediencia y a someterse a su Palabra, lo quiera o
no. A menudo digo que, si realmente deseamos vivir victoriosamente, entonces debemos estar dispuestos a hacer lo es correcto
aun cuando se siente mal.

Pensamiento del día

Mientras más tiempo pase con Dios, más preparado estará
para manejar cualquier desafío, obstáculo u oportunidad
que se le presente.

Profundice en la Palabra de Dios: Colosenses 1:23; Salmos 88:13

No deje que nadie le detenga

Al contrario, hablamos como hombres a quienes Dios aprobó y les confió el evangelio: no tratamos de agradar a la gente, sino a Dios, que examina nuestro corazón. (1 Tesalonicenses 2:4)

¿Alguna vez ha notado que algunas de las resistencias más difíciles pueden provenir de las personas más cercanas a usted? Los amigos de toda la vida, los colegas de confianza e incluso los miembros de la familia pueden ser las primeras personas en desalentarle cuando comienza a contarles sobre decisiones que está tomando para Dios.

Estas personas no son necesariamente malas, pero pueden ser una mala influencia en su vida si les permite que le restrinjan de lo mejor de Dios. Tristemente, si las personas no están en una mentalidad de avanzar, a menudo intentan detenernos para sentirse mejor por su propia falta de iniciativa.

No deje que otros le impidan recibir las cosas nuevas que Dios tiene para usted. No permita que su acusación o rechazo determinen sus decisiones. Ore por ellos, ámelos, pero no deje que le restrinjan de lo mejor de Dios.

El pensamiento del día

Lo que sea que desee hoy (nueva salud, una nueva mentalidad, una nueva actitud, una nueva relación, una nueva audacia, una nueva carrera), recuerde, se necesita perseverancia y determinación. Siga adelante, pase lo que pase.

Profundice en la Palabra de Dios: Salmos 23:4; Jueces 18:6

Ponga su confianza en Dios

Estos confían en sus carros de guerra, aquellos confían en sus corceles, pero nosotros confiamos en el nombre del Señor nuestro Dios. (Salmos 20:7)

¿Dónde ha depositado su confianza? ¿De quién o de qué depende para sostenerlo?

¿Confía en su trabajo, empleador, cuenta bancaria o amigos? Quizás su confianza está en usted mismo, en su historial de éxitos, en su educación, talentos naturales o posesiones. Todas estas cosas son importantes, pero debe darse cuenta de que todas son temporales y están sujetas a cambios. Dios es el único que no cambia. Solo Él es la roca que no se puede mover.

Como hijos de Dios, podemos tener la seguridad de que Dios nos librará de los problemas actuales, tal como nos libró en el pasado. Podemos tomar nuestra confianza y ponerla en el lugar correcto, lo cual está solamente en Dios.

La confianza no está preocupada ni ansiosa, porque ha entrado en el descanso de Dios. La confianza no se confunde porque no tiene necesidad de apoyarse en su propio entendimiento. La confianza no se rinde ni se asusta. La confianza cree que Dios es bueno y que Él hace todas las cosas para nuestro bien.

Pensamiento del día

No siempre es fácil confiar en Dios, pero trae una gran recompensa. Él es la única fuente de fortaleza que nunca falla. Puede depender de Él hoy.

Profundice en la Palabra de Dios: Proverbios 3:5; Salmos 40:4

¿En qué está pensando?

Por último, hermanos, consideren bien todo lo verdadero, todo lo respetable, todo lo justo, todo lo puro, todo lo amable, todo lo digno de admiración, en fin, todo lo que sea excelente o merezca elogio. (Filipenses 4:8)

Observe que en la escritura anterior Pablo no dice que solo ocasionalmente deberíamos pensar en las cosas buenas, sino que debemos centrar nuestras mentes en ellas. Eso significa que todos los días debemos pasar un momento de quietud con Dios y evaluar en qué estamos pensando. En lugar de pensar en todo lo que nos está yendo mal, podemos optar por pensar en todo lo que nos está yendo bien.

Lo que piensa, en lo que se enfoca, afectará la manera en que ve la vida. Si decide enfocarse en la bondad de Dios y sus promesas, que son verdaderas, puras, preciosas y amables, no sucumbirá a las presiones del estrés. No importa lo que suceda durante el transcurso del día, podrá confiar en Dios y disfrutar de su paz.

Pensamiento del día

No tiene que estar en pánico; puede estar en paz. No tiene que estar sobrecargado; puede rebozar de alegría. Eso es lo que sucede cuando elige concentrarse en las cosas buenas que Dios ha hecho y está haciendo a su favor.

Profundice en la Palabra de Dios: Isaías 55:8-9; 1 Corintios 2:16

Tiempo señalado por Dios

Pues la visión se realizará en el tiempo señalado; marcha hacia su cumplimiento, y no dejará de cumplirse. Aunque parezca tardar, espérala; porque sin falta vendrá. (Habacuc 2:3)

Dios rara vez parece tener prisa por algo y, generalmente, nosotros tenemos prisa *por todo*. Nuestra naturaleza humana tiende a ser apresurada e impaciente. No nos satisface el saber que Dios abrirá un camino; queremos saber *cuándo* hará el camino.

Las Escrituras nos prometen que, en el momento señalado, Dios hará lo que necesite hacerse, pero ¿cuándo es el tiempo señalado? Es el momento el cual Dios determina que es el momento adecuado y rara vez nos hace saber cuánto tiempo tomará. Sin embargo, podemos estar seguros de que no será más extenso de lo que podemos soportar. Nuestro Señor sabe lo que necesitamos y sabe exactamente cuándo lo necesitamos. Él nunca llega tarde: siempre se mueve exactamente en el momento perfecto.

Pensamiento del día

Dios ya ha estado a donde vamos y ya sabe exactamente lo que sucederá.

Profundice en la Palabra de Dios: Salmos 102:13; Hechos 17:26

Elegir la paz

La paz les dejo; mi paz les doy. Yo no se la doy a uste-
des como la da el mundo. No se angustien ni se acobarden.
(Juan 14:27)

Mientras más tiempo pase con Dios, más paz tendrá en su vida.

Una vida sin paz es una vida llena de frustración. Es el resultado de enfocarse en cosas sobre las que no puede hacer nada. Cuando usted se preocupa por cosas que están fuera de su control, el estrés y la ansiedad comienzan a deslizarse en su vida.

El apóstol Pablo dijo: "Por nada estés afanosos, sino sean conocidas vuestras peticiones delante de Dios en toda oración y ruego, con acción de gracias. Y la paz de Dios, que sobrepasa todo entendimiento, guardará vuestros corazones y vuestros pensamientos en Cristo Jesús (Filipenses 4:6-7 RVR1960).

Una vez que entendemos que estamos luchando con algo y nos sentimos molestos, podemos comenzar a orar e inmediatamente entregar la situación a Dios, confiando en que Él nos ayudará. Usted y yo no estamos llamados a una vida de frustración y lucha. ¡Jesús vino para que pudiéramos tener justicia, gozo y paz!

Pensamiento del día

La paz nunca depende de las circunstancias que le rodean.
Con la ayuda de Dios, puede tener paz en medio de cual
quier tormenta. La paz le permite disfrutar la vida incluso
cuando la vida es imperfecta.

Profundice en la Palabra de Dios: Isaías 9:6; Santiago 3:18

Espere lo mejor de Dios

*Que el Dios de esperanza los llene de toda alegría y paz a
ustedes que creen en él, para que rebosen de esperanza por
el poder del Espíritu Santo. (Romanos 15:13)*

La esperanza es una de las fuerzas más poderosas del universo. Y
como hijo de Dios, usted puede ser lleno de esperanza.

La esperanza es la anticipación feliz de que algo bueno va a suceder en su vida. Se trata de esperar lo mejor. ¿Qué está esperando?
¿Ya lo ha pensado? Si no espera nada, o si espera un poco, obtendrá
lo que espera.

Yo siempre digo: "Prefiero creer por un montón y obtener la
mitad de eso que creer un poco y obtener todo".

Dios quiere que ponga su esperanza en Él y que tenga una expectativa feliz de algo bueno. Si se encuentra en una situación difícil hoy, espere que cambie. Si se encuentra en una situación buena
hoy, espere que mejore aún más. ¡Dios es un Dios de esperanza!

Pensamiento del día

*En lugar de esperar lo peor, tome la decisión de esperar lo
mejor. En su momento de quietud con Dios, deje que Él llene
su corazón con la esperanza de que Él hará algo increíble
por usted... y a través de usted.*

Profundice en la Palabra de Dios: Romanos 8:19; Lucas 8:40

Vida de reino

Los que viven conforme a la naturaleza pecaminosa fijan la mente en los deseos de tal naturaleza…los que viven conforme al Espíritu…en los deseos del Espíritu. (Romanos 8:5)

El reino de Dios está formado por paradojas, algo contradictorio. Se nos pide que hagamos algo para tener éxito, pero la Palabra de Dios nos instruye lo contrario. Vea estos ejemplos:

- El mundo nos dice que vayamos a la vanguardia o que seamos los primeros, pero la Biblia nos dice que los últimos serán los primeros y los primeros serán los últimos (ver Mateo 20:16).
- El mundo nos dice que seamos tacaños y codiciosos, pero la Palabra de Dios nos dice que demos generosamente (ver Lucas 6:38).
- El mundo nos dice que odiemos a nuestros enemigos y guardemos rencor, pero la Palabra de Dios nos dice que amemos a nuestros enemigos y oremos por ellos (ver Mateo 5:44).
- El mundo nos dice que presumamos de nuestros logros para ser considerados grandes, pero la Biblia dice que el mayor servirá a los demas (ver Mateo 23:11).

No viva conforme a la manera egoísta del mundo. La instrucción de Dios trae la paz y la felicidad que necesitamos.

Pensamiento del día

Si actúa de acuerdo a la Palabra de Dios, será una luz en la oscuridad y una bendición para todos a su alrededor.

Profundice en la Palabra: Mateo 6:10; Daniel 7:27

¡No se rinda!

No nos cansemos de hacer el bien, porque a su debido tiempo cosecharemos si no nos damos por vencidos. (Gálatas 6:9)

Una de las verdades más importantes a la cual siempre puede aferrarse es que Dios ha prometido que nunca le dejará, ¡Él siempre está a su lado!

No importa cuán difíciles puedan ser las circunstancias que le rodean, no deje de intentarlo. ¡Nunca se rinda! Dios está de su lado y Él es más grande que cualquier problema que pueda enfrentar.

Puede recuperar cualquier cosa que el diablo le haya robado apoyándose en la gracia de Dios y no en su propia habilidad. En Gálatas 6:9, el apóstol Pablo simplemente nos anima a seguir adelante.

No se rinda. Tenga una actitud de que "puedo hacer todas las cosas por medio de Cristo". Con la ayuda de Dios, usted puede atravesar la lucha hasta completar la victoria con Él.

Pensamiento del día

Dios le dará la fuerza para enfrentar cualquier obstáculo que esté frente a usted. En lugar de enfocarse en el problema, crea sus promesas y siga valientemente adelante.

Profundice en la Palabra de Dios: 2 Crónicas 15:7; 2 Corintios 4:1

Supere el remordimiento
y el temor

Busqué al Señor, y él me respondió; me libró de todos mis temores. (Salmos 34:4)

El remordimiento y el temor van de la mano, y ambos están arraigados en el miedo. Los remordimientos le hacen temer las consecuencias de los errores pasados, y los temores le hacen temer las consecuencias del futuro. Ambos asumen lo peor; ninguno de los dos es de Dios.

Es una revelación liberadora saber que Dios nos ofrece victoria en medio de la dificultad. Vamos a cometer errores, pero Dios puede redimirlos e incluso usarlos para educarnos para el futuro.

Si tiene miedo de su pasado o de su futuro, va a estar congelado en un presente disfuncional. Solo hay una solución, y viene directamente de 1 Pedro 5:7, cuando dice que depositen en él toda ansiedad, porque él cuida de ustedes. Eche fuera de su vida esos temores y no los recoja nunca más.

Pensamiento del día

Sus errores no son mayores que la misericordia de Dios. Todo es posible con Dios.

Profundice en la Palabra de Dios: Deuteronomio 31:6; 2 Reyes 17:39

Tome tiempo para orar

Oren sin cesar. (1 Tesalonicenses 5:17)

No importa quién sea o lo que hace, ya sea madre, ejecutivo de negocios, mecánico o maestro de escuela, ¡probablemente está ocupado! Pero no importa cuán ocupado esté, asegúrese de tomar tiempo para orar y hablar con Dios. Si lo hace, Él le escuchará y le ayudará.

La oración es algo que puede hacer a través del día, no importa cuántas responsabilidades tenga. Por ejemplo, si es una madre agotada que se queda en casa, que limpia la casa y cuida a los niños todo el día, solo tómese un minuto para estar quieta y decir: "Oh, Jesús, te amo. Fortaléceme ahora mismo. Dios, necesito algo de energía. Estoy agotada". Incluso algo tan simple es poderoso y llama la atención de Dios.

Orar durante el día le permite que Dios se involucre en todos los aspectos de su vida. ¿Por qué luchar cuando puede tener la presencia y ayuda de Dios? Su oración no tiene que ser larga o elocuente; solo necesita ser sincero.

Pensamiento del día

"Te necesito, Señor" es una de las mejores oraciones para orar.

Profundice en la Palabra de Dios: Santiago 5:16; Job 22:27

Sus sentimientos no tienen la última palabra

Por eso me regocijo en debilidades, insultos, privaciones, persecuciones y dificultades que sufro por Cristo; porque, cuando soy débil, entonces soy fuerte. (2 Corintios 12:10)

Dependiendo del día, podemos sentirnos felices o tristes, emocionados o desanimados, en la cima de la montaña o en el valle, y más. Los sentimientos pueden ser muy poderosos y demandantes, pero no tenemos que vivir conforme a cómo nos sentimos.

La verdad es que podemos aprender a manejar nuestras emociones en lugar de permitir que ellas nos controlen. Esta ha sido una de las verdades bíblicas más importantes que he aprendido en mi jornada con Dios. También ha sido una que me ha ayudado a disfrutar constantemente mi vida.

Si esperamos para ver cómo nos sentimos antes de saber si podemos disfrutar el día, dejamos que nuestros sentimientos nos controlen. Pero gracias a que tenemos libre albedrío, podemos tomar decisiones que no se basan en sentimientos. Si tomamos las decisiones correctas independientemente de cómo nos sintamos, Dios siempre será fiel para darnos la fuerza para hacerlo.

Pensamiento del día

La Palabra de Dios y sus promesas para su vida son más fuertes que sus sentimientos. Haga lo que Dios dice cada día y sus sentimientos se alinearán con las promesas de Dios.

Profundice en la Palabra: 2 S 22:3; Sal 68:28

El otro lado del sufrimiento

Lo he perdido todo a fin de conocer a Cristo, experimentar el poder que se manifestó en su resurrección, participar en sus sufrimientos y llegar a ser semejante a él en su muerte.
(Filipenses 3:10)

Nadie quiere pasar por el sufrimiento, pero he descubierto que hay mucho que podemos aprender de la dificultad. Uno de los beneficios del otro lado del sufrimiento es una relación más profunda con Dios.

Cuando estamos en una posición donde no tenemos a nadie que pueda ayudarnos excepto Dios, y confiamos en Él, experimentamos las muchas maravillas de quién es Él y cuán bueno es. Experimentamos su fidelidad, justicia, bondad, misericordia, gracia, sabiduría y poder.

Pablo dijo que su propósito determinado era conocer a Cristo y familiarizarse más profunda e íntimamente con las maravillas de su persona. Dijo que quería conocer el poder de la resurrección de Cristo e incluso compartir la comunión de sus sufrimientos. Si está tratando con una situación difícil, acuda a Dios en su momento de quietud y pídale que use esa dificultad para convertirse en la persona que Él quiere que sea.

Pensamiento del día

En lugar de permitir que el sufrimiento le aleje de Dios, utilice ese desafío para ayudarle a acercarse a Él, confiando y dependiendo de Él más de lo que lo ha hecho antes.

Profundice en la Palabra de Dios: Job 11:16; Lamentaciones 3:32

Pida menos, confíe más

De hecho, considero que en nada se comparan los sufri-
mientos actuales con la gloria que habrá de revelarse en
nosotros. (Romanos 8:18)

Vivimos la vida hacia adelante y, sin embargo, a menudo solo podemos entenderla mirando hacia atrás. Hay muchas cosas dolorosas
que no entendemos cuando nos están sucediendo. Pero más tarde,
al mirar hacia atrás, vemos las cosas de manera diferente a como
lo hacíamos antes, porque vemos el bien que ha resultado del dolor
anterior que sufrimos.

David dijo: "Señor, mi corazón no es orgulloso, ni son altivos
mis ojos; no busco grandezas desmedidas, ni proezas que excedan
a mis fuerzas" (Salmos 131:1).

David simplemente estaba diciendo que hay cosas ocultas en los
misterios de Dios que nadie puede entender. En nuestros momentos de quietud con Dios, sería prudente que hagamos menos preguntas y simplemente confiemos más en Dios. Él usará todo lo que
pasamos para lograr sus propósitos en nuestras vidas.

Pensamiento del día

Dios ve por lo que está pasando y tiene un plan para lle-
varle a través de él más fuerte, más sabio y más bendecido
de lo que era antes.

Profundice en la Palabra de Dios: Salmos 31:14; Salmos 56:11

Aprender a amar su vida de forma absoluta

El ladrón no viene más que a robar, matar y destruir; yo he venido para que tengan vida, y la tengan en abundancia.
(Juan 10:10)

¿Sabía que Dios quiere que disfrute su vida? Bueno, ¡lo quiere! De hecho, parte de la voluntad de Dios es que usted disfrute cada momento de ella. Esto es algo que la Palabra de Dios nos dice en muchos lugares.

El rey Salomón, el hombre más sabio que jamás haya vivido, dijo esto: "Nada hay mejor para el hombre que comer y beber, y llegar a disfrutar de sus afanes. He visto que también esto proviene de Dios" (Eclesiastés 2:24).

Salomón dijo que nos aseguráramos de disfrutar el bien de nuestro trabajo. Eso parece algo que debemos hacer como un acto de nuestra voluntad. Esto no significa que toda la vida se convierte en una gran fiesta o vacaciones, pero sí significa que a través del poder de Dios podemos aprender a disfrutar la maravillosa vida que Jesús vino a darnos.

Pensamiento del día

Es importante ser disciplinado y trabajar duro, pero es igualmente importante disfrutar del fruto que aporta el trabajo. Dios quiere que se divierta y disfrute la vida: ¡puede hacerlo hoy!

Profundice en la Palabra de Dios: 1 Pedro 3:10; Salmos 119:159

Bendecido con beneficios

Alaba, alma mía, al Señor, y no olvides ninguno de sus beneficios. (Salmos 103:2)

Usted tiene beneficios como hijo de Dios. ¡Eso es algo por lo cual emocionarse! Otras palabras para beneficios son *favores*, *ventajas* y *ganancias*. Eso es lo que le ha dado su Padre celestial. Y en la escritura anterior, David no dice que solo tiene un beneficio; usa el plural, *beneficios*. Eso significa que le han dado muchos favores y ventajas como hijo de Dios.

Los beneficios no son algo que hemos ganado impresionando a Dios. Son cosas que Él nos da gratuitamente, porque somos sus hijos y ama bendecirnos. Es por eso que Romanos 8:17 dice: "Y, si somos hijos, somos herederos; herederos de Dios y coherederos con Cristo, pues, si ahora sufrimos con él, también tendremos parte con él en su gloria". Usted ha heredado los beneficios, las bendiciones y la bondad de Dios. Le animo a buscar los beneficios de Dios y a estar agradecido por cada uno de ellos.

Pensamiento del día

Una de las mejores maneras en la puede comenzar cualquier momento personal con Dios es agradeciéndole por todas las bendiciones, ventajas y beneficios que le ha dado.

Profundice en la Palabra de Dios: Salmos 72:17; Efesios 1:3

Un nuevo día con Dios

Por lo tanto, si alguno está en Cristo, es una nueva crea-
ción. ¡Lo viejo ha pasado, ha llegado ya lo nuevo! (2 Corin-
tios 5:17)

Usted es una nueva creación, eso significa que no tiene que permitir que las cosas viejas que le sucedieron sigan afectando su nueva
vida en Cristo. Tiene un nuevo comienzo. Puede renovar su mente
según la Palabra de Dios. ¡Le van a pasar cosas buenas!

Comience a pensar positivamente en su vida. Dios tiene un plan
perfecto para cada uno de nosotros y es importante que pensemos
y hablemos de acuerdo con su voluntad y plan para nosotros.

En su momento de quietud con Dios, recuerde siempre que Él ha
comenzado una buena obra en usted y que la completará (ver Filipenses 1:6). Así que, aunque se sienta desanimado porque no está
progresando rápidamente, recuerde siempre que Dios está obrando
en usted y que Él está haciendo todas las cosas nuevas.

Pensamiento del día

Incluso si no tiene idea de cuál es la voluntad de Dios para
usted en este momento, puede comenzar pensando en fe:
puede que no conozca el plan de Dios, pero sé que Él me
ama. Lo que sea que haga será bueno y seré bendecido.

Profundice en la Palabra de Dios: Proverbios 14:22; Job 42:2

La determinación conduce a la victoria

He peleado la buena batalla, he terminado la carrera, me he mantenido en la fe. (2 Timoteo 4:7)

Uno de los rasgos más importantes que un cristiano pueda tener es la determinación. Un hijo de Dios que se niega a rendirse es uno que disfrutará la victoria. Jesús soportó la cruz por el gozo del premio que lo esperaba (ver Hebreros 12:2), y debemos hacer lo mismo.

La persistencia es necesaria porque habrá momentos difíciles en la vida. Jesús nunca prometió que cuando comenzáramos a seguirlo ya no tendríamos problemas. La vida no es siempre fácil, pero Dios está siempre con nosotros. Atravesar los desafíos en lugar de rendirnos es lo que nos hace fuertes.

Cuando se sienta cansado, recuerde que Dios está con usted y que Él es la fuerza que necesita para llegar hasta el final. Reciba su fuerza ahora mientras espera en su presencia.

Pensamiento del día

Si tiene grandes esperanzas y grandes sueños para su vida, necesitará determinación para verlas realizarse.

Profundice en la Palabra de Dios: Filipenses 2:13; Salmos 20:6

La paz de Dios

Yo les he dicho estas cosas para que en mí hallen paz. En este mundo afrontarán aflicciones, pero ¡anímense! Yo he vencido al mundo. (Juan 16:33)

La paz es una de las mayores bendiciones que Dios nos ha dado y, cuando la recibimos, la paz puede cambiar la vida. Simplemente desear una vida de paz no es suficiente. Tiene que buscar la paz con Dios, la paz con usted mismo y la paz con los que le rodean (ver 1 Pedro 3:11).

He descubierto que cuanto más tiempo paso con Dios, más serena soy. Los momentos de quietud con Él me ayudan a enfocarme en lo que tengo en lugar de lo que no tengo, permitiéndome concentrarme en mis bendiciones en lugar de preocuparme.

Cuando el caminar en paz se convierte en una prioridad, hará el esfuerzo necesario para que suceda. Pasé años orando para que Dios me diera paz y, finalmente, me di cuenta de que ya Él había provisto paz, pero tuve que apropiarla. Jesús dijo en Juan 14:27: "La paz os dejo". Jesús ya ha provisto la paz. Tome la decisión de caminar en esa paz hoy.

Pensamiento del día

Aunque le surjan pensamientos de preocupación y miedo, no tiene que pensar en ellos. En cambio, puede elegir abrazar la paz de Dios que ya es suya en Cristo.

Profundice en la Palabra de Dios: 1 Samuel 25:6; Filipenses 4:9

Regocíjese pase lo que pase

Alégrense siempre en el Señor. Insisto: ¡Alégrense! (Filipenses 4:4)

El apóstol Pablo escribió el versículo anterior mientras estaba en prisión, y las prisiones en su día eran peores que cualquier cosa que pudiéramos imaginar. Una de las palabras clave en ese versículo es la palabra *siempre*.

Llueve o truene, buenos días o malos, cuando esté en su punto más alto o en el más bajo que pueda llegar, Dios le ama y Él está con usted. Nuestra alegría no debe depender de lo que sucede a nuestro alrededor, sino de la esperanza que tenemos en Jesús. Cuando estamos pasando por algo difícil, podemos alegrarnos de que lo estemos pasando y de que no durará para siempre.

Tome tiempo cada día para simplemente regocijarse. Alégrese de que Dios le ama. Alégrese de que nunca le dejará. Alégrese de que Él tiene un gran plan para su vida.

Pensamiento del día

No importa cuán pequeña o grande sea la presión que enfrenta, es solo una parte de su jornada. Eventualmente pasará y las cosas mejorarán.

Profundice en la Palabra de Dios: 1 Corintios 13:6; Lucas 10:20

Vivir de manera desinteresada

Cada uno debe velar no solo por sus propios intereses, sino también por los intereses de los demás. (Filipenses 2:4)

El decidir ayudar a otros es más que una buena idea; es uno de los mayores secretos para disfrutar cada día de su vida. No podemos ser egoístas y felices al mismo tiempo.

La Biblia nos enseña que es más bendecido dar que recibir y lo animo a que acepte esta verdad: seguir el modelo bíblico de poner a los demás antes que nosotros es una de las mejores cosas que podemos hacer para disfrutar nuestras vidas. Ya sea algo pequeño, como ayudar a un amigo a hacer un mandado, o algo más grande, como ser voluntario un día de cada semana para servir a los menos afortunados en su comunidad, todo es importante. ¡Todo eso cambia la vida!

Pensamiento del día

Cuando los demás se convierten en su primer pensamiento, la alegría será su nueva realidad.

Profundice en la Palabra de Dios: 1 Pedro 3:8; Lucas 6:35

Oración natural y sin esfuerzo

Y al orar, no hablen solo por hablar como hacen los genti-les, porque ellos se imaginan que serán escuchados por sus muchas palabras. (Mateo 6:7)

Hay muchas personas que sienten que sus oraciones son insuficientes porque se comparan con los demás. Dios es un Dios creativo y quiere que cada persona tenga su propia vida de oración. Su vida de oración no tiene que ser como la de nadie más.

Ciertamente hay principios probados de oración que puede seguir. Por ejemplo, Hechos 3:1 nos muestra que los primeros discípulos reservaron ciertas horas del día para ir a un lugar designado para orar. Esa es una buena autodisciplina, pero no es una ley o una regla que debemos seguir para orar adecuadamente.

Tenga la libertad de establecer un horario de oración que se adapte individualmente a usted y parte de eso es aprender a orar sin cesar. Eso significa orar en todo momento, en todo lugar, con todo tipo de oración. Me gusta decir: "Ore mientras pasa su día". Deje que la oración se vuelva como el respirar, algo que hace con facilidad y sin esfuerzo.

Pensamiento del día

Nunca tiene que esperar para orar. Cada vez que vea una necesidad o piense en algo con lo que necesita ayuda, ¡ore enseguida! La oración es hablar con Dios y, como Él está en todas partes, podemos hablar con Él todo el tiempo.

Profundice en la Palabra de Dios: Mateo 6:9; Romanos 8:26

Celebrar con un corazón agradecido

Dando siempre gracias a Dios el Padre por todo, en el nombre de nuestro Señor Jesucristo. (Efesios 5:20)

A través de toda la Biblia vemos personas celebrando la victoria y el progreso de muchas maneras. Una de esas maneras era específicamente tomar el tiempo para dar una ofrenda a Dios y agradecerlo por su bondad. Noé lo hizo. Abraham lo hizo. Y nosotros también podemos hacerlo. Hay muchas maneras de expresar gratitud, pero lo más importante es que lo hagamos.

Nuestras vidas serían mucho más felices, y más poderosas, si tomáramos unos minutos en nuestro momento de quietud con Dios para dar gracias por las cosas maravillosas que hace por nosotros. Es importante ser agradecido y expresarlo (ver Salmos 100:4).

Un corazón agradecido muestra mucho sobre el carácter de una persona. Mantiene a Dios primero, sabiendo que Él es la fuente de todas las bendiciones que recibimos. La gratitud borra todo sentimiento de derecho. Es una actitud que dice: *sé que no merezco la bondad de Dios, pero ciertamente estoy agradecida por ella.*

Pensamiento del día

Tome tiempo para meditar en la bondad y misericordia de Dios en su vida. Siempre puede encontrar maneras en que Dios le ha bendecido si se detiene y toma el tiempo para buscarlas.

Profundice en la Palabra de Dios: Salmos 68:3; Salmos 149:2

La risa es una buena medicina

Gran remedio es el corazón alegre, pero el ánimo decaído seca los huesos. (Proverbios 17:22)

Aunque todos experimentamos dificultades y tristezas en nuestras vidas, es importante también encontrar maneras de sonreír e incluso reír. La risa es una buena medicina. Se ha demostrado científicamente que mejora la salud y la sanidad.

No importa por lo que esté pasando, nunca deja de hacerme sentir mejor si me río de algo y creo que encontrará que lo mismo es cierto para usted.

Creo que Dios nos ha dado la capacidad de reír por una razón. Por supuesto, una de las razones es porque Él desea que disfrutemos la vida, pero también creo que tiene la capacidad de rescatarnos de que los nuestros problemas nos abrumen.

La risa también disminuye el estrés, así que, ¿por qué no encuentra a propósito algo de que reírse hoy?

Pensamiento del día

Tome momentos durante el día para relajarse y reír un poco, incluso si eso significa reírse de sus propios errores.

Profundice en la Palabra de Dios: Job 5:22; Eclesiastés 3:4

Comenzar poco a poco

Su señor le respondió: "¡Hiciste bien, siervo bueno y fiel!
Has sido fiel en lo poco; te pondré a cargo de mucho más.
¡Ven a compartir la felicidad de tu señor!". (Mateo 25:23)

Las grandes victorias suelen tener pequeños comienzos. Pero hay
mucho que decir sobre esos pequeños comienzos. Por ejemplo:

- Es posible que desee tener un ministerio que llegue al mundo,
  pero Dios le pedirá que comience *a pequeños pasos*: ser voluntario en su iglesia y esté dispuesto a hacer lo que sea necesario.
- Puede estar orando para que Dios le dé su propio negocio, pero
  Dios le indicará que empiece a *pequeños pasos*: llegue siempre
  a tiempo a su trabajo y sea fiel en el trabajo que tiene ahora.
- Puede estar tratando de descubrir cómo perder cierta cantidad
  de peso, pero la sabiduría dice que empiece a *pequeños pasos*:
  corte las bebidas llenas de azúcar y haga ejercicio durante
  veinte minutos hoy.

Tenemos la tendencia a estar tan envueltos en el destino que ni
siguiera comenzamos el viaje. ¿Qué le está pidiendo Dios que haga
hoy? Sea lo que sea, esté dispuesto a comenzar poco a poco y ser
diligente.

Pensamiento del día

Si es fiel y toma pequeños pasos día tras día, un día mirará
hacia atrás y se sorprenderá de lo lejos que ha llegado.

Profundice en la Palabra: Salmos 115:13; Lucas 19:17

Fe activa

Sin embargo, alguien dirá: "Tú tienes fe, y yo tengo obras".
Pues bien, muéstrame tu fe sin las obras, y yo te mostraré
la fe por mis obras. (Santiago 2:18)

La fe siempre está activa. No es un esfuerzo pasivo. La fe requiere
que crea en las promesas de Dios y siga adelante obedientemente
para hacer lo que Dios le está diciendo que haga.

A veces pensamos: *No estoy seguro de lo que Dios me está diciendo.*
Me temo que voy a tomar el camino equivocado. Entiendo esta preo-
cupación, pero ¿notó cierta palabra allí? *Temo.* Cuando crea que
Dios le está dando una dirección a seguir, no deje que el miedo
le gobierne. Estar congelado por el miedo nunca es la voluntad de
Dios.

No tenga temor de dar un paso porque tiene miedo de que sea el
equivocado. Dios ve su corazón. Él sabe que está tratando de complacerlo y vivir en obediencia a su Palabra. Él no es un Dios cruel y
enojado que le va a castigar si da un paso en falso en el camino. Él
es fiel para guiarle e, incluso, si toma el paso equivocado, le llevará
de regreso al camino correcto.

Pensamiento del día

¡Sea valiente y siga a Dios!

Profundice en la Palabra de Dios: Hebreos 11:3; Mateo 21:21

Aceptado por Dios

Todos los que el Padre me da vendrán a mí; y al que a mí viene, no lo rechazo. (Juan 6:37)

¿Alguna vez se ha sentido rechazado, no deseado o fuera de lugar? Si es así, no está solo. No hay nadie que experimente aceptación de todos en su vida. De hecho, algunas personas experimentan un tipo de rechazo que daña sus almas. Podemos creer que somos defectuosos si la gente nos ha rechazado y, por lo tanto, asumimos erróneamente que no tenemos valor o no somos dignos de ser amados.

Pero esto no es cierto. La verdad es que Dios le creó y se deleita en usted. Dios le ama incondicionalmente y nunca le rechazará. No permita que el comportamiento, las palabras o las acciones de otra persona hacia usted lo hagan sentir inferior o no amado.

Puede vivir más allá de sus sentimientos: puede superar el dolor de cualquier rechazo que haya enfrentado en su pasado. Usted es amado, aceptado y aprobado por su Padre celestial. Su amor es lo que más importa.

Pensamiento del día

Los pensamientos de Dios sobre usted y su aprobación son mucho más importantes que lo que otros dicen o sienten acerca de usted. No deje que el rechazo de una persona supere la aprobación de Dios.

Profundice en la Palabra de Dios: Salmos 6:9; Hebreos 13:5

La fuerza de su poder

Porque el Señor tu Dios está contigo; él peleará en favor tuyo y te dará la victoria sobre tus enemigos. (Deuteronomio 20:4)

Demasiadas veces tratamos de pelear batallas con nuestras propias fuerzas y, entonces, cuando inevitablemente fallamos, nos sentimos frustrados y queremos rendirnos.

Le sugiero que cada vez que reconozca un desafío que se avecina, llévelo a Dios. En su momento de quietud con Él, simplemente ore: *Padre, me siento preocupado por la tarea que tengo ante mí. Si es algo que no quieres que haga, muéstramelo, y si quieres que lo haga, concédeme gracia para hacerlo con alegría.*

Cada vez que llevamos nuestros problemas a Dios y confiamos en que Él peleará nuestras batallas por nosotros, tendremos la victoria final. Dios puede hacer cosas a través de nosotros que nunca podríamos hacer por nuestra cuenta, así que no trate de luchar por su cuenta. Si se enfoca en el hecho de que Dios está con usted y confía en Él en cada situación, no hay manera de que pueda perder.

Pensamiento del día

Dios nunca ha perdido una batalla. Él está invicto. Sería una tontería tratar de manejar sus problemas por su cuenta. Llévelos a Dios y observe cómo Él logrará una victoria.

Profundice en la Palabra de Dios: Salmos 66:5-7; Colosenses 1:11

Por el gozo de obtener la paz

Fijemos la mirada en Jesús, el iniciador y perfeccionador de nuestra fe, quien, por el gozo que le esperaba, soportó la cruz, menospreciando la vergüenza que ella significaba, y ahora está sentado a la derecha del trono de Dios. (Hebreos 12:2)

Jesús dijo que a pesar de que despreciaba la vergüenza de la cruz, la soportó por el gozo de obtener el premio al otro lado de la misma. Numerosas personas me han dicho que no cambiarían lo que pasaron por nada, simplemente por cómo los cambió y los acercó a Dios.

Podemos despreciar lo que estamos pasando mientras lo estamos pasando. Nadie disfruta de ningún tipo de sufrimiento. Pero si podemos creer que algo bueno vendrá del dolor, podremos soportarlo gozosamente. Si continuamos teniendo fe en que veremos la bondad de Dios, no importa cuánto nos duele o cuánto tiempo dure, saborearemos la dulzura del avance y la victoria.

Pensamiento del día

Tiene que atravesar para pasar al otro lado. No tema la dificultad porque Dios no le dará más de lo que pueda manejar con Él en su vida, ayudándole y guiándole.

Profundice en la Palabra de Dios: 1 Corintios 9:24;
1 Tesalonicenses 5:9

La importancia de esperar bien

Y la constancia debe llevar a feliz término la obra, para que sean perfectos e íntegros, sin que les falte nada. (Santiago 1:4)

Todos tenemos que esperar por cosas en la vida. Es por eso que la paciencia es extremadamente importante si desea disfrutar su vida y glorificar a Dios con su comportamiento.

La próxima vez que tenga que esperar por algo o alguien, en lugar de reaccionar con impaciencia, trate de recordarse a usted mismo: *Molestarme no hará que eso pase más rápido, así que mejor disfruto la espera.* Incluso puede decir en alta voz: "Estoy desarrollando paciencia mientras espero, así que estoy agradecido en esta situación". Si hace esto, actuará según la Palabra de Dios en lugar de reaccionar ante las circunstancias desagradables.

Recuerde, la paciencia es un fruto del Espíritu que Dios quiere desarrollar en su vida. No piense simplemente en lo difícil y frustrante que es, sino piense en lo bendecido que puede ser mientras aprende el arte de esperar bien.

Pensamiento del día

Todos experimentaremos temporadas de espera en diferentes momentos en nuestras vidas, por lo que podríamos descubrir gozo en esos momentos y apoyarnos en Dios mientras esperamos la respuesta.

Profundice en la Palabra de Dios: Génesis 49:18; Lamentaciones 3:25-26

Una carta para usted

Tu palabra es una lámpara a mis pies; es una luz en mi sendero. (Salmos 119:105)

La Biblia está escrita como una carta personal de Dios para usted. Él le habla, satisface sus necesidades y guía sus pasos a través de su Palabra escrita. Él revela su verdad y sabiduría y le enseña a cómo vivir.

Si no se toma el tiempo para leer y estudiar su Palabra, no podemos escuchar su voz de manera clara y precisa. Conocer la Palabra escrita nos protege del engaño: es nuestro estándar para la verdad. Escuchar la voz de Dios sin estar constantemente en su Palabra se presta para escuchar voces que no son de Dios; por eso es tan importante no solo leer su Palabra, sino estudiarla. Puede haber ocasiones en que Dios le hable algo que está fuera de un capítulo y versículo específico de la Biblia, pero siempre estará de acuerdo con su Palabra.

Pensamiento del día

La Palabra de Dios es un regalo para usted, le da dirección y alumbra sus pasos. Tómese el tiempo hoy para leer algunas de las cartas personales de Dios y pídale que le hable a su corazón.

Profundice en la Palabra de Dios: Proverbios 20:24; Gálatas 5:16

Vea lo bueno y crea lo mejor

Todo lo disculpa, todo lo cree, todo lo espera, todo lo soporta. (1 Corintios 13:7)

La Biblia nos enseña a ver siempre lo bueno en las personas y a creer lo mejor de cada persona.

Pero si dejamos que nuestros pensamientos guíen nuestras vidas, generalmente tienden a la negatividad. Nuestra carne, sin la influencia del Espíritu Santo, es oscura y negativa. Afortunadamente, no tenemos que caminar en la carne, pero podemos elegir ser guiados por el Espíritu (ver Romanos 8:5). Cuando elegimos dejar que el Espíritu nos guíe, veremos lo mejor en otras personas y seremos llenos del amor y la paz de Dios en nuestras almas.

En su tiempo con Dios, pídale que lo ayude a ver a otras personas como sus hijos en lugar de adversarios. Decida mirar más allá de sus fallas y véalos como Dios los ve. Permita que el Espíritu Santo lo ayude a ver lo mejor de cada persona en su vida.

Pensamiento del día

Dios ha perdonado sus pecados; Él no los tiene en su contra. Pídale que lo ayude a hacer lo mismo con las otras personas en su vida.

Profundice en la Palabra de Dios: Marcos 12:31; Santiago 2:8

Recuerde la bondad de Dios

Alaba, alma mía, al Señor; alabe todo mi ser su santo nombre. (Salmos 103:1)

Una de las cosas que amo de la Biblia es lo práctica que es para la vida diaria. El salmo 103 nos anima a recordar las bendiciones de Dios en nuestras vidas y luego nos da una lista de su bondad. Estas son algunas de las cosas por las que puede agradecer a Dios en su tiempo con Él hoy:

- Sus pecados son perdonados (v. 3)
- La sanidad es suya (v. 3).
- Dios redime su vida (v. 4).
- Le ha hecho bello, digno y noble (v. 4).
- Dios le ama incondicionalmente (v. 4 y vv. 11-12)
- Dios se preocupa por usted y le provee (v. 5).
- Usted es fuerte, vence y se rejuvenece (v. 5).
- Cuando se equivoca, Dios le perdonará (vv. 10-12).
- Dios le conoce mejor que usted mismo (v. 14).
- Pase lo que pase, Dios nunca dejará de amarle (v. 17).

¡Qué increíble! Estudie el salmo 103 y agradézcale a Dios por su gran amor.

Pensamiento del día

Dios le ama tanto que ha derramado sus bendiciones, beneficios y bondad sobre su vida. No lo dé por sentado. Dele gracias cada día por sus bendiciones.

Profundice en la Palabra de Dios: Lamentaciones 3:22-26; Salmos 23:5-6

Jesús entiende

Porque no tenemos un sumo sacerdote incapaz de compadecerse de nuestras debilidades, sino uno que ha sido tentado en todo de la misma manera que nosotros, aunque sin pecado. (Hebreos 4:15)

Podemos recurrir a Jesús en nuestra dificultad porque Él es el Sumo Sacerdote que entiende nuestras debilidades y enfermedades. ¿Cómo puede entenderlo? Él entiende porque ha sido tentado en todos los puntos tal como nosotros lo somos y, sin embargo, nunca pecó. Además, sintió todo nuestro dolor y cargó todas nuestras cargas cuando estaba en la cruz. Él sabe por lo que está atravesando.

Usted nunca está solo. Jesús está familiarizado con la enfermedad y la aflicción, el dolor y el rechazo. Siempre puede recurrir a Jesús cuando esté herido. Él es compasivo y comprensivo. Nunca le rechazará. Por el contrario, escuchará su oración y le consolará en su dolor. Y lo mejor de todo, lo cargará y lo llevará al otro lado más fuerte que nunca antes.

Pensamiento del día

No crea la mentira del enemigo de que está solo y que nadie entiende por lo que está pasando. Jesús entiende y ha prometido nunca dejarle o abandonarle.

Profundice en la Palabra de Dios: Mateo 26:38; Hebreos 2:17-18

Gracia para la vida diaria

Por eso, de la manera que recibieron a Cristo Jesús como
Señor, vivan ahora en él. (Colosenses 2:6)

Podemos saber y comprender que, por la gracia de Dios, nuestros
pecados han sido perdonados, pero no siempre entendemos que
necesitamos la misma gracia para nuestro diario vivir que la que
necesitamos para nuestra salvación.

Muchas veces, vivir la vida cristiana parece que requiere mucho
trabajo y esfuerzo y, no importa cuánto lo intentemos, sentimos
que estamos fallando. Nos frustramos porque queremos ser lo que
la Palabra de Dios indica que seamos, pero sentimos que no tenemos el poder para comportarnos conforme a ella.

Pero la Palabra de Dios nos enseña a vivir para Jesús de la misma
manera que lo recibimos, por gracia. Somos salvos por gracia y
debemos vivir por gracia.

Cuando lo hagamos, tendremos la paz y el gozo del Espíritu
Santo y viviremos las vidas poderosas que Dios nos ha llamado a
vivir.

Pensamiento del día

La gracia es el favor inmerecido de Dios y es el poder y la
habilidad necesarios para usted hacer lo que Dios le pida.
Su gracia le salva y luego le lleva con éxito a través de su
jornada con Él.

Profundice en la Palabra de Dios: Juan 1:14; Santiago 4:6)

La clave para amar a los demás

El segundo es: "Ama a tu prójimo como a ti mismo". No hay otro mandamiento más importante que estos. (Marcos 12:31)

Es casi imposible amar a los demás cuando usted no ama a la persona que Dios le ha creado para ser. Las personas que no han aprendido a aceptar que son imperfectos y que el trabajo de Dios en sus vidas es un proceso, tienden a tener más dificultades para aceptar y llevarse bien con los demás.

Cuando aprende a amarse a usted mismo como creación de Dios, de una manera sana y equilibrada, puede ser paciente consigo mismo a medida que Dios le cambia. El hacerlo también le ayudará a ser paciente con los demás, y sus relaciones mejorarán. Cuanto mejor se sienta consigo mismo, mejor se sentirá con los demás. Recuerde, no puede regalar algo si primero no lo ha recibido. Dios le ama y le acepta, así que recíbalo por fe y luego dele el mismo amor y aceptación a los demás.

Pensamiento del día

La Biblia dice que ha sido hecho admirable y maravillosamente. Dios tuvo especial cuidado cuando le creó. Así que no se menosprecie o dude de su valor. Él le ama, así que usted también puede amarse a si mismo, con todo y sus imperfecciones.

Profundice en la Palabra de Dios: 1 Pedro 1:22; Romanos 13:9

La fuente de su confianza

Tú, Soberano Señor, has sido mi esperanza; en ti he confiado desde mi juventud. (Salmos 71:5)

Cuando confía en Dios, puede entrar en su descanso, y el descanso es un lugar de paz donde podemos disfrutar nuestras vidas mientras confiamos en que Dios está verdaderamente a favor nuestro.

Dios se preocupa por nosotros; Él promete satisfacer nuestras necesidades para que podamos dejar de pensar y preocuparnos por ellas. Me doy cuenta de que es más fácil decirlo que hacerlo, pero no hay mejor momento como el presente para comenzar a aprender una nueva manera de vivir, una manera de vivir sin preocupaciones, ansiedad o miedo.

Este es el momento de comenzar a creer y decir: *Dios, confío en ti completamente. ¡No tengo que preocuparme o tener miedo! No cederé más al miedo o la ansiedad. Eres la fuente de mi confianza.* Cuanto más piense en esta verdad, más se encontrará eligiendo la confianza en lugar de la preocupación y la fe en lugar el miedo.

Pensamiento del día

Reemplace la preocupación por la confianza en Dios y disfrute su vida.

Profundice en la Palabra de Dios: Job 4:6; Proverbios 3:26

La belleza de la justicia

Sin embargo, al que no trabaja, sino que cree en el que jus-
tifica al malvado, se le toma en cuenta la fe como justicia.
(Romanos 4:5)

La justica se da como un regalo gratuito a aquellos que sinceramente creen en Jesús. No tiene que ganarlo; simplemente recibirlo.

Cuando tratamos de ser rectos (justos delante de Dios) a través
de nuestro propio esfuerzo, causa lucha y frustración y nunca se
puede lograr realmente. Recibir la justicia por la fe en Cristo le permite descansar en Dios y apreciar su amor y misericordia.

Durante años, me esforcé tanto por mantener las reglas religio-
sas que pensaba que tenía que seguir para poder ganar justicia,
pero eso solo me causó frustración y agonía. Estaba tratando de
llegar a Dios a través del buen comportamiento, pero siempre me
quedé corta.

Jesús nos invita a todos los que luchamos por la justicia basada
en las obras, a renunciar y recibir la justicia de Dios al poner nuestra fe en Él. Esta es la mejor manera de vivir y, cuando elegimos
recibir su justicia, entonces su paz, descanso y gozo son los subpro-
ductos naturales de nuestras vidas.

Pensamiento del día

La justicia de Dios no se gana, sino que se recibe al poner
la fe en Jesús.

Profundice en la Palabra de Dios: Salmos 119:142; Isaías 32:17

¿Dónde está su enfoque?

Puestos los ojos en Jesús, el autor y consumador de la fe.
(Hebreos 12:2 RVR1960)

En aquello que nos enfoquemos determinará la dirección de nuestras vidas. Es por eso que la Palabra de Dios nos instruye a apartar la vista de todo lo que nos distrae y enfocarnos en Jesús, quien es el autor y consumador de nuestra fe.

La persona o el objeto en que nos enfocamos se magnifica en nuestras mentes. Si nos enfocamos en nuestros problemas, los repetimos continuamente en nuestras mentes, lo que es como meditar en ellos. Entre más pensamos y hablamos de nuestros problemas, más grandes se vuelven. Una distracción relativamente insignificante puede convertirse en un gran problema, simplemente porque nos estamos enfocando en ella.

En su momento de quietud con Dios, medite en la Palabra de Dios y sus promesas en lugar de los problemas que pueda estar enfrentando. Cuando lo haga, verá la fidelidad de Dios revelada y sus problemas no parecerán tan grandes después de todo.

Pensamiento del día

Niéguese a ensayar los desafíos, distracciones o problemas que pueda enfrentar. En cambio, piense y hable acerca de Dios y su bondad para su vida.

Profundice en la Palabra de Dios: 2 Corintios 4:18; Mateo 6:33

Continuamente feliz

No lo digo porque tenga escasez, pues he aprendido a con-
tentarme, cualquiera que sea mi situación. (Filipenses 4:11)

Una de nuestras metas como cristianos debería ser decir como el apóstol Pablo: "He aprendido a estar contento...independiente-mente de mis circunstancias".

Pablo continúa diciendo que había aprendido a estar satisfe-cho hasta el punto en que no le molestaba si tenía abundancia o si estaba en necesidad (ver Filipenses 4:12). ¡Esa es la imagen de la satisfacción divina!

Estar contento no significa que nunca queremos ver ningún cambio o que no tenemos una visión de cosas mejores, pero sí sig-nifica que no estamos permitiendo que las cosas que queremos y aún no tenemos, nos roben el disfrute de lo que tenemos en el pre-sente. Mientras más tiempo pasemos con Dios, enfocándonos en su bondad y agradeciéndole por sus promesas, más contentos estare-mos con todo lo que ha hecho, *y hará*, en nuestras vidas.

Pensamiento del día

Una de las cosas más importantes que puede aprender a
hacer es disfrutar donde está, camino a donde va.

Profundice en la Palabra de Dios: 1 Timoteo 6:6-8

Satisfecho de no saber

Pues me propuse no saber entre vosotros cosa alguna sino a Jesucristo, y a éste crucificado. (1 Corintios 2:2 RVR1960)

Si no tenemos preguntas sin respuesta en nuestras vidas, entonces no hay necesidad de fe. Podríamos decir que la fe a menudo toma el lugar de las respuestas. Si somos sabios, buscaremos conocer la Palabra, conocer a Dios y conocer su voluntad en lugar de buscar sin cesar conocer todas las respuestas con respecto a nuestras circunstancias cotidianas.

Cuando las personas preguntan qué vamos a hacer cuando encontremos un problema, podemos simplemente decir: "Todavía no lo sé". Dígale a la gente que usted está orando por todo y que está seguro en su corazón de que Dios le dará dirección en el momento justo. Es posible que no tenga todas las respuestas, pero nunca olvide: ¡Tiene una relación cercana y personal con Aquel que sí las tiene!

Pensamiento del día

Hay algunas cosas en nuestro caminar con Dios que pueden entenderse solo con el corazón, no con la mente.

Profundice en la Palabra de Dios: 1 Corintios 8:2; Filipenses 3:8

Deje que la oración guíe el camino

El corazón del hombre traza su rumbo, pero sus pasos los dirige el Señor. (Proverbios 16:9)

Muchas veces, hacemos nuestros planes de acuerdo con lo que queremos que suceda, en lugar de considerar lo que Dios quiere. Es por eso que el paso más básico de fe que podemos dar con respecto a nuestra situación en la vida, es decir: "Señor, esto es lo que me gustaría que sucediera, ¡pero que se haga tu voluntad, no la mía!".

La oración debe preceder a cada decisión importante que tomemos; esta es otra razón por la cual el tiempo diario con el Señor es tan importante. Nuestras presunciones y suposiciones pueden llevarnos en la dirección equivocada. No cometa el error de planificar y entonces orar para que Dios haga que sus planes funcionen. Ore primero y deje que el Espíritu Santo le guíe hacia el gran plan de Dios para su vida.

Pensamiento del día

El plan que tiene en mente para su vida puede verse bien, pero el plan que Dios tiene para usted es mejor de lo que puede imaginar. Nunca se arrepentirá cuando busque su plan, su propósito y su voluntad para su vida.

Profundice en la Palabra de Dios: Mateo 18:19; Salmos 102:17

Decidido a vencer

*Por cuanto el Señor omnipotente me ayuda, no seré humi-
llado. Por eso endurecí mi rostro como el pedernal y sé que
no seré avergonzado. (Isaías 50:7)*

Jesús está con usted y, porque Él está con usted, no va a ser derrotado. Es importante siempre recordar que no importa lo que
enfrente, puede superarlo. Eso no significa que las cosas siempre
serán fáciles, pero si está decidido a seguir adelante, *progresará* con
la ayuda de Dios.

En su momento de quietud con el Señor, agradézcale que es más
que vencedor en Cristo Jesús (ver Romanos 8:37). En cada área de
su vida, la única manera de perder es si se rinde. Así que elija ser
determinado, incluso en las circunstancias más difíciles.

Dios está con usted (ver Josué 1:9), y ha prometido nunca dejarle
(ver Mateo 28:20). Aférrese a esas promesas para que pueda vivir
una vida segura, determinada y que nunca se rinde.

Pensamiento del día

*A veces, el paso más importante que pueda tomar es simple-
mente el siguiente paso. Esté decidido a seguir avanzando
hoy. No deje que nada le haga renunciar o retroceder.*

Profundice en la Palabra de Dios: Proverbios 16:3; 1 Samuel 12:22

¿Qué tiene de diferente
el día de hoy?

Y lo ha llenado del Espíritu de Dios, de sabiduría, inteligencia y capacidad creativa para hacer trabajos artísticos en oro, plata y bronce. (Éxodo 35:31-32)

Dios es asombrosamente creativo y su Espíritu mora en usted. Fue creado a su imagen, lo que significa que usted también es creativo.

¿Alguna vez ha tenido dudas o miedo de probar algo nuevo? ¿Alguna vez se ha sentido atrapado en un atolladero porque sus días están llenos de la misma rutina? Bueno, hay algo de lo que debe darse cuenta: hay una gran cantidad de creatividad dentro de usted, y Dios quiere mostrarle cómo aprovechar esa creatividad.

Creo que Dios disfruta la variedad. ¿Por qué otra razón puso tanta en nosotros? La vieja expresión es cierta: la variedad es la sazón de la vida.

Mientras ora por el día que tiene por delante, pregúntele a Dios qué puede hacer que sea nuevo o diferente. A veces, incluso una ligera desviación de la similitud es refrescante. Siempre camine con sabiduría, pero no tenga miedo de salir y probar algo nuevo. Dios le ha llenado de creatividad y originalidad: sea valiente y haga algo que nunca antes ha hecho.

Pensamiento del día

Cada nuevo día es una nueva oportunidad. Busque algo emocionante, divertido y nuevo que hacer hoy para disfrutar la vida que Dios le ha dado.

Profundice en la Palabra: Josué 1:8; Salmos 27:4

Cosas buenas están en camino

Bueno es el Señor con quienes en él confían, con todos los que lo buscan. (Lamentaciones 3:25)

A veces, cuando ha tenido una larga serie de situaciones dolorosas o decepcionantes, puede llegar a un punto en el que solo espera más de lo que ya ha tenido. Pero si espera que suceda algo malo, esas expectativas le robarán su gozo y harán que sea casi imposible vivir una vida victoriosa.

En lugar de esperar lo peor, elija esperar lo mejor. Decida en su momento de quietud con Dios que va a esperar cosas buenas. Cuando lo hace, esto abre la puerta para el plan de Dios en su vida (ver Lamentaciones 3:25).

La próxima vez que tenga un mal día, examine sus expectativas y si encuentra que no son lo que deberían ser, puede rápidamente hacer un ajuste que le devolverá la paz tranquilizadora y el gozo incontenible de Dios a su vida.

Pensamiento del día

Las cosas que le han sucedido en el pasado no son las que definen su futuro. La Palabra de Dios define su futuro y Él promete que las cosas buenas están en el horizonte (ver Jeremías 29:11).

Profundice en la Palabra de Dios: Salmos 103:5; Salmos 107:9

Póngase una meta

Sigo avanzando hacia la meta para ganar el premio que Dios ofrece mediante su llamamiento celestial en Cristo Jesús. (Filipenses 3:14)

Establecer metas diarias le ayuda a ver ciertos sueños hechos realidad. Esto se debe a que los sueños se realizan paso a paso, una decisión a la vez, un objetivo a la vez.

Las metas son esenciales si quiere tener éxito en la vida. Es inútil, e incluso frustrante, tener un gran sueño para su futuro, o incluso un pequeño plan para el día, sin establecer metas sobre cómo espera ver que esas cosas se hagan realidad.

Cuando tiene una meta y se mueve con un propósito, cosas buenas le sucederán. Es posible que no sepa cómo va a funcionar todo. Es posible que no tenga todas las respuestas para el día siguiente. Pero si establece una meta (o dos o tres), se sorprenderá de lo útil que puede ser para mejorar su perspectiva para el día siguiente.

Pensamiento del día

No importa si usted es un padre que se queda en casa, un empleado a tiempo completo, un estudiante, un dueño de un negocio o un voluntario, el establecimiento de metas puede ayudarlo a sentirse más entusiasmado y alegre acerca del día que tiene por delante.

Profundice en la Palabra de Dios: 1 Pedro 1:8-9; Filipenses 3:12

Completamente perdonado

*Alaba, alma, mía, al Señor, y no olvides ninguno de sus
beneficios. Él perdona todos sus pecados y sana todas sus
dolencias. (Salmos 103:2-3)*

Para vencer la culpa y la vergüenza, es esencial que recordemos que
somos perdonados. Podemos dejar de pensar en nuestros fracasos
pasados y comenzar a alabar a Dios, agradeciéndole por su perfecto
perdón en nuestras vidas.

Aquí hay algunas escrituras para meditar en su momento de
quietud con Dios:

- "Tan lejos de nosotros echó nuestras transgresiones como
  lejos del oriente está el occidente" (Salmos 103:12).
- "Por lo tanto, ya no hay ninguna condenación para los que
  están unidos a Cristo Jesús" (Romanos 8:1).
- "Si confesamos nuestros pecados, Dios, que es fiel y justo, nos
  los perdonará y nos limpiará de toda maldad" (1 Juan 1:9).

Estudiar escrituras como estas le ayudará a comprender quién
es en Cristo y a abrazar el gran futuro que Dios tiene reservado
para su vida.

Pensamiento del día

*No importa lo que haya hecho en el pasado, aprenda a recibir
el perdón de Dios y a verse a usted mismo como una nueva
creación en Cristo Jesús que es completamente perdonado.*

Profundice en la Palabra: 2 Corintios 2:10; Lucas 5:20

Dar generosamente cuesta sacrificio

Con mi ejemplo les he mostrado que es preciso trabajar duro para ayudar a los necesitados, recordando las palabras del Señor Jesús: "Hay más dicha en dar que en recibir". (Hechos 20:35)

La verdadera generosidad requiere una medida de sacrificio. Dios dio a su único hijo para liberarnos y, aunque nunca podemos igualar ese sacrificio, cuando nos entregamos a los demás, es importante que estemos dispuestos a hacerlo con sacrificio.

Regalar ropa y artículos para el hogar que ya no usamos puede ser un buen gesto, pero no equivale a verdaderamente dar. La entrega verdadera ocurre cuando le damos a alguien algo que queremos conservar o que realmente nos cuesta algo.

Cuando considera cómo Dios dio a su único Hijo por nosotros debido a su gran amor por usted, le obliga a querer darse a usted mismo también, sin importar cuánto cueste.

Pensamiento del día

El rey David dijo que no le daría a Dios algo que no le costara nada (ver 2 Samuel 24:24).

Profundice en la Palabra de Dios: Salmos 37:21; Romanos 12:6-8

Los pensamientos correctos

Porque cual es su pensamiento en su corazón, tal es él.
(Proverbios 23:7 RVR1960)

Los pensamientos en los que nos permitimos pensar establecerán la dirección de nuestras vidas. Es por eso que a menudo digo: *Donde va la mente, el hombre la sigue.*

Si tenemos una mente negativa, tendremos una vida negativa. Por otro lado, si renovamos nuestra mente de acuerdo a la Palabra de Dios, experimentaremos la "buena, aceptable y perfecta" voluntad de Dios para nuestras vidas (ver Romanos 12:2).

Nuestras luchas y nuestros triunfos están arraigadas en patrones de pensamientos. Los pensamientos negativos producen desánimo, duda y miedo, pero no tenemos que vivir cautivos de esos pensamientos. Podemos elegir alinear nuestros pensamientos con la Palabra de Dios.

La mente es un campo de batalla. Pídale a Dios que le dé la fuerza para ayudarlo a comenzar a ganar la batalla hoy. Decida resistir el pensamiento negativo y en su lugar piense pensamientos positivos, llenos de fe y piadosos para su vida.

Pensamiento del día

Mientras sus pensamientos sean los correctos, su vida será mejor.

Profundice en la Palabra de Dios: 2 Corintios 10:5; Colosenses 3:2

El gozo de reducir la velocidad

Y la paz de Dios, que sobrepasa todo entendimiento, guar-
dará vuestros corazones y vuestros pensamientos en Cristo
Jesús. (Filipenses 4:7)

Para muchas personas, el ritmo de vida es demasiado rápido.
Corren de evento en evento, de actividad en actividad, sin dis-
minuir la velocidad para disfrutar de la vida. Gran parte de esta
actividad es alimentada por el temor de que se perderán de algo y
cualquier cosa que es alimentada por el miedo es insalubre y espiritualmente peligroso.

Si descubre que le está costando encontrar la paz en medio de
todas las decisiones diarias que necesita tomar, le animo a que dis-
minuya la velocidad. Un momento de quietud con Dios le ayudará
a hacer eso. Tome un tiempo para pasarlo con Dios, le ayudará a
priorizar todos los demás eventos del día. Ese tiempo de oración y
estudio de la Palabra le dará la perspectiva correcta para que pueda
reducir la velocidad y sacar fuerzas de Dios para enfrentar las decisiones y actividades del día en paz.

Pensamiento del día

Jesús estaba siempre ocupado, pero nunca andaba apre-
surado. Él no estaba corriendo, estresándose al pensar
en todas las cosas que tenían que hacerse. Apunte a Jesús
como su ejemplo hoy.

Profundice en la Palabra de Dios: Isaías 14:7; Mateo 11:28-29

Las palabras hacen la diferencia

Panal de miel son los dichos suaves; suavidad al alma y medicina para los huesos. (Proverbios 16:24)

La Palabra de Dios tiene mucho que decir acerca de las palabras que elegimos hablar. Nuestras palabras hacen más que afectar a las personas con las que estamos hablando; nuestras palabras nos afectan a nosotros también. Sus actitudes, estabilidad emocional, paz, gozo, todo se ve afectado por sus propias palabras. He aquí algunas instrucciones bíblicas y estímulos para ayudarlo con sus elecciones de palabras:

- "Eviten toda conversación obscena. Por el contrario, que sus palabras contribuyan a la necesaria edificación y sean de bendición para quienes escuchan." (Efesios 4:29).
- "Pero yo les digo que en el día del juicio todos tendrán que dar cuenta de toda palabra ociosa que hayan pronunciado" (Mateo 12:36).
- "Sean, pues, aceptables ante ti mis palabras y mis pensamientos, oh Señor, roca mía y redentor mío" (Salmos 19:14).

Estos son algunos de los muchos estímulos en la Biblia que puede comenzar a implementar en su vida. No lo dude; ¡puede comenzar a decir palabras positivas hoy!

Pensamiento del día

Las palabras positivas inspiradas por Dios son "dulces para la mente" y traen "sanidad al cuerpo".

Profundice en la Palabra: Proverbios 12:17; Éxodo 4:12

Reciba el amor de Dios para usted

*Y esta esperanza no nos defrauda, porque Dios ha derra-
mado su amor en nuestro corazón por el Espíritu Santo que
nos ha dado. (Romanos 5:5)*

La Biblia nos enseña que el amor de Dios ha sido derramado en
nuestros corazones por el Espíritu Santo. Esto simplemente significa que cuando aceptamos a Jesús como nuestro Salvador, Él viene
a habitar en nuestros corazones en la persona del Espíritu Santo...
y trae con Él amor, porque Dios es amor (ver 1 Juan 4:8).

Es importante preguntar qué estamos haciendo con el amor de
Dios que se nos ha dado gratuitamente. ¿Estamos recibiendo su
amor por fe, creyendo que Él es mayor que nuestros fracasos y debilidades? ¿O estamos rechazando ese amor porque hemos creído la
mentira del enemigo de que no se nos puede amar?

Tómese un minuto en su momento de quietud con Dios para recibir su amor. Cuando lo haga, aprenderá también a amarse a usted
mismo, no de manera egoísta o egocentrista, sino de manera equilibrada y piadosa; una manera que afirme que es la creación de Dios y
que su Padre celestial le ama incondicionalmente.

Pensamiento del día

*El plan de Dios para nosotros es que recibamos su amor, que
nos amemos a nosotros mismos de una manera piadosa, que
a cambio lo amemos a Él generosamente y luego que amemos a todas las personas que vienen a nuestras vidas.*

Profundice en la Palabra de Dios: Efesios 3:17-18; 1 Juan 4:9

La fuente del verdadero gozo

Convertiste mi lamento en danza; me quitaste la ropa de luto y me vestiste de fiesta. (Salmos 30:11)

Trae un gozo increíble cuando acepta la verdad de que es un hijo de Dios perdonado y adorado. Entonces, ¿por qué hay tantos cristianos tristes, frustrados y miserables?

Creo es porque no entienden la realidad de ser hijos de Dios y la herencia que es nuestra en Él. Un obstáculo o dificultad los distraen y simplemente se olvidan de las promesas de Dios para sus vidas. Esta es la manera más rápida de vivir una vida triste en lugar de una vida *feliz*.

Jesús no murió para darle una vida desanimada, derrotada, "deprimida": Él es su gloria y el que mantiene su cabeza en alto (ver Salmos 3:3). Dios le ha dado todo lo que necesita para disfrutarlo a Él, para disfrutarse a sí mismo y de la vida que le ha dado. Así que, alce su vista hoy. Celebre su bondad y sus bendiciones en su vida. ¡Usted es un hijo del Rey! ¡Permita que eso llene su corazón de gozo!

Pensamiento del día

El gozo es independiente de sus circunstancias. El verdadero gozo se encuentra en conocer a Cristo y la esperanza que nos ofrece. Aférrese a sus promesas y camine con gozo, independientemente de las circunstancias que le rodean.

Profundice en la Palabra de Dios: 1 Tesalonicenses 2:20; Isaías 29:19

Dios es digno de confianza

Cuando siento miedo, pongo en ti mi confianza. (Salmos 56:3)

Una de las cosas más hermosas de su vida en Dios es que puede confiar en Él. Confiar en Dios es un beneficio maravilloso. Pero es algo que decidimos hacer por fe, no algo que necesariamente sentimos.

La confianza es lo que hace una relación segura y confiable. Pienso de esta manera: ponemos nuestro dinero en un banco porque tiene una buena reputación y decidimos confiar en la institución para mantener nuestro dinero seguro. Dios tiene una mucha mejor reputación que incluso el mejor banco en el mundo, por lo que seguramente podemos decidir depositar nuestras vidas en Él y confiar totalmente en Él.

Puede confiar que Dios entiende por lo que sea que esté atravesando, debido a que lo entiende a usted mejor de lo que usted se entiende a sí mismo. Puede confiar en Él para que le ayude en cualquier tormenta, que nunca es rechazado, que siempre está a su lado, que está de su lado y que le ama incondicionalmente. ¡Él es confiable y nunca le defraudará!

Pensamiento del día

Otros pueden haber violado su confianza, pero Dios nunca lo hará. Abra su corazón a Él y elija poner su confianza en Él y en su gran amor por usted. Cuanto más confíe en Él, mejor será su vida.

Profundice en la Palabra de Dios: Salmos 119:138; Salmos 33:4

El que se humilla obtiene ayuda

Humíllense, pues, bajo la poderosa mano de Dios, para que
él los exalte a su debido tiempo. Depositen en él toda ansie-
dad, porque él cuida de ustedes. (1 Pedro 5:6-7)

¡Qué poderosa escritura! Dios no solo nos invita a darle a Él nuestras preocupaciones, sino que nos lo *ordena*. Con esto en mente,
¿por qué nos aferramos a nuestras inquietudes, nuestros problemas
y nuestras preocupaciones? La manera más segura de encontrar
gozo en nuestras vidas es seguir las pautas de Dios, y ellas nos exi-
gen que dejemos de preocuparnos.

La cura para la preocupación es humillarnos delante de Dios al
darnos cuenta de que simplemente no somos capaces de resolver
todos nuestros propios problemas, y luego poner nuestras preocupaciones en Él y confiar en Él.

En lugar de hacernos miserables, tratando de resolver todo por
nuestra cuenta, Dios dice que podemos depositar nuestra confianza
en Él. Cuando hacemos esto, podemos entrar en su descanso, aban-
donándonos totalmente a su cuidado. Las promesas de Dios se
obtienen siempre por fe y paciencia.

Pensamiento del día

Puede ser aterrador dejar las cosas por temor a que Dios
no actúe a tiempo, pero Dios nunca llega tarde... ¡Él siem-
pre llega a tiempo!

Profundice en la Palabra de Dios: Proverbios 29:23; Mateo 5:5

Haga una lista de sus bendiciones

Den gracias al Señor, porque él es bueno; su gran amor perdura para siempre. (Salmos 107:1)

Cada momento que se nos da es un precioso regalo de Dios. Podemos elegir tener una actitud agradecida y vivir cada momento lleno de gozo, simplemente porque Dios es bueno y Él nos ha dado mucho por lo que estar agradecidos. Aquí está una breve lista de cosas que puede agradecerle a Dios hoy:

- Su familia
- Un techo sobre su cabeza
- Las amistades en su vida
- Las pruebas por las que Dios le ha atravesado
- Agua limpia
- Sus dones y talentos
- La Palabra de Dios
- El amor incondicional de Dios por usted

Esta lista es solo un comienzo. Añada a la lista a medida que avanza el día, agradeciéndole a Dios por cada bendición en su vida.

Pensamiento del día

No hay lado negativo en la gratitud. Es una de las actitudes más saludables, más llena de gozo que pueda tener. Entonces, ¿qué espera? El mejor momento para estar agradecido es ahora mismo.

Profundice en la Palabra de Dios: 1 Tesalonicenses 5:18; Salmos 1:1-3

Dios lo eligió a usted

Dios nos escogió en él antes de la creación del mundo. (Efe-sios 1:4)

Permítame recordarle algo hoy: usted no es una sorpresa para Dios. Él sabía lo que estaba obteniendo cuando le escogió... ¡y le eligió de todos modos!

La Biblia dice que Dios realmente *nos seleccionó para sí como sus propios hijos.* No es casualidad que sea un hijo de Dios. Y Él no solamente lo soporta o simplemente lo tolera. ¡Él le eligió gustosamente porque lo ama!

Dios ya conocía sus debilidades, cada falla que tendría, cada vez que fallaría, y aun así dijo: "Te quiero". Efesios 1:5 declara que usted es adoptado como su hijo. ¡Dios es su papá perfecto y amoroso! Con Él de su lado, puede estar seguro de que las cosas saldrán bien al final.

Pensamiento del día

No puede molestar a Dios; no puede imponérsele. No está frustrado con usted cuando tiene un problema. En cambio, siempre le encontrará con los brazos abiertos, listo para recordarle cuán lejos ha llegado, lo valioso que es delante de Él y cuánto le ama.

Profundice en la Palabra de Dios: Deuteronomio 10:15; Marcos 13:20

Amar a las personas difíciles

Si es posible, y en cuanto dependa de ustedes, vivan en paz con todos. (Romanos 12:18)

Algunas personas son más fáciles de amar que otras. La verdad es que algunas personas son groseras o desagradables debido al estrés que sienten o al dolor que han experimentado en su vida. Entones, ¿cómo reacciona ante las personas difíciles o poco amables? ¿Responde con amor como la Palabra dice que deberíamos o se rebaja a su nivel, comportándose tan mal como ellos?

Como cristianos, tenemos la Palabra de Dios y el Espíritu Santo en nuestras vidas para ayudarnos y consolarnos, pero debemos recordar que muchas personas en el mundo con las que es difícil llevarse bien, no tienen eso. Jesús dijo que no hacemos nada especial si tratamos bien a las personas que nos tratan bien, pero si somos amables con alguien que calificaría como su enemigo, es entonces cuando realmente mostramos amor (ver Lucas 6:32-35).

Las personas siempre serán parte de nuestras vidas, y no todos son agradables. ¿Actuará en la Palabra de Dios y los amará por su causa? Si lo hace, se sorprenderá de lo mucho que los ayudará…y cuánto le ayudará a usted.

Pensamiento del día

En su momento de quietud con Dios, tome unos minutos para orar por aquellos en su vida con quienes puede ser difícil llevarse bien. Entregue esas personas a Dios y confíe en que Él hará una obra de sanidad en sus corazones.

Profundice en la Palabra: Mateo 5:44; Romanos 12:14

Vaya a Dios primero

Así que podemos decir con toda confianza: "El Señor es quien me ayuda; no temeré. (Hebreos 13:6)

El hecho de que Dios nos ayude debe llenarnos de calma y confianza. Cada vez que hay que tomar una decisión, podemos acudir a Dios y pedirle su guía y dirección. Después de todo, la Palabra promete que Él nos ayudará.

Mucha gente espera y se dirige a Dios como último recurso. Después de haber intentado todo lo que se les ocurre, o después de haber tomado una decisión que no le funcionó, acuden a Dios en pánico y piden ayuda. Pero ese es un proceso al revés. Es como salir y comprar un abrigo el último día de invierno.

No importa cuán grande o pequeña sea la decisión que enfrenta, pídale a Dios su sabiduría. Pídale que le muestre qué hacer y cuándo hacerlo...y luego crea que Él lo está guiando a medida que avanza.

Pensamiento del día

En lugar de acudir a Dios como último recurso, practique buscarlo a Él primero cada día y en cada situación.

Profundice en la Palabra de Dios: 2 Corintios 8:5; 1 Pedro 3:18

La batalla es del Señor

Él se apoya en la fuerza humana, mientras que nosotros contamos con el Señor nuestro Dios, quien nos brinda su ayuda y pelea nuestras batallas. (2 Crónica 32:8)

Desearía que más personas entendieran el poder de la determinación piadosa. Todo el tiempo escucho de personas que se han rendido. La batalla se volvió demasiado intensa y, en algún momento en el camino, dejaron de luchar. Al igual que Pedro, que enfocó su atención en el viento y las olas en lugar de Jesús, ellos se enfocaron en la confusión en sus vidas en lugar de enfocarse en Jesús, y esto les causó temor.

Si alguna vez se ha sentido así, abrumado y tentado a rendirse, permítame recordarle que Dios ha prometido pelear sus batallas por usted. La clave para la determinación es darse cuenta de que no está solo. No está llamado a ganar con sus propias fuerzas; Dios gana en su fuerza. Lleve cualquier problema a Dios y póngalo a sus pies. Dios va delante de usted y la batalla le pertenece a Él.

Pensamiento del día

La perseverancia nunca se trata de confianza y determinación de que usted tiene la fuerza para ganar; siempre se trata de confianza y determinación de que Dios tiene la fuerza para ganar.

Profundice en la Palabra de Dios: 1 Samuel 17:47; Proverbios 21:31

La bondad y el amor de Dios

Pero, cuando se manifestaron la bondad y el amor de Dios nuestro Salvador. (Tito 3:4)

Dios es bueno todo el tiempo. Su bondad irradia de Él, porque eso es lo que es. Si fue herido o descuidado en su niñez, o fue herido profundamente por alguien en su vida, podría preguntarse por qué si Dios es bueno, no lo libró de esas circunstancias. Entiendo esa pregunta, porque yo misma la he hecho muchas veces.

No siempre obtengo todas las respuestas que me gustaría tener, pero he aprendido a confiar en Dios incluso cuando siento que estoy en la oscuridad. He aprendido que, incluso si no podemos verlo en ese momento, Dios sigue siendo bueno y puede restaurar cualquier situación.

Todo el motivo y propósito de Dios es hacerle bien a usted solo si lo recibe de Él. No deje que un dolor del pasado desvíe su mirada del Señor. En su momento de quietud con Él, pídale a Dios su ayuda y espere con expectación a que su bondad le traiga gozo y paz a su vida.

Pensamiento del día

Quizás no todo lo que le ha pasado en su vida es bueno, pero Dios está de su parte, y Él puede resolver lo que sea para su bien si confía en Él.

Profundice en la Palabra de Dios: Salmos 145:9; Jeremías 33:11

Espere en el Señor

Pero los que confían en el Señor renovarán sus fuerzas.
(Isaías 40:31)

¿Qué significa realmente esperar en el Señor? Simplemente significa pasar tiempo con Él, estar en su presencia, meditar en su Palabra, adorarlo y mantenerlo en el centro de nuestras vidas. Un significado de la palabra *esperar* (traducida del *qavah* en hebreo) es "unir entre sí torciendo; trenzarse junto". Piense esto: una trenza se entrelaza para que no pueda saberse dónde termina un hilo y comienza otro. Así es como Dios quiere que estemos en nuestra unión con Él.

Una relación íntima con Dios le fortalecerá en la parte más profunda de su ser. Cuando espera en el Señor, saca todo lo que necesita de Él. Él es su refugio, su facilitador, su gozo, su paz, su justicia y su esperanza. Él le da todo lo que necesita para vivir en victoria sobre cualquier circunstancia.

Pensamiento del día

Mientras esperamos en el Señor, nos volvemos más y más como Él, tan estrechamente unidos con Él, que somos uno con Él, que somos representantes directos de su carácter.

Profundice en la Palabra de Dios: Salmos 62:1; Salmos 25:5

Sea la bendición que alguien necesita

Cada uno debe velar no solo por sus propios intereses, sino también por los intereses de los demás. (Filipenses 2:4)

Toda persona necesita ayuda. Todos necesitamos ser animados, edificados y apreciados. Y usted puede ser esa bendición que alguien más necesita. Dios no solo quiere bendecir su vida, sino que quiere que usted sea una bendición para quienes tiene a su alrededor. Todo el mundo se cansa a veces y necesita que otras personas les digan: "Solo quería hacerle saber que le aprecio y todo lo que hace".

Creo que Dios nos bendice para que podamos ser una bendición, no solo en algunos lugares, sino en todos los lugares que vamos. Busque personas que lo necesiten y bendígalos. Comparta lo que tiene con aquellos que son menos afortunados que usted; dé una palabra de aliento y sea amable. Cuando vive para satisfacer las necesidades y alentar a los que le rodean, encontrará "gozo inefable" en el proceso (ver 1 Pedro 1:8 RVR1960).

Pensamiento del día

Usted es el representante de Dios para el mundo que le rodea. Al igual que Jesús, pase el día buscando hacer el bien. Cuando lo haga, hará del mundo un mejor lugar, un acto amable a la vez.

Profundice en la Palabra de Dios: Hebreos 13:16; Gálatas 6:2

Crezca en madurez espiritual

Más bien, crezcan en la gracia y en el conocimiento de nuestro Señor y Salvador Jesucristo. ¡A él sea la gloria ahora y para siempre! Amén. (2 Pedro 3:18)

La madurez espiritual no se desarrolla simplemente yendo a la iglesia y escuchando grandes sermones: es el resultado de aprender y aplicar la Palabra de Dios en su vida cotidiana.

La Palabra de Dios, cuando se recibe y se arraiga en nuestros corazones, tiene el poder de cambiarlo de adentro hacia afuera. Cuando estudiamos la Palabra de Dios, meditamos en sus promesas y luego hacemos lo que nos enseña, maduramos espiritualmente.

Hacer lo correcto cuando duele o es difícil de hacer produce crecimiento espiritual. Cuanto más crecemos, más podemos hacer cosas desafiantes con facilidad.

Pensamiento del día

Estudie la Palabra de Dios y ponga en práctica en su vida lo que aprende.

Profundice en la Palabra de Dios: 1 Pedro 2:2; Efesios 4:15-16

Su cuerpo es el templo de Dios

¿Acaso no saben que su cuerpo es templo del Espíritu Santo,
quien está en ustedes y al que han recibido de parte de Dios?
Ustedes no son sus propios dueños. (1 Corintios 6:19)

Dios nos creó como seres tripartitos (espíritu, alma y cuerpo). Tenemos muchas facetas de nuestra naturaleza y cada una necesita atención adecuada. Si no cuidamos bien de nuestros cuerpos, nuestro espíritu y alma serán menos efectivos. Si rara vez hacemos ejercicio, descansamos o comemos adecuadamente, nuestra salud se verá afectada.

He descubierto que cuando me siento cansada y agotada, me resulta difícil mantener las disciplinas espirituales que necesito hacer para mantenerme fuerte en mi espíritu y alma. La buena salud y la energía nos ayudan en todos los sentidos, incluso espiritualmente.

Su cuerpo es la residencia de su espíritu y alma; es la casa donde habitan mientras están en esta tierra. No solo eso, la Palabra de Dios dice que su cuerpo es el templo mismo de Dios. Le animo a que lo cuide todos los días.

Pensamiento del día

Cuide su cuerpo, porque es el único que tendrá.

Profundice en la Palabra de Dios: Romanos 12:1; 1 Corintios 3:16-17

Sanado y completo

Querido hermano, oro para que te vaya bien en todos tus asuntos y goces de buena salud, así como prosperas espiritualmente. (3 Juan 1:2)

El dolor de nuestro pasado tiene una forma de quedarse dando vueltas por ahí. Los traumas infantiles y otras heridas emocionales a menudo permanecen en nuestras mentes. Para muchas personas, estas memorias los restringen en la vida.

Pero ese no tiene que ser usted. Las buenas noticias es que, en Cristo, usted no está roto ni fracturado, está sano y completo. Puede superar los efectos de heridas anteriores y seguir haciendo grandes cosas.

Cada vez que recuerde cómo fue lastimado, piense cuánto Dios le ama. Usted no está dañado ni es inferior porque alguien o algo le lastimó. Es un hijo de Dios amado, redimido y restaurado.

Saber lo valioso que es para Dios y que Él tiene un plan increíble para su vida, le permitirá superar recuerdos dolorosos y abrazar el amor y el gozo de Dios que son suyos hoy.

Pensamiento del día

Jesús murió para traerle sanidad completa, en espíritu, alma y cuerpo. Reciba su toque sanador en cada área de su vida.

Profundice en la Palabra de Dios: Salmos 147:3; Isaías 53:5

Ir más allá del "no puedo"

¿Qué diremos frente a esto? Si Dios está de nuestra parte, ¿quién puede estar en contra nuestra? (Romanos 8:31)

No puedo es una de las frases más dañinas que puede murmurar. Y creo que Dios quiere ayudarle a librarse de la jaula del *no puedo*. *Puede* recibir esperanza hoy, tal vez por primera vez. Cualquier desafío u oportunidad que se presente ante usted, *puede* tener éxito porque Dios está con usted y Él le dará toda la fuerza que necesita.

Las palabras negativas de otros no son rivales para las promesas de Dios y su presencia en su vida. Cuando Dios está de su lado, no importa quién o qué está en su contra.

Permítale a Dios edificar su confianza hacia el futuro. Puede que haya fallado en el pasado, pero *puede* superarlo hoy. Es posible que haya cometido errores en el pasado, pero *puede* tomar decisiones sabias hoy. Puede que se haya rendido en el pasado, pero *puede* perseverar hoy. ¡Con la ayuda de Dios, *puede* hacerlo!

Pensamiento del día

Si cree que no puede, entonces no lo hará, pero si cree que puede, entonces lo hará.

Profundice en la Palabra de Dios: Filipenses 4:13; 2 Corintios 4:16-17

Siempre hay esperanza

Y ahora, Señor, ¿qué esperanza me queda? ¡Mi esperanza he puesto en ti! (Salmos 39:7)

Es fácil ver sus luchas en la vida y desanimarse. Si solo observa sus obstáculos, es fácil perder la esperanza. Tal vez le hayan diagnosticado con una enfermedad grave y siente que no se recuperará. Puede mirar a su cuenta bancaria y sentirse desesperado. Puede conducir al trabajo y pensar: *No hay esperanza de una promoción.* Pero eso es exactamente lo que el diablo quiere que haga. Él sabe que, si puede mantenerle sin esperanza, no puede seguir adelante con una fe audaz y se perderá el gran plan de Dios para su vida.

Resistan la tentación de mirar lo que ha perdido o no tiene, elija mirar todo lo que Dios ha hecho, está haciendo y hará. Cuando lo haga, la esperanza cobrará vida, el gozo aumentará y su fe crecerá. Cuando vive en el jardín de la esperanza, algo siempre está floreciendo. En lugar de creer la mentira de que las cosas no tienen remedio, escoja declarar: "¡Con Dios, siempre hay esperanza!".

Pensamiento del día

Cuanto más se centre en lo que Dios ya ha hecho en su vida, más esperanza tendrá de lo que hará en el futuro.

Profundice en la Palabra de Dios: Romanos 15:13; 1 Timoteo 4:10

Hable las promesas de Dios sobre su vida

Pelea la buena batalla de la fe; haz tuya la vida eterna, a la que fuiste llamado y por la cual hiciste aquella admirable declaración de fe delante de muchos testigos. (1 Timoteo 6:12)

Una de las cosas más importantes que pueda hacer en su momento de quietud con Dios es ponerse de acuerdo con Él y su Palabra. Por ejemplo, no importa cómo se siente, recuerde que Dios le ama. Usted está maravillosamente hecho y tiene muchos dones y talentos. Es valioso y, como creyente en Jesús, es la justicia de Dios en Él.

Hable en contra de los sentimientos de duda e inseguridad diciendo: "¡Soy la obra de Dios!". Esté de acuerdo con Dios acerca de usted y su futuro y diga lo que Él dice en su Palabra.

Primera de Timoteo 6:12 nos dice que peleemos la buena batalla, y una forma de hacerlo es decir la verdad de Dios sobre su vida. Así que, pelee la buena batalla de la fe y rehúse vivir por debajo del nivel donde Jesús quiere que viva. Use sus palabras para estar de acuerdo con Dios acerca de quién es y sobre las promesas que son suyas como hijo del Dios Todopoderoso.

Pensamiento del día

Hay tremendo poder en las palabras que dice. Niéguese a hablar palabras de autocompasión e inseguridad.

Profundice en la Palabra de Dios: Efesios 2:10; Romanos 10:9

Pruebas y tribulaciones

Queridos hermanos, no se extrañen del fuego de la prueba que
están soportando, como si fuera algo insólito. (1 Pedro 4:12)

Nadie que haga algo que valga la pena para Dios ha recorrido un
camino fácil. Hacer grandes cosas por Dios requiere carácter y el
carácter se desarrolla al pasar las pruebas de la vida y permanecer
fiel a Él a través de las tribulaciones.

Una razón por la que Dios nos permite pasar por pruebas y tribulaciones es para mostrarnos áreas débiles en nuestras vidas. Hasta
que no sean expuestas, no podemos hacer nada al respecto. Pero una
vez las vemos, podemos comenzar a enfrentarlas y pedirle a Dios
que nos ayude. Dios nos permite pasar por tiempos difíciles para
que reconozcamos nuestra necesidad de Él. Nunca tenga miedo de
la verdad porque es la verdad la que nos hace libres (ver Juan 8:32).

La próxima vez que encuentre algún tipo de prueba o tribulación, determine creer que todo obrará para su bien. Dígale a Dios:
"Creo que esto va a obrar para mi bien. No lo entiendo todo en este
momento, pero creo que lo usarás para mi bien supremo".

Pensamiento del día

Dios se preocupa por todo lo que se relaciona con usted y
siempre está obrando para su bien.

Profundice en la Palabra de Dios: 1 Corintios 10:13; 1 Pedro 5:8-9

Vestirse con la armadura de Dios

Vestíos de toda la armadura de Dios, para que podáis estar
firmes contra las asechanzas del diablo. (Efesios 6:11 RVR1960)

Usted ha sido equipado y empoderado para vencer cualquier ataque del enemigo. ¡A usted se le ha dado la armadura de Dios! Pero la Biblia dice que debe *vestirse* con esa armadura; esta es una decisión consciente de su parte.

Le sugiero que tome unos minutos en su momento de quietud con Dios cada mañana y ore: *Señor, hoy me visto con la armadura que has provisto para mí a través de Jesús. Te doy gracias que hoy soy justo en Cristo. Escojo ponerme la coraza de justicia. Y te doy gracias de que tengo el escudo de la fe. Hoy escogeré vivir por fe, no por vista, confiando en las promesas de tu Palabra. Además, te doy gracias que me hayas armado con la espada del Espíritu.*

Luego, repase la lista de la armadura que se encuentra en Efesios 6:13-17, pieza por pieza. Declarar estas promesas en voz alta ayuda a renovar su mente, ayuda a liberar las bendiciones de Dios que son suyas y lo ayuda a resistir cualquier ataque del enemigo.

Pensamiento del día

Usted no es una persona indefensa, ni es débil ni es una víctima. ¡Usted es un guerrero en el ejército de Dios!

Profundice en la Palabra de Dios: Isaías 59:17; 1 Pedro 3:15

Cambie la conversación

En la lengua hay poder de vida y muerte; quienes la aman comerán de su fruto. (Proverbios 18:21)

En lugar de ensayar sus problemas, puede usar su momento de quietud con Dios hoy para comenzar a recitar su bondad.

Hablar excesivamente de nuestras preocupaciones y problemas no los hacen desaparecer. Todo lo que hace es maximizar el estrés. Mientras más hablamos de todo lo que podría salir mal, más subimos el volumen del estrés y bajamos el volumen de la fe.

Pero algo sorprendente sucede cuando cambiamos la conversación. Cuando comenzamos a hablar sobre el poder, la bondad y la fidelidad de Dios a pesar de nuestros problemas, nuestros niveles de estrés disminuyen.

No es que nuestras palabras instantáneamente cambien las circunstancias que enfrentamos, sino que tienen el poder de cambiar nuestra actitud sobre esas circunstancias hasta que las circunstancias cambien.

Pensamiento del día

Si sus conversaciones son positivas, llenas de esperanza y alentadoras, enfrentará el día con alegría y optimismo.

Profundice en la Palabra de Dios: Proverbios 10:11; Efesios 4:29

En el mundo, pero no del mundo

Yo les he entregado tu palabra, y el mundo los ha odiado
porque no son del mundo, como tampoco yo soy del mundo.
(Juan 17:14)

A menudo parece que estamos rodeados de problemas en esta vida, pero la buena noticia es que, como cristianos, aunque estemos *en* el mundo, según Juan 17:14-16, no somos *del* mundo. No tenemos que operar conforme al sistema del mundo, reaccionando como el mundo. Nuestra actitud y enfoque pueden ser totalmente diferentes.

El mundo responde a las dificultades sintiéndose frustrado y molesto, pero Jesús dijo en Juan 14:27: "La paz les dejo; mi paz les doy. Yo no se la doy a ustedes como la da el mundo.".

Ese versículo indica que podemos tener un cambio de perspectiva. La mentalidad correcta y la actitud correcta pueden completamente cambiar una situación. Si nos acercamos a algo con temor, nos estamos preparando para la miseria. Pero si nos negamos a temer o tener una perspectiva negativa, abrimos la puerta para que Dios trabaje sobrenaturalmente y nos ayude. Podemos escoger nuestra propia perspectiva.

Pensamiento del día

Debido a que Jesús ha privado al mundo de su poder para
hacernos daño, podemos abordar los desafíos que enfren-
tamos en la vida con una nueva perspectiva, de manera
tranquila y segura.

Profundice en la Palabra de Dios: Juan 15:19; 1 Juan 2:16

Gozo en medio del dolor

Convertiste mi lamento en danza; me quitaste la ropa de
luto y me vestiste de fiesta. (Salmos 30:11)

Si está experimentando dolor emocional o físico, no importa cuán
grande o pequeño sea, puede ser abrumador. Pero aquí hay algo a
lo que aferrarse: una lucha o pérdida personal no tiene que eclipsar
cada parte de su vida. Todavía puede tener gozo incluso en medio
del dolor.

El gozo no siempre es una hilaridad extrema; a veces, el gozo
es simplemente un deleite tranquilo. Y puede deleitarse en Dios y
en su promesa de estar con usted (ver Deuteronomio 31:6) incluso
cuando los tiempos sean difíciles, *especialmente* cuando los tiempos
son difíciles.

La clave es confiar en Dios. Él sabe por lo que está atravesando y,
si confía en lo que ha dicho, Él restaurará su gozo. Es posible que
no vea cómo va a funcionar o cómo lo superará, pero sepa que Dios
tiene el control y que Él puede hacer lo imposible.

Pensamiento del día

Dios está con usted en todo momento y Él está obrando en
su vida.

Profundice en la Palabra de Dios: Salmos 31:7; Juan 16:22

El poder de la resurrección

"¿No te dije que si crees verás la gloria de Dios?", le contestó Jesús. (Juan 11:40)

Cuando Lázaro murió, su hermana Marta estaba desesperada. Jesús le dijo: "Tu hermano resucitará", pero Marta le respondió: "Sé que resucitará en la resurrección, en el último día" (Juan 11:23-24). Ella realmente no entendía lo que Jesús le estaba diciendo. Estaba buscando algo en el futuro; ella no esperaba que las cosas cambiaran en el presente.

Muchas veces, somos así como Marta. Pensamos que estamos atrapados en nuestros problemas, sin darnos cuenta de que Dios puede cambiar las cosas. Jesús resucitó a Lázaro de entre los muertos y puede también resucitar los "Lázaros" en su vida. Ya sea que lo necesite para restaurar una relación, darle un avance decisivo en su salud o eliminar lo que está obstaculizando su plan para su vida, ¡Él puede hacerlo todo! No se quede atrapado en la desesperación; permanezca en la fe y tenga un corazón expectante para que el poder de Dios se revele hoy.

Pensamiento del día

Espere que Dios haga algo asombroso en su vida.

Profundice en la Palabra de Dios: Juan 6:40; 1 Corintios 6:14

Derrote al enemigo

Sin embargo, gracias a Dios que en Cristo siempre nos lleva triunfantes y, por medio de nosotros, esparce por todas partes la fragancia de su conocimiento. (2 Corintios 2:14)

El enemigo no puede detenerle si está decidido. Tendrá que estar más decidido que él, pero puede hacerlo porque Dios está de su lado. El enemigo puede oponerse ferozmente contra usted, pero puede derrotarlo y lograr sus objetivos en la vida si simplemente se niega a rendirse.

Algunas personas tienen miedo al pensar que el enemigo está en contra de ellos, pero no hay necesidad de temer. Dios está de su lado y siempre le conduce al triunfo.

Para derrotar al diablo, tómese tiempo regularmente para buscar a Dios, estudiar su Palabra, adorarlo y orar. Hágale saber a Dios sus peticiones, pero no se preocupe por el problema. Confíe en Dios para luchar a favor suyo. La Palabra de Dios dice que la batalla es del Señor (ver 2 Crónicas 20:15). Si se niega a rendirse, no hay manera de que pueda perder porque ¡Dios está invicto!

Pensamiento del día

Ore en todo momento, no solo cuando enfrente una crisis. Necesitamos a Dios no solo en medio de los desastres; lo necesitamos en todo tiempo.

Profundice en la Palabra de Dios: Romanos 8:37; 1 Crónicas 29:11

Sea firme y diligente

Yo les he dicho estas cosas para que en mí hallen paz. En este mundo afrontarán aflicciones, pero ¡anímense! Yo he vencido al mundo. (Juan 16:33)

Muchas personas viven vidas muy por debajo de lo mejor de Dios, porque esperan que las cosas siempre sean convenientes o fáciles. Pero esta falsa expectativa siempre nos robará de las recompensas que Dios tiene para nosotros, simplemente porque queremos evitar dificultades.

Jesús nunca prometió que las cosas serían fáciles, pero nos prometió la victoria porque Él ha vencido al mundo. Si no nos cansamos de hacer lo correcto, cosecharemos grandes beneficios.

Dios es un Padre amoroso y quiere bendecirlo de muchas maneras. A veces puede pasar por dificultades primero, pero siempre hay bendiciones al otro lado. Recuerde, siempre puede confiar en su fuerza para ayudarlo porque Él ha vencido al mundo.

Pensamiento del día

Si se niega a rendirse, con la ayuda de Dios superará todos los desafíos y recibirá lo mejor de Dios para su vida.

Profundice en la Palabra de Dios: Proverbios 8:17; Proverbios 4:23

Usted tiene una guía

Pero, cuando venga el Espíritu de la verdad, él los guiará
a toda la verdad, porque no hablará por su propia cuenta,
sino que dirá solo lo que oiga y les anunciará las cosas por
venir. (Juan 16:13)

Tomar decisiones puede ser muy estresante si espera que tenga que tomarlas por su cuenta, pero afortunadamente no lo es. Es muy reconfortante saber que Dios nos ha dado su Espíritu Santo para guiarnos a través de la vida.

Puede estar tranquilo al tomar decisiones, sabiendo que no se espera que las tome por su cuenta. Dios no solo está con usted, sino que también le dará la guía que necesita para tomar una decisión acertada.

Juan 16:13 dice que el Espíritu Santo "le guiará a toda verdad". El hecho de que el Espíritu Santo es su guía hace toda la diferencia. No se estrese por las elecciones que enfrenta hoy. Manténgase en paz y espere escuchar claramente de Dios.

Pensamiento del día

No está viajando solo por la vida. El Espíritu Santo es su
guía y promete darle sabiduría y llevarlo a toda la verdad.

Profundice en la Palabra de Dios: Salmos 5:8; Romanos 8:14

Hacer una oración difícil

Bendigan a quienes lo maldicen, oren por quienes los mal-
tratan. (Lucas 6:28)

Cuando alguien hiere nuestros sentimientos, lo último que queremos hacer es orar por ellos. Pero esto es lo que Dios nos ordena que
hagamos. La Palabra de Dios dice que cuando la gente nos maltrata,
debemos orar por ellos y bendecirlos (ver Lucas 6:28)

No es una respuesta natural orar por alguien que nos ha herido,
pero la sabiduría de Dios va más allá que la nuestra por lo que, aunque no se sienta bien, es lo correcto. Esté dispuesto a orar en obediencia: *Señor, realmente no tengo ganas de orar por esa persona que*
me lastimó, pero en obediencia a tu Palabra, lo estoy haciendo de todos
modos. Te pido lo mejor para su vida.

Dios nos instruye a practicar el perdón. Y cuando elegimos
seguir el camino del perdón, experimentamos la paz y el gozo que
se obtienen al obedecer la Palabra de Dios.

Pensamiento del día

Cuando usted obedece a Dios, independientemente de si
le gusta o no, Él puede ayudarle a superar el dolor de la
ofensa y disfrutar más la vida.

Profundice en la Palabra de Dios: 1 Pedro 3:9; Marcos 11:25

Dios promete perdonar

Pero, aun cuando nos hemos rebelado contra ti, tú, Señor
nuestro, eres un Dios compasivo y perdonador. (Daniel 9:9)

En el Antiguo Testamento, vemos muchos casos en que los israelitas se quejaban, desobedecían o adoraban ídolos y dioses falsos.
Pero siempre me sorprende lo rápido que Dios los perdonaba por
completo. Cuando se arrepentían, Él les devolvía todos sus beneficios tan pronto se volvían a Él.

Mucha gente siente que Dios está enojado con ellos, ¡no lo está!
Dios está listo y dispuesto a perdonar completamente nuestros
pecados. Él entiende que tenemos debilidades y sabe que vamos a
fallar al blanco de vez en cuando. Pero Dios es un Padre compasivo
y amoroso, que ha provisto nuestro perdón en Cristo. Todo lo que
necesitamos hacer es pedir ese perdón y luego recibirlo.

El hecho de que somos imperfectos y propensos a pecar es la
razón por la que Dios envió a Jesús para pagar el precio de nuestra
redención. Dios no está enojado con usted. Elija aceptar y caminar
en su perdón hoy.

Pensamiento del día

No permita que sus faltas o pecados le alejen de Dios. Elija
recibir su perdón y sepa que Él echa fuera su pecado tan
lejos como el este está del oeste.

Profundice en la Palabra de Dios: 1 Juan 1:9; Mateo 6:14

Orar en todo tiempo

Oren en el Espíritu en todo momento, con peticiones y rue-
gos. Manténganse alerta y perseveren en oración por todos
los santos. (Efesios 6:18)

Cuando leemos esta escritura que nos dice que oremos "en todo momento", a menudo nos preguntamos: *Señor, ¿cómo puedo llegar al lugar donde puedo orar sin cesar?* (Ver 1 Tesalonicenses 5:17). Podemos pensar que la frase *sin cesar* significa sin parar, sin renunciar nunca. ¿Cómo es eso posible?

Pero lo que dice Pablo es que la oración debe ser como respirar, algo que hacemos todo el tiempo para sostenernos. Nuestros cuerpos físicos requieren respiración y nuestras vidas espirituales son alimentadas por medio de una comunicación constante con Dios.

La oración puede ser tan simple como elevar su corazón a Dios y susurrar: "Gracias". Puede orar en cualquier lugar, en cualquier momento. No requiere que estemos en una postura especial o hablemos con Dios en un momento especial y ni siquiera tiene que ser larga; solo necesita ser sincero. Darse cuenta de esto le ayudará a orar con más frecuencia.

Pensamiento del día

Dios siempre está escuchando y quiere ser parte de lo que hace.

Profundice en la Palabra de Dios: 1 Tesalonicenses 5:17; Lucas 11:1-4

Creer lo mejor en cada situación

Por último, hermanos, consideren bien todo lo verdadero, todo lo respetable, todo lo justo, todo lo puro, todo lo amable, todo lo digno de admiración, en fin, todo lo que sea excelente o merezca elogio. (Filipenses 4:8)

Una de las mejores cosas que puede hacer es tener pensamientos buenos y excelentes, especialmente sobre otras personas.

Eso no es siempre fácil de hacer. Es natural encontrar fallas y asignar culpas: nuestra carne (la naturaleza humana sin Dios) lo hace automáticamente. Pero ver y creer lo mejor es una elección. Es una decisión que debe tomar para cambiar la configuración predeterminada de su vida, de negativa a positiva.

En lugar de asumir lo peor, crea lo mejor. Crea lo mejor de su compañero de trabajo. Crea lo mejor de su iglesia. Crea lo mejor sobre su cónyuge e hijos. Crea lo mejor sobre su salud. Crea lo mejor acerca de su futuro. Se sorprenderá cómo cambiará toda su perspectiva simplemente creyendo lo mejor sobre las personas y las situaciones de su vida.

Pensamiento del día

Lo que cree y piensa es su elección, entonces, ¿por qué no hacer que sea lo bueno?

Profundice en la Palabra de Dios: Efesios 4:31-32; Josué 1:9

Esperanza o cinismo

Alégrense en la esperanza, muestren paciencia en el sufrimiento, perseveren en la oración. (Romanos 12:12)

La esperanza y el cinismo no pueden coexistir. Es por eso que es tan importante tener una buena actitud sobre las personas en su vida y las tareas que enfrenta día a día. Cuando lo hace, la esperanza prospera y el cinismo muere. Si le dice adiós a un espíritu crítico y a una actitud de queja, descubrirá un nuevo y emocionante nivel de gozo. Comenzará a apreciar a las personas que una vez dio por sentado y comenzará a ver las tareas diarias como oportunidades en lugar de obligaciones.

La mayoría de las personas que son infelices en la vida se centran en cosas infelices. Hablan de todo lo que está mal y, en general, tienen una disposición negativa. La esperanza hace lo contrario. Es por eso que la esperanza trae felicidad. Cuando espera que Dios haga algo bueno, no puede evitar ser feliz.

Pensamiento de hoy

¡Piense feliz! ¡Sea feliz!

Profundice en la Palabra de Dios: Lamentaciones 3:24; Efesios 1:18

Intimidad con Dios

Acérquense a Dios, y él se acercará a ustedes. (San-
tiago 4:8)

Jesús no murió por nosotros para darnos una religión, sino para
abrir el camino para que cada uno de nosotros tengamos y disfrutemos una relación íntima con Dios a través de Él. Las personas reli-
giosas tienden a enfocarse en seguir reglas y leyes, pero aquellos
que buscan una relación con Dios se enfocan en Él.

Cada uno de nosotros puede estar tan cerca de Dios como quera-
mos; todo depende de cuánto tiempo estemos dispuestos a dedicar
al desarrollo de nuestra relación con Él.

Haga el hábito de pasar tiempo en silencio con Dios, estudiar
su Palabra y hablar con Él. Si lo pone a Él primero, le ayudará a ser
obediente a su voluntad. No cometa el error de pensar que no tiene
tiempo para Dios, porque sería lo más importante que puede hacer.

Pensamiento del día

*Si está demasiado ocupado para pasar tiempo con Dios,
¡entonces definitivamente está demasiado ocupado!*

Profundice en la Palabra de Dios: Juan 3:16-17; Jeremías 33:3

Hay mucho por lo que estar agradecido

Entren por sus puertas con acción de gracias; vengan a sus atrios con himnos de alabanza; denle gracias, alaben su nombre. (Salmos 100:4)

La gratitud es algo poderoso. No solo ayuda a liberarnos, sino que a medida que hacemos una pausa para dar gracias a Dios por las bendiciones que disfrutamos en nuestras vidas, en realidad comenzamos a encontrar más bendiciones por las cuales estar agradecidos.

David dijo: "Bendeciré al Señor en todo tiempo; mis labios siempre lo alabarán... Muchas son las angustias del justo, pero el Señor lo librará de todas ellas" (Salmos 34:1, 19). ¡Qué gran ejemplo de alabanza y agradecimiento!

En su momento de quietud con Dios y durante todo el día, le animo a que tome unos minutos para practicar ser agradecido. Hay tanto por lo que debemos estar agradecidos y debemos centrarnos en ello todos los días.

Pensamiento del día

Alabar a Dios es simplemente reconocer su asombroso poder y agradecerle por su increíble bondad en su vida.

Profundice en la Palabra de Dios: Hebreos 12:28; Colosenses 3:17

La batalla interna

Porque esta desea lo que es contrario al Espíritu, y el Espí-
ritu desea lo que es contrario a ella. Los dos se oponen
entre sí, de modo que ustedes no pueden hacer lo que quie-
ren. (Gálatas 5:17)

La carne y el Espíritu están en batalla entre sí. Podemos tener un impulso o un sentir sobre algo y sabemos en nuestros corazones que es correcto, pero nuestras mentes tratarán de disuadirnos de ello. Esto sucede en todos nosotros.

Supongamos que siente que debería dar dinero a una familia necesitada. Su corazón cree que es lo correcto y cree que agradará a Dios porque este deseo es inspirado por el Espíritu Santo. Pero su carne podría decir: *No le des nada a esas personas; nunca han hecho nada por ti.* La carne lucha contra el espíritu y usted lucha por decidir a quién escuchar.

Estoy convencida de que nos perdemos muchas bendiciones en nuestras vidas porque tratamos de comprender demasiado mentalmente en lugar de simplemente permitirle al Espíritu Santo que nos guíe. Haga lo que está en su corazón, no en su cabeza. Haga lo que tenga paz haciendo, no solo lo que quiere hacer.

Pensamiento del día

A medida que sigue al Espíritu Santo y su guía en su corazón
(su espíritu), invertirá en el mañana, tomando decisiones
correctas hoy.

Profundice en la Palabra de Dios: Romanos 8:13; 1 Pedro 2:11

Dios es nuestro defensor

Pues conocemos al que dijo: "Mía es la venganza; yo pagaré"; y también: "El Señor juzgará a su pueblo". (Hebreos 10:30)

¡Tremendo! Esta es una escritura maravillosa y reconfortante y, si está sufriendo debido al trato injusto de otra persona, debe guardar esta escritura en su corazón y confiar en que Dios será su defensor.

Ser compensado por una injusticia significa que se le paga por lo que le sucedió. No hay nada más dulce que ver a Dios honrarlo y bendecirlo porque alguien lo ha tratado injustamente. Pero tenemos que dejar de intentar que otros nos paguen por las injusticias que hemos sufrido si queremos ver a Dios vindicarnos.

Dios nos exige que abandonemos el pasado y perdonemos completamente a nuestros enemigos, que oremos por ellos e incluso los bendigamos mientras Él nos guía en cómo hacerlo. Si perdona a aquellos que lo lastimaron, Dios le protegerá y traerá justicia a su vida.

Pensamiento del día

No importa cuán profundo o intenso sea el problema, Dios siempre es más grande y Él puede sanarlo, solucionarlo y recompensarlo por el dolor del pasado.

Profundice en la Palabra de Dios: Romanos 12:19; 1 Samuel 24:12

Sea obediente mientras espera en Dios

Pero tú, espera en el Señor, y vive según su voluntad, que él te exaltará para que heredes la tierra. Cuando los malvados sean destruidos, tú lo verás con tus propios ojos. (Salmos 37:34)

La obediencia a Dios no siempre es fácil, especialmente cuando nos encontramos en la sala de espera de Dios, soportando circunstancias difíciles. Mostrar el fruto del Espíritu es mucho más desafiante cuando tenemos estrés y presión en nuestras vidas. Incluso puede ser difícil orar o estudiar la Palabra de Dios; sin embargo, estos son los momentos en que es más importante hacerlo.

Hacer lo correcto mientras no nos está sucediendo lo correcto es posiblemente una de las cosas más poderosas que podemos hacer. Pablo nos dice que no nos cansemos de hacer lo correcto, porque a su debido tiempo cosecharemos si no desmayamos (ver Gálatas 6:9).

Siga haciendo lo correcto mientras está en la sala de espera de Dios. Hágalo porque lo ama y porque aprecia todo lo que Él ha hecho y está haciendo por usted incluso ahora mismo.

Pensamiento del día

Dios siempre ve la fidelidad, incluso si nadie más lo hace. Y aquellos que permanecen firmes durante las pruebas recibirán la corona de la vida del vencedor (ver Santiago 1:12).

Profundice en la Palabra de Dios: Santiago 5:7-8; Salmos 37:7

Salga y descúbralo

*El corazón del hombre traza su rumbo, pero sus pasos los
dirige el Señor. (Proverbios 16:9)*

La gente a menudo me pregunta cómo pueden determinar la voluntad de Dios para sus vidas. Muchas personas pasan años esperando escuchar una voz o recibir una señal sobrenatural que les dé instrucciones. Pero recibir dirección de Dios suele ser más práctico que eso. Así que mi consejo es: *salga y descúbralo.*

Al principio de mi caminar como cristiana, quería servir a Dios, pero no sabía exactamente qué hacer. Cuando surgían diferentes oportunidades, probaba aquellas cosas que estaban disponibles. Muchas de ellas no funcionaron para mí, pero seguí intentándolo hasta que encontré un área en la cual encajaba. Cobré vida por dentro cuando tuve la oportunidad de enseñar la Palabra de Dios y supe que eso era lo que debía hacer.

A veces, la única forma de descubrir la voluntad de Dios es practicar "salir afuera y encontrarla". Si ha orado sobre una situación y no parece saber lo que debe hacer, dé un paso de fe. Incluso si ese no es el destino final de Dios, será un paso más hacia el cumplimiento de su voluntad para su vida.

Pensamiento del día

*No tenga miedo de cometer un error. Dios ve su corazón y
sabe que tiene motivos puros. Salga con fe y Dios le guiará.*

Profundice en la Palabra de Dios: 2 Corintios 5:7; Eclesiastés 11:6

La opción de vivir maravillado

Estaban asombrados de su enseñanza, porque les hablaba con autoridad. (Lucas 4:32)

Hay muchos días en la vida en que dejamos que lo que debería ser extremadamente especial para nosotros se vuelva demasiado promedio u ordinario.

Recuerdo hace un tiempo atrás cuando estaba orando y dije: "Señor, ¿por qué no me están sucediendo esas cosas emocionantes y especiales que solían sucederme cuando comencé a conocerte?".

Nunca olvidaré lo que el Señor habló a mi corazón tan claramente. Me dijo: "Joyce, sigo haciendo las mismas cosas todo el tiempo; es solo que te has acostumbrado a ellas". ¡Tremendo! Si determinamos permanecer asombrados por las cosas que Dios está haciendo en nuestras vidas, incluso las pequeñas cosas, estaremos mucho más animados y renovados en nuestro caminar con Dios. En sus momentos de quietud, tome la oportunidad para darse cuenta de lo que tiene, ser agradecido y decidir vivir maravillado de su fidelidad y bondad.

Pensamiento del día

Las bendiciones de Dios están a su alrededor. Todo lo que tiene que hacer es buscarlas y se sorprenderá de todo lo que Él ha hecho por usted.

Profundice en la Palabra de Dios: Salmos 33:8; Salmos 19:1

Refrescado y renovado

Aun los jóvenes se cansan, se fatigan, y los muchachos tro-
piezan y caen; pero los que confían en el Señor renovarán
sus fuerzas; volarán como las águilas: correrán y no se fati-
garán, caminarán y no se cansarán. (Isaías 40:30-31)

Nadie está exento de la necesidad de renovación; todos necesitamos momentos de descanso, refrigerio y restauración.

Cuando se sienta extremadamente cansado, es importante tener
cuidado. Las personas cansadas a menudo toman decisiones emocionales, dicen cosas sin pensar, toman atajos de los que luego se
arrepienten y se conforman con menos de lo mejor, porque están
cansados y agotados.

Estoy convencida de que tomaremos mejores decisiones en la
vida si simplemente pasamos tiempo con Dios regularmente. Si
buscamos a Dios, escucharemos de Él.

Comience a tomar tiempo para esperar en Dios y permitirle
que renueve sus fuerzas. Tómese un descanso tan pronto como se
sienta cansado y diga: "Te amo, Señor. Te necesito. Me siento un
poco cansado hoy. Por favor, fortaléceme".

Pensamiento del día

Honrar a Dios al darle un tiempo especial y separado para
Él, producirá grandes resultados en nuestras vidas y traerá
restauración y refrigerio a nuestras almas.

Profundice en la Palabra de Dios: Salmos 51:10; Mateo 11:28-29

El derecho a sentirse bien

Al que no cometió pecado alguno, por nosotros Dios lo trató como pecador, para que en él recibiéramos la justicia de Dios. (2 Corintios 5:21)

Jesús pagó por su libertad con su propia sangre. Él le compró, le hizo justo y aceptable para Él y le liberó de la esclavitud del pecado y la culpa. No tiene que vivir con una conciencia culpable y los malos sentimientos sobre usted mismo porque comete errores. Puede apreciar la persona que Dios creó en usted y aprender a amarse a sí mismo, no de una manera egoísta y egocéntrica, sino de una manera piadosa porque Él le ama.

El autorrechazo conduce a todo tipo de problemas. Dios nos ama para que podamos amarnos a nosotros mismos, no de una manera arrogante, sino de una manera sana, equilibrada y bíblica. Así mismo creemos que Cristo, quien no conoció pecado, se convirtió en pecado por nosotros para que seamos hechos la justicia de Dios en Él.

No tenemos derecho a rechazar lo que Dios compró con la sangre de su Hijo, nuestro Señor y Salvador, Jesucristo. Dios nos ama y debemos estar de acuerdo con Él, no con el diablo, que trata de hacernos sentir inútiles. ¡Comience hoy amando a la persona que Dios creó en usted!

Pensamiento del día

Usted es valioso, talentoso y dotado y Dios tiene un propósito especial para su vida.

Profundice en la Palabra de Dios: Romanos 8:1-2; Hebreos 10:22

Se hace más fuerte

Así que no temas, porque yo estoy contigo; no te angusties,
porque yo soy tu Dios. Te fortaleceré y te ayudaré; te sos-
tendré con mi diestra victoriosa. (Isaías 41:10)

En el libro de Isaías, vemos a Dios hablando a la gente a través del
profeta y animándolos a no temer por lo que estaba pasando porque
iba a usarlo para fortalecerlos.

Este es otro ejemplo de la promesa de Dios de usar lo que pasamos para hacernos más maduros y mejores que antes. Pero todo
esto depende de si estamos o no dispuestos a confiar totalmente en
Dios con respecto a las cosas dolorosas que encontramos en la vida.

Sea lo que sea que esté atravesando ahora mismo, esta promesa
es para usted. Sus enemigos pueden desear hacerle daño, pero
Dios lo tornará para su bien y, en el proceso, Él le hará una mejor
persona.

Pensamiento del día

Cuando la vida es dolorosa y difícil, recuerde que Dios le
ama y, por eso, no tiene que tener miedo.

Profundice en la Palabra de Dios: 2 Corintios 12:10; Isaías 40:31

Jamás renuncie a su futuro

Porque yo sé muy bien los planes que tengo para ustedes, afirma el Señor, planes de bienestar y no de calamidad, a fin de darles un futuro y una esperanza. (Jeremías 29:11)

Nunca darse por vencido significa marchar hacia su futuro con valentía y confianza, ver cada nuevo día como una oportunidad para avanzar en lo mejor que Dios tiene para usted y tomar cada nuevo desafío como una montaña para escalar en lugar de una roca que lo aplastará.

Usted tiene un gran futuro por delante, pero no podrá entrar plenamente en él y disfrutarlo si su pasado aún lo mantiene cautivo. El pasado tiene el potencial de evitar que experimente el gozo, la libertad y las bendiciones del presente y el futuro, *pero solo si se lo permite.*

Dios quiere que fije su vista hacia su futuro con esperanza, coraje y expectativa. Y la mejor manera que sé para nunca renunciar a su futuro es negarse a quedar atrapado en su pasado.

Pensamiento del día

No deje que el pasado le robe la vida que tiene hoy y el futuro que tiene mañana. Tiene que soltar para continuar.

Profundice en la Palabra de Dios: Romanos 8:28; Isaías 43:18-19

Siga sonriendo

Hermanos míos, considérense muy dichosos cuando ten-
gan que enfrentarse con diversas pruebas, pues ya saben
que la prueba de su fe produce constancia. (Santiago 1:2-3)

Cualquier desafío o frustración inesperado que pueda enfrentar, decida de antemano que no va a dejar que le robe el gozo en
su momento de quietud con Dios. Ser infeliz no hace nada excepto
hacerle miserable, así que no pierda su tiempo con eso.

- Si su hijo se despierta con un resfriado y no puede ir a la
  escuela, elija tener una perspectiva positiva. Gracias a Dios es
  solo un refriado y nada peor.
- Si la tintorería arruina uno de sus atuendos, elija tener una perspectiva positiva. Ahora tiene una excusa para ir de compras.
- Si pierde su trabajo, elija ser positivo. Ahora tiene la oportunidad de conseguir un mejor trabajo.

No permita que los eventos diarios de la vida determinen su
mentalidad, actitud y comportamiento. En cambio, deje que la bondad de Dios y las promesas en su Palabra marquen la dirección de
su vida.

Pensamiento del día

No puede cambiar una circunstancia negativa siendo
negativo, así que manténgase positivo y espere que Dios
haga algo asombroso.

Profundice en la Palabra de Dios: Romanos 5:3; 2 Corintios 4:17

¿Qué está diciendo?

Es muy grato dar la respuesta adecuada, y más grato aún, cuando es oportuna. (Proverbios 15:23)

Probablemente haya escuchado a alguien decir: "Podría terminar comiéndose esas palabras". Puede sonar como una simple expresión para nosotros, pero en realidad sí nos comemos nuestras palabras. Lo que decimos no solo afecta a nuestros amigos y a las personas que nos rodean, sino que también nos afectan profundamente. La pregunta es, ¿cómo se afectará su vida por sus palabras: positiva o negativamente?

Las palabras son maravillosas cuando se usan de manera adecuada. Pueden alentar, edificar y dar confianza al oyente. Una palabra correcta hablada en el momento propicio puede cambiar una vida.

Puede aumentar su propio gozo y reducir en gran medida el estrés al pronunciar las palabras correctas. También puede molestarse hablando innecesariamente sobre sus problemas o sobre cosas que lo han lastimado. La elección es suya hoy y todos los días.

Pensamiento del día

Hable más sobre lo que Dios está haciendo en su vida que sobre sus problemas.

Profundice en la Palabra de Dios: Salmos 141:3; Isaías 50:4

Oración sincera y persistente

La oración del justo es poderosa y eficaz. (Santiago 5:16)

La oración es apasionada. Se trata de sinceridad de corazón y poner todo su corazón en ello. La oración no tiene que ser elocuente o larga. Y la oración no es mejor si es hecha en voz alta o si está doblando las manos o inclinando la cabeza. Es bueno que se humille, pero no es su postura o el tiempo que ora lo que la hace efectiva.

Recuerdo un tiempo en que Dios me retó a pedir lo que quería y necesitaba en la menor cantidad de palabras posible. Esto fue difícil al principio. Pero comenzó a mostrarme que no se trata de cuántas palabras decimos; se trata del corazón detrás de esas palabras.

La Biblia dice que la fe agrada a Dios (Hebreos 11:6), y si creemos que Él existe y lo buscamos, Él nos recompensará. No tenemos que rogarle y suplicarle que nos ayude. ¡Dios es un Dios bueno! Él le ama y quiere lo mejor para usted.

Pensamiento del día

La oración es un privilegio poderoso, así que ore con frecuencia.

Profundice en la Palabra de Dios: 1 Juan 5:14; Lucas 11:9-10

Elecciones correctas

Hoy pongo al cielo y a la tierra por testigos contra ti, de que te he dado a elegir entre la vida y la muerte, entre la bendición y la maldición. Elige, pues, la vida, para que vivan tú y tus descendientes. (Deuteronomio 30:19)

El permitir que nuestras emociones dirijan nuestras decisiones definitivamente nos impedirá tener una vida llena de paz y gozo. Las decisiones emocionales casi siempre causan confusión.

La ley del reino de Dios es que cosechamos lo que sembramos (ver Gálatas 6:7). Si elegimos sembrar disciplina y elecciones correctas, cosecharemos una vida de gozo y satisfacciones. Sin embargo, si sembramos opciones basadas únicamente en cómo nos sentimos, cosecharemos una vida de frustración, arrepentimiento y tristeza.

Dios pone ante cada persona la vida y la muerte, y nos instruye a elegir la vida. Dado que todos tenemos el privilegio del libre albedrío, debemos asumir la responsabilidad de nuestras vidas y ya no culpar a las circunstancias y a otras personas por las decisiones que tomamos. Por el contrario, podemos pedirle a Dios que nos dé la disciplina y la sabiduría para tomar las decisiones correctas cada día.

Pensamiento del día

No podemos ser guiados por nuestras emociones y ser guiados por el Espíritu Santo. Tenemos que elegir cuál seguir.

Profundice en la Palabra de Dios: Gálatas 5:13; Josué 24:15

Dios no está apurado

En tu mano están mis tiempos. (Salmos 31:15)

Tenemos aprobación de crédito instantánea, avena instantánea, café instantáneo y todo lo que necesite a través de ventanilla de "servi-carro". Nos gusta pensar que las maneras de Dios son de la misma forma, pero no lo son. Dios no está apurado y no hay tal cosa como un "gran avance de servi-carro".

El salmista lo dijo de esta manera: "En tu mano están mis tiempos" (Salmos 31:15 RVR1960). Esta fue la oración de un hombre en una situación desesperada. Sus enemigos querían matarlo. Aun así, no entró en pánico; confió en el tiempo de Dios.

Su vida y su tiempo están también en las manos de Dios. Si enfrenta retrasos y tiene que esperar, Dios lo sabe. Él es quien controla el reloj de su vida. No se concentre solo en llegar al destino deseado. Concéntrese en el viaje y determínese a disfrutar cada fase del mismo.

Pensamiento del día

¡Dios no se apresurará, pero lo que hará, será perfecto!

Profundice en la Palabra de Dios: Eclesiastés 3:1; Hechos 1:7

Todas las cosas ayudan
para su bien

*A ordenar que a los afligidos de Sion se les dé gloria en
lugar de ceniza, óleo de gozo en lugar de luto, manto de
alegría en lugar del espíritu angustiado. (Isaías 61:3)*

Ver lo mejor en cualquier situación y mantener una actitud positiva
es solo posible gracias a las promesas que se encuentran en la Palabra de Dios. En Romanos 8:28, el apóstol Pablo dice: "Ahora bien,
sabemos que Dios dispone todas las cosas para el bien de quienes
lo aman, los que han sido llamados de acuerdo con su propósito".

Observe que el versículo no dice que Dios hace *algunas* cosas
para su bien; dice *todas* las cosas. Cada situación, cada encuentro,
cada prueba, cada desafío, Dios lo resolverá para su bien.

Dios puede tomar las cosas más difíciles por las que ha atravesado y usarlas para su beneficio. Él le dará "gloria en lugar de
ceniza" y "óleo de gozo en lugar de luto" (Isaías 61:3). Dios no
causó el dolor o la disfunción que ha sufrido, pero Él puede sanar
sus heridas y usar lo que ha pasado para lograr algo hermoso.

Pensamiento del día

*Sea lo que sea por lo que está atravesando ahora mismo,
crea y diga: "¡Dios resolverá esto para mi bien!".*

Profundice en la Palabra de Dios: Salmos 86:5-7; Filipenses 4:6-7

La importancia de la Palabra de Dios

Hijo mío, está atento a mis palabras; Inclina tu oído a mis razones. (Proverbios 4:20 RVR1960)

La Biblia no es un libro ordinario. Las palabras dentro de sus páginas son como medicina para su alma. Tiene el poder de cambiar su vida porque hay vida en la Palabra (ver Hebreos 4:12). Y cuando descubre el poder y la verdad de la Palabra de Dios, comenzará a ver cambios en su vida que solo esta verdad puede traer.

Estudiar la Palabra de Dios no es complicado; solo tiene que comenzar y determinarse a permanecer con ella. Cada vez que pase tiempo leyendo la Biblia, preste atención a lo que está leyendo y aprenderá algo que le beneficiará.

Proverbios dije: "Hijo mío, está atento a mis palabras". La palabra *atento* significa que preste atención y le dedique tiempo a algo. Atender a la Palabra de Dios significa más que solo leerla; se trata de estudiar, meditar y obedecer lo que dice. Sea diligente en el estudio de la Biblia y lo que aprenda le dará una vida que vale la pena vivir.

Pensamiento del día

Cada vez que necesite una palabra de aliento, puede encontrarla en la Biblia.

Profundice en la Palabra de Dios: Santiago 1:22-25; 2 Timoteo 3:16-17

Cómo estudiar la Palabra de Dios

Escuchen, hijos, la corrección de un padre; dispónganse a adquirir inteligencia. (Proverbios 4:1)

Estudiar la Palabra de Dios no es algo difícil de hacer. He aquí algunas maneras en las que puede empezar hoy:

- Reserve tiempo a propósito. Haga una cita con Dios cada día durante el tiempo que mejor le convenga.
- Haga la preparación para su estudio de la Biblia. Tenga un lugar donde disfrute estar, un lugar donde esté cómodo, como una habitación de su casa que sea tranquila.
- Tenga todos sus materiales disponibles. Querrá su Biblia, un ordenador o un cuaderno para anotar lo que aprende y tal vez un comentario sobre la Biblia que quiera estudiar.
- Prepare su corazón. Hable con Dios sobre las cosas que necesita confesar y entre en su tiempo de estudio de manera pacífica y sin nada que pueda impedir que se concentre en las Escrituras y recibir revelación durante su tiempo de estudio.

Esta no es una lista exhaustiva, pero es una gran manera de comenzar a estudiar la Palabra de Dios y profundizar en su relación con Él.

Pensamiento del día

El tiempo más importante que pasa es su tiempo con Dios.

Profundice en la Palabra de Dios: Proverbios 18:15; Proverbios 1:5

¿Está usted dispuesto?

Entonces oí la voz del Señor que decía: "¿A quién enviaré? ¿Quién irá por nosotros?". Y respondí: "Aquí estoy. ¡Envíame a mí!". (Isaías 6:8)

Muchas veces nos centramos en nuestras debilidades, preocupados de que de alguna manera nos descalifiquen para hacer algo por Dios. Pero no tiene que preocuparse por sus debilidades, porque estas no sorprenden a Dios. Él ya sabe todo lo que hay que saber sobre usted y le usará a pesar de su debilidad percibida.

Dios no está buscando nuestra capacidad; está buscando nuestra disponibilidad.

En lugar de levantarse cada mañana pensando en lo que no puede hacer, tómese un tiempo con el Señor y dígale: *Aquí estoy, Dios. ¿Hay algo que quieres que haga hoy? ¿Tienes una tarea para mí? Voy a ser confiado y audaz en tu fuerza, Señor. Estoy disponible para lo que sea que tú hayas planeado para mí.*

Si tiene un corazón abierto y un espíritu disponible, se sorprenderá de las maneras en que Dios le usará para ayudar y bendecir a la gente.

Pensamiento del día

No es su don natural, habilidad o fuerza lo que impresiona a Dios. Él está buscando a aquellos cuyos corazones están totalmente comprometidos con Él.

Profundice en la Palabra de Dios: 2 Corintios 12:9; Éxodo 3:11-12

El poder curativo de la verdad

Yo sé que tú amas la verdad en lo íntimo; en lo secreto me has enseñado sabiduría. (Salmos 51:6)

La Palabra de Dios es verdad y, cuando la amamos y la obedecemos, somos liberados de las ataduras que nos han mantenido cautivos. Nunca tenga miedo de la verdad. Ella trae luz a su vida y disipa la oscuridad.

Todo lo que escondemos tiene autoridad sobre nosotros, pero en el momento en que lo sacamos a la luz, queda expuesto y pierde su poder. Inmediatamente sentimos que se ha levantado una gran carga y que nuestras vidas mejoran. Este es el poder liberador de vivir en la verdad.

El Espíritu Santo se nos da después de que recibimos a Jesús como nuestro Salvador para que pueda enseñarnos y revelarnos la verdad consistentemente. Es un proceso continuo en nuestras vidas y uno que puede y debe ser emocionante.

Pensamiento del día

¿Qué ha estado Dios tratando de revelarle? ¿Se ha estado escondiendo en la oscuridad? Si es así, le insto a que salga a la luz y comience su jornada de sanidad total.

Profundice en la Palabra de Dios: Juan 8:32; Juan 17:17

Separar su "quién" de su "qué"

*De hecho, Cristo es el fin de la ley, para que todo el que cree
reciba la justicia. (Romanos 10:4)*

A veces tenemos la tendencia a complicar las cosas. Podemos caer
en el intento de complacer a Dios o ganar su amor haciendo buenas
obras o abriéndonos camino hacia la justicia de Él. Pero nuestra
relación con Dios no se basa en lo que hacemos, sino en lo que
Jesús hizo por nosotros, y si lo aceptamos.

Nuestra motivación es muy importante para Dios. Él quiere que
hagamos lo que hacemos por Él con un corazón de amor y deseo
sincero. Él no quiere que hagamos cosas para obtener algo de Él o
para impresionar a la gente.

Podemos estar seguros de que Dios nos ama, incluso en los días
en que no lo hacemos todo perfectamente. Dios no nos ama por lo
que hacemos, sino por lo que somos en Cristo. En otras palabras, es
importante saber cómo separar nuestro "quién" de nuestro "hacer".

Pensamiento del día

*No siempre hará todo bien, pero sigue siendo justo ante
Dios por la obra terminada de Cristo Jesús.*

Profundice en la Palabra de Dios: Colosenses 3:23; 1 Corintios 15:58

Mire hacia arriba

Alzaré mis ojos a los montes; ¿de dónde vendrá mi socorro?
Mi socorro viene de Jehová, que hizo los cielos y la tierra.
(Salmos 121:1-2 RVR1960)

Mucha gente busca las cosas equivocadas cuando se encuentran en situaciones difíciles. Se centran en la magnitud de su problema, los riesgos a los buenas que se enfrentan, las cosas negativas que otros dicen de ellos o su miedo al fracaso. Esas cosas los arrastran, y estar enfocados en ellas, no los ayudará.

La Palabra de Dios nos da una opción mucho mejor cuando necesitamos ayuda. En lugar de mirar hacia abajo a las cosas que no pueden ayudarnos, la Biblia nos dice que miremos hacia arriba, para centrarnos en Aquel que siempre nos ayudará. Cuando David estaba en problemas, se volvía y miraba hacia arriba porque sabía que su ayuda venía de lo alto.

Cuando esté pasando por algo y no está seguro de qué hacer, use sus ojos espirituales y mire hacia arriba. Busque al Señor. Él es el que puede ayudarle. Él es el que le rescatará.

Pensamiento del día

Jesús dijo que miráramos hacia arriba porque nuestra redención estaba cerca (ver Lucas 21:28). Esto es más que una postura física. Es tener una actitud esperanzada, una perspectiva positiva y una expectativa de que Dios le ayudará.

Profundice en la Palabra de Dios: 1 Crónicas 16:11; Salmos 34:10

El éxito requiere esfuerzo

El ladrón no viene más que a robar, matar y destruir; yo he
venido para que tengan vida, y la tengan en abundancia.
(Juan 10:10)

El verdadero éxito no llega fácilmente o sin obstáculos para nadie.
Es el resultado de trabajo arduo, paciencia, sacrificio y determinación, pero llega. Como hijo de Dios, la única manera de que sea un
fracaso es si usted se rinde.

Puede tener éxito en cada área de su vida: trabajo, relaciones,
matrimonio, búsqueda de los planes de Dios y todo lo demás en
lo que esté involucrado. Pero el éxito duradero requiere esfuerzo
y, mientras trabaja para lograrlo, el enemigo tratará de oponérsele.

Es crucial aprender a seguir avanzando en la fuerza de Dios
cuando el éxito no llega tan fácilmente como le gustaría. Cuando se
enfrente a los obstáculos que seguramente encontrará en el camino,
no se rinda. ¡Siga avanzando con determinación!

El pensamiento del día

Cuando esté tentado a rendirse es cuando necesita levan-
tarse y seguir siendo diligente.

Profundice en la Palabra de Dios: Proverbios 16:3; Eclesiastés 9:10

Libere su fe

Por la gracia que se me ha dado, les digo a todos ustedes:
Nadie tenga un concepto de sí más alto que el que debe tener,
sino más bien piense de sí mismo con moderación, según la
medida de fe que Dios le haya dado. (Romanos 12:3)

La fe es algo que debe ser liberado. Puede tener fe, pero no le sirve de nada si no la pone por obra. Un músculo que no se usa se debilita y se marchita. Es lo mismo con su fe: si no la usa, entonces no es diferente de no tener ninguna.

Cuando se sienta en una silla, tiene fe en que no se va a desplomar. No empieza a sudar y a temblar de miedo, diciendo: "¡Oh, tengo miedo de sentarme en esa silla! ¡No sé si debiera estar haciendo esto!". Su fe en la silla le permite descansar en ella.

Pero ¿qué pasa cuando tiene un problema? ¿Pone su fe en Jesús y descansa en él? ¡Seguramente podemos confiar en Él mucho más que en una silla! En su momento de quietud con Dios hoy, libere su fe a través de la oración y prepárese para hacer lo que Él le pida. Espere pacientemente en Él y no se preocupe.

Pensamiento del día

La preocupación no ayuda a Dios a resolver nuestros pro-
blemas, pero nos hace miserables. ¡Elija confiar en Dios y
poner su fe a trabajar!

Profundice en la Palabra de Dios: Mateo 17:20; Romanos 1:17

Jesús mantiene todas las cosas unidas

Él es anterior a todas las cosas, que por medio de él forman un todo coherente. (Colosenses 1:17)

Esta es una escritura poderosa. Nos dice que Jesús mantiene *todo* unido. Piénselo. No podemos tener buenas relaciones si Jesús no las mantiene unidas. Nuestras finanzas y todo lo demás serían un desastre sin Jesús. Pero si Él es capaz de mantener el universo entero unido, seguramente podemos confiar en que Él también nos mantendrá unidos.

Mateo 6:33 nos dice que busquemos primeramente a Dios y a su reino. Si no tenemos lo primero, todo lo demás estará desequilibrado. Así que haga que Jesús sea lo más importante en su vida. Empiece hoy dándole el primer lugar en todo lo que haga. Él mantiene todo unido, a usted y todo lo concerniente a usted.

Pensamiento del día

Siempre encontramos tiempo para hacer lo que es importante para nosotros y, si Dios es lo primero, entonces encontrar tiempo para Él no será difícil.

Profundice en la Palabra de Dios: Hebreos 1:1-3; Juan 1:3

Su fuerte refugio

*El que habita al abrigo del Altísimo se acoge a la sombra
del Todopoderoso. (Salmos 91:1)*

Todos enfrentamos tormentas en la vida algunas veces. Si lo piensa,
la mejor manera de estar seguro durante una tormenta natural es
refugiarse. Si no busca refugio, la tormenta puede hacerle daño.
Bueno, lo mismo ocurre en el plano espiritual.

La Palabra de Dios nos da instrucciones sobre cómo refugiarnos
cuando enfrentamos las tormentas espirituales de la vida. El primer lugar al que debe correr cuando una tormenta golpee su vida es
el lugar secreto del Altísimo, la presencia de Dios.

El lugar secreto del Altísimo es su presencia y entramos en él
por la fe cuando pasamos tiempo con Él. A medida que estudia
regularmente la Palabra de Dios y lo invita a todas las áreas de su
vida, usted está desarrollando disciplinas espirituales que son más
fuertes que cualquier tormenta que pueda enfrentar. Cuando prac-
tica estos hábitos, construye muros espirituales de protección a su
alrededor en Cristo.

Pensamiento del día

*No se preocupe o se asuste cuando se enfrente a las tor-
mentas de la vida. Jesús está con usted y le hablará a su
tormenta y hará que los vientos y las olas se calmen en el
momento preciso.*

Profundice en la Palabra de Dios: Salmos 46:1-5; Salmos 61:4

Ríase a propósito

*Devuélveme la alegría de tu salvación; que un espíritu obe-
diente me sostenga. (Salmos 51:12)*

Una de las cosas más valiosas que he aprendido en mi vida es que
no tengo que esperar a *sentir* hacer algo para poder hacerlo...y
usted tampoco. En realidad, puede crear oportunidades para reírse.

- *Planee reírse...* y luego hágalo. Tómese unos minutos para alejarse
  de las ocupaciones del día y concéntrese en algo divertido que
  le haya dicho un amigo o en algo divertido que está esperando.
- *Pase rato con gente divertida y animadora.* Pase tiempo con
  gente alegre y alentadora. Su humor y su naturaleza positiva
  son contagiosos.
- *Cambie su perspectiva.* Puede ser alegre si empieza cada día
  con una sesión de pensamiento. Piense en algunas cosas felices y alegres a propósito.

Aprenda a disfrutar en lugar de ser tan intenso acerca de sus
imperfecciones. Puedo prometerle que añadirá risas a su vida.
David oró: "Devuélveme la alegría de tu salvación". Podemos orar lo
mismo. Si siente que la vida le ha quitado la alegría y la risa, pídale
a Dios que le ayude y aproveche cualquier oportunidad para reírse.

Pensamiento del día

*La risa alivia el estrés y ayuda a promover la sanidad en
el cuerpo.*

Profundice en la Palabra: Job 8:21; Salmos 126:2

Cuando la pasión de Dios se convierte en su pasión

Si te dedicas a ayudar a los hambrientos y a saciar la nece-sidad del desvalido, entonces brillará tu luz en las tinie-blas, y como el mediodía será tu noche. (Isaías 58:10)

A Dios le apasiona ayudar a la gente que está herida y necesitada. Cuanto más se acerca a Dios y cuanto más crece su amor por Él, más decidido está a vivir cada día de una forma que mejore la vida de los demás. La pasión de Dios se convierte en su pasión.

Ayudar a la gente debería ser una prioridad de la vida cristiana. Jesús siempre anduvo haciendo el bien (ver Hechos 10:38).

Si va más allá de su propia situación y lleva el amor de Cristo a los demás, su paz y su alegría aumentaran, haciendo que las luchas que enfrenta parezcan desvanecerse. Y experimentará la asombrosa satisfacción de hacer una diferencia donde cuenta.

Pensamiento del día

Los egoístas no son personas felices, así que ocúpese de ayudar a los demás y su gozo aumentará.

Profundice en la Palabra de Dios: Santiago 1:27; Romanos 12:10

Intercambie la preocupación por la paz

Encomienda al Señor tus afanes, y él te sostendrá; no per-mitirá que el justo caiga y quede abatido para siempre. (Salmos 55:22)

Dios quiere hacer un intercambio con usted hoy. Quiere que le dé todas sus preocupaciones, problemas y fracasos. En cambio, Él le dará su paz y contentamiento.

Dios realmente quiere cuidarnos, pero para que eso suceda, debemos dejar de tratar de arreglar todo por nosotros mismos y de preocuparnos por cada problema que enfrentemos. A veces quere-mos que Dios nos cuide, pero en lugar de confiar, nos preocupa-mos y tratamos de encontrar maneras de ayudarnos a través del razonamiento.

Dios le dará paz, pero primero debe darle su preocupación. ¡Qué fantástico intercambio! Puede darle a Dios todos sus preocupa-ciones e inquietudes y luego confiar en que su respuesta está de camino.

Pensamiento del día

No tiene que tener todas las respuestas... ¡y eso está bien! Dios conoce el final desde el principio y ya lo tiene todo resuelto. Confíe en Él y haga el intercambio hoy.

Profundice en la Palabra: 1 Pedro 5:6-7; Isaías 26:3

Las opiniones de los demás

En realidad, sin fe es imposible agradar a Dios, ya que
cualquiera que se acerca a Dios tiene que creer que él existe
y que recompensa a quienes lo buscan. (Hebreos 11:6)

Una de las cosas a las que a menudo debemos renunciar para servir a Dios con todo nuestro corazón es nuestra reputación. Hay quienes no le apoyan en su caminar con Dios, por lo que debe aprender a no dejar que sus opiniones le restrinjan.

Jesús "se despojó a sí mismo" (ver Filipenses 2:7 RVR1960) y ahora es fácil para mí entender por qué. Si nos preocupamos demasiado por lo que la gente piensa de nosotros, nunca seguiremos a Cristo. Sacrifiqué mi reputación con la gente que conocía en el momento en que Dios me llamó y ahora me ha recompensado. Tengo muchos más amigos ahora que aquellos a los que renuncié hace tiempo.

Si está sufriendo la pérdida de su reputación o siendo juzgado y criticado injustamente por su fe en Dios, no se desespere. Continúe buscando a Dios en su momento de quietud con Él y espere su recompensa.

Pensamiento del día

Dios recompensa a aquellos que lo buscan diligentemente.
Cuando sufra persecución, espere la recompensa que Dios
ha planeado para usted.

Profundice en la Palabra de Dios: 1 Tesalonicenses 4:1; Gálatas 1:10

La base de su esperanza

La palabra del Señor es justa; fieles son todas sus obras.
(Salmos 33:4)

La esperanza necesita tener una plataforma en la que apoyarse. Necesitamos una razón para esperar y David dijo que su razón era la Palabra de Dios. David simplemente puso su confianza en la fidelidad de Dios para cumplir su Palabra.

¿Por qué es tan importante el estudio y la meditación de la Palabra de Dios? Es una semilla, y la semilla siempre produce según su propia especie. Cuanto más estudie las promesas de Dios, más esperanza tendrá. Le recomiendo encarecidamente leer, estudiar, escuchar y meditar en la Palabra de Dios tan a menudo como sea posible con un corazón crédulo. Cuando plantamos la semilla de la Palabra de Dios en nuestros corazones, trae una cosecha de muchas cosas buenas.

¡Ponga su esperanza en Dios y su Palabra! Cuando vivimos con esperanza, podemos ver la liberación de nuestros problemas y podemos disfrutar de nuestra vida en Cristo Jesús.

Pensamiento del día

La esperanza es una expectativa positiva de que algo bueno va a suceder.

Profundice en la Palabra de Dios: Marcos 4:24-25; Romanos 15:4

La mejor manera de orar

Padre, si quieres, no me hagas beber este trago amargo;
pero no se cumpla mi voluntad, sino la tuya. (Lucas 22:42)

Déjeme sugerirle la mejor manera de orar. En vez de decirle a Dios lo que quiere que haga por usted, intente pedir lo que quiero, pero añadiendo esta declaración: *Pero, Señor, si esto no es lo correcto para mí, entonces ¡por favor, no me lo des!*

Conseguir lo que queremos está muy sobrevalorado. Es asombroso cuánto podemos desperdiciar de nuestras vidas buscando la autogratificación, solo para encontrar al final que no estamos satisfechos en absoluto. Esto es lo que sucede cuando confiamos en nosotros mismos en lugar de confiar en Dios.

Solo la voluntad de Dios tiene la capacidad de satisfacernos en última instancia. Somos creados para Él y sus propósitos, y cualquier cosa menos que eso es totalmente incapaz de traer una satisfacción duradera. Dios conoce lo que es mejor para su vida y no hay mejor lugar para estar que en medio de su perfecta voluntad.

Pensamiento del día

Confíe en que Dios le dará lo mejor para usted, en lugar de solo lo que quiere.

Profundice en la Palabra de Dios: Proverbios 19:21; Mateo 6:10

A mayor altura, mayor claridad visual

Desde los confines de la tierra te invoco, pues mi corazón desfallece; llévame a una roca donde esté yo a salvo. (Salmos 61:2)

Cuando los excursionistas se pierden y tratan de averiguar exactamente dónde están, buscan ir más alto. Un punto de vista más alto les da una mejor perspectiva.

Lo mismo es cierto para nosotros. A veces es difícil ver hacia dónde vamos porque tenemos una visión limitada. Podemos confundirnos con nuestros problemas y estar inseguros de adónde ir después, porque no tenemos la perspectiva correcta. Para tener la perspectiva de Dios, pase su momento de quietud con Dios yendo a una mayor altura.

Pase de la ingratitud; suba por encima de la duda y el desánimo. Si elige expectativas y esperanzas más altas, comenzará a tener una nueva perspectiva, una perspectiva divina. Y cuando eso ocurra, podrá ver el plan de Dios para su vida más claro que nunca antes.

Pensamiento del día

No se concentre en sus problemas; elija subir más alto y superarlos con la ayuda de Dios.

Profundice en la Palabra de Dios: Isaías 55:8-9; Colosenses 3:2

Rechace la ofensa

El buen juicio hace al hombre paciente; su gloria es pasar
por alto la ofensa. (Proverbios 19:11)

Hay una prueba que todos tenemos que pasar en la vida y yo la llamo la prueba de "supere la ofensa". También se le puede llamar la prueba de la amargura, el resentimiento y la falta de perdón. La única manera de superar el sentirse ofendido es perdonando. Cuanto antes lo haga, más fácil será.

No deje que la ofensa se arraigue en su corazón, porque será más difícil de tratar si lo hace.

Una de las primeras respuestas cuando alguien nos hiere u ofende debería ser orar: *Dios, elijo creer lo mejor. Mis sentimientos están heridos, pero tú puedes sanarme. Me niego a estar amargado; me niego a estar enfadado o a seguir ofendido.*

No deje que el comportamiento de otra persona le frustre el día o le arruine su vida. Tome el camino de mayor altura y perdone.

Pensamiento del día

Cuando perdona, en realidad se está haciendo un favor. Se está liberando de la agonía de la ira y de los pensamientos amargos.

Profundice en la Palabra de Dios: Mateo 18:7; Salmos 139:23-24

Dios es más grande

Ustedes, queridos hijos, son de Dios y han vencido a esos falsos profetas, porque el que está en ustedes es más poderoso que el que está en el mundo. (1 Juan 4:4)

La Palabra de Dios nos dice que tenemos un enemigo: Satanás. Y aunque deberíamos estar al tanto de sus planes, permítame ser clara: no tiene nada que temer. El diablo no tiene un poder real sobre los hijos de Dios, ¡ninguno!

En el momento que le entregó su vida al Señor, se convirtió en un hijo de Dios redimido, perdonado y justo. Satanás no tiene un lugar legítimo en su vida. Usted tiene la presencia de Dios en su vida. Él es su fuerza y le promete la victoria.

En lugar de vivir con miedo a su enemigo, confíe en que Dios le ha dado el poder de vivir una vida audaz, confiada, productiva y feliz que supera al enemigo a cada paso. Nunca tiene que vivir en la preocupación o miedo, preguntándose si va a ser derrotado.

Viva con la seguridad de que el que está en usted es más grande que el que está en el mundo.

Pensamiento del día

El enemigo puede venir contra usted, pero Dios está de su lado, así que su victoria es segura.

Profundice en la Palabra de Dios: Lucas 10:19; Apocalipsis 17:14

Pida con valentía

Por eso les digo: Crean que ya han recibido todo lo que estén pidiendo en oración, y lo obtendrán. (Marcos 11:24)

Uno de los beneficios de ser un hijo de Dios es que podemos pedirle las cosas que necesitamos o queremos en la vida. A veces la gente es reacia a pedir con valentía grandes cosas, pero Jesús nos ha dado permiso para salir con fe y pedir con valentía.

No pierda su valioso tiempo deseando saber. Algunas personas se preguntan cómo sería si Dios les diera un mejor trabajo. Se cuestionan cómo sería ser dueño de su propia casa o tener un bebé. Desean tener relaciones más saludables, superar un mal hábito o un miedo debilitante o tener una mejor salud física. No cuestione... ¡pida!

Tanto el cuestionar como la indecisión pueden convertirse en fortalezas en nuestras mentes que pueden dejarnos confundidos, inseguros e ineficaces. Pero ese no es el plan de Dios. Él quiere que superemos los pensamientos de querer saber al creer, y luego recibir la respuesta a nuestras oraciones, por la fe.

Pensamiento del día

La fe nos da la confianza para pedir con valentía, sabiendo que Dios responderá a nuestras oraciones de la mejor manera. Él tiene un gran plan para su vida. No dude de pedir con valentía cuando ore.

Profundice en la Palabra de Dios: Mateo 7:7; Santiago 4:2

Abrace a su nueva persona

Así, todos nosotros, que con el rostro descubierto reflejamos como en un espejo la gloria del Señor, somos transformados a su semejanza con más y más gloria por la acción del Señor, que es el Espíritu. (2 Corintios 3:18)

Todos entramos en nuestra relación con Dios con muchas cosas de nosotros que necesitan cambiar. No podemos cambiarnos a nosotros mismos por mera voluntad, pero Dios nos cambia. Es un proceso que lleva tiempo y, por eso, a menudo pensamos que nada está cambiando, pero sí lo está. No mire cuán lejos todavía tiene que ir; mire cuán lejos ha llegado.

Dios nos cambia de adentro hacia afuera. Nuestra parte es confiar en Él y creer que nos ha hecho nuevas criaturas en Él como dice su Palabra (ver 2 Corintios 5:17).

Cuanto más renovemos nuestra mente estudiando la Palabra de Dios, más viviremos en la realidad de su promesa. Empiece a verse a sí mismo de la manera en que Dios lo ve y sobre todo tenga paciencia y crea siempre que Dios está obrando, aunque no pueda ver lo que está haciendo.

Pensamiento del día

¡Mientras siga creyendo, Dios sigue obrando!

Profundice en la Palabra de Dios: Filipenses 2:13; Efesios 4:24

Quién es en Cristo

He sido crucificado con Cristo, y ya no vivo yo, sino que Cristo vive en mí. Lo que ahora vivo en el cuerpo, lo vivo por la fe en el Hijo de Dios, quien me amó y dio su vida por mí. (Gálatas 2:20)

A veces olvidamos quiénes somos realmente en Cristo Jesús. Buscamos otras cosas para encontrar nuestra identidad, pero cuando aceptamos a Jesús como nuestro Salvador, nuestra identidad es envuelta en Él. He aquí algunas de las cosas que la Palabra dice que es:

- Usted es la justicia de Dios; es justo en Él, en Jesucristo (ver 2 Corintios 5:21).
- Usted es nacido de Dios y le pertenece. Por lo tanto, el enemigo no puede tocarle (ver 1 Juan 5:18).
- Es salvo por la gracia de Dios, vive en Cristo y tiene todo lo que Jesús murió para darle (ver Efesios 2:5-6; Colosenses 2:12).
- Es más que vencedor a través de Cristo, el cual le ama (ver Romanos 8:37).
- Es cabeza y no cola; solo avanza en la vida, no retrocede, cuando confía y obedece a Dios (ver Deuteronomio 28:13).
- Es una nueva creación en Cristo (ver 2 Corintios 5:17).

Usted no es un fracaso o un error. Dios tiene un plan y un propósito para usted y muchas cosas buenas le esperan en su futuro.

Pensamiento del día

Se le dado una nueva y poderosa identidad en Cristo. No deje que el diablo le diga que es algo menos de lo que es.

Profundice en la Palabra: Efesios 1:4; Hebreos 10:39

Admirable y maravillosamente hecho

¡Te alabo porque soy una creación admirable! ¡Tus obras
son maravillosas, y esto lo sé muy bien! (Salmos 139:14)

Las inseguridades a menudo nacen de cosas hirientes que otros han dicho de usted o de mentiras que le dice el enemigo, pero solo crecen cuando decide alimentarlas. Como hijo de Dios, no tiene que vivir bajo las nubes tormentosas de la inseguridad.

Cuando elige creer que es aceptado y amado por Dios, nunca más necesitará estar inseguro alrededor de la gente.

Dios quiere que viva con una confianza audaz, creyendo en fe de que sus planes y propósitos se llevarán a cabo en su vida. Cosas buenas no suceden en nuestras vidas porque las merecemos, sino porque Dios es bueno y nos ama. Crea por fe que todas las cosas son posibles con Dios, incluyendo todas las grandes cosas que Él quiere hacer por usted y a través de usted.

Pensamiento del día

Dios le ama incondicionalmente y siempre está obrando
en su vida. ¡Estoy bien y estoy en camino!

Profundice en la Palabra de Dios: Hebreos 4:16; Filipenses 1:6

Dígale no a una actitud quejosa

Háganlo todo sin quejas ni contiendas. (Filipenses 2:14)

Una de las mayores trampas en las que caemos como cristianos es la de refunfuñar y quejarnos, lo que parece ser una tentación siempre presente en nuestras vidas. Es tan natural quejarse que parece que nacemos con una actitud quejumbrosa; no tenemos que desarrollar una.

Por otro lado, tenemos que desarrollar y alimentar una actitud agradecida. Esta es una elección que podemos hacer cada día en nuestro momento de quietud con Dios. Si hacemos una prioridad el estar ocupados alabando, adorando y agradeciendo a Dios, no habrá lugar para quejas, búsqueda de fallas o murmuraciones.

Quejarse no hace más que arruinar lo que podría ser un buen día y nos deja sintiéndonos infelices, pero el agradecimiento hace lo contrario. Un corazón agradecido nos recuerda lo bendecidos que somos y lo bueno que es Dios para con nosotros todo el tiempo.

Pensamiento del día

Cada vez que esté tentado a quejarse, ore.

Profundice en la Palabra de Dios: 1 Pedro 4:9; Santiago 5:9

Incluso si es el único

Si obedeces al Señor tu Dios, todas estas bendiciones ven-
drán sobre ti y te acompañarán siempre: (Deuteronomio
28:2)

Cuando hacemos la voluntad de Dios, su presencia está con nosotros y estamos seguro de tener éxito. Pero cuando no lo seguimos,
invitamos a todo tipo de problemas a nuestras vidas. ¿Está dispuesto a decirle sí a Dios, aunque eso signifique decir que no a sus
amigos o incluso a usted mismo?

Podemos elegir ser personas que quieren obedecer a Dios y
seguirlo más que a ninguna otra cosa. Podemos ser fuertes y
valiente y hacer todo lo que Dios nos guíe a hacer.

Incluso si es la única persona que sabe que está haciendo lo
correcto, le animo a obedecer a Dios. No siga lo que pide su carnalidad,
sus amigos o sus propios deseos. Cuando seguimos a Dios, Él siempre nos lleva a cosas buenas.

Pensamiento del día

Ser obediente a Dios siempre aumenta su paz.

Profundice en la Palabra de Dios: Hechos 5:29; Isaías 1:19

Tal cual usted es

Mas a cuantos lo recibieron, a los que creen en su nombre,
les dio el derecho de ser hijos de Dios. (Juan 1:12)

A veces pensamos que debemos mejorar antes de poder tener una relación con Dios, pero la gracia nos encuentra donde estamos en nuestro estado imperfecto y nos hace lo que Dios quiere que seamos. La gracia nos encuentra donde estamos, pero nunca nos deja donde nos encontró.

La gracia nos lleva tal cual somos. Me gusta decir que cuando Dios nos invita a su fiesta, siempre es una fiesta de "ven como estés".

No desperdicie años de su vida tratando de mejorar antes de entrar en una relación con Dios. ¡Venga como esté!

Pensamiento del día

Cuando cometa errores, no corra de Dios, ¡corra hacia Él!

Profundice en la Palabra de Dios: Romanos 5:8; Romanos 8:29

El gozo es un regalo de Dios

Alégrense siempre en el Señor. Insisto: ¡Alégrense! (Filipenses 4:4)

Cuando recibimos a Jesús en nuestras vidas como nuestro Salvador, recibimos todo lo que Él es en nuestro espíritu. Recibimos el Espíritu Santo y todo el fruto del Espíritu, incluyendo el gozo.

El primer paso para acceder a los dones que Dios le ha dado a través de su fe en Cristo, es creer que los tiene. Los cristianos tristes son personas que simplemente no saben lo que tienen en Cristo. No saben lo que Él ha hecho por ellos.

El gozo es una apacible delicia que podemos tener todo el tiempo, sin importar las circunstancias. Es un regalo de Dios. Jesús murió para que pudiéramos tener y disfrutar de nuestras vidas en abundancia y plenitud (ver Juan 10:10).

Pensamiento del día

Jesús dio su vida para que pueda tener su justicia, paz y gozo en su vida todos los días.

Profundice en la Palabra de Dios: 1 Pedro 1:8; Juan 15:11

Un día a la vez

Danos hoy nuestro pan de cada día (Mateo 6:11)

Dios nos ayuda cuando confiamos en Él, no cuando nos preocupamos y nos inquietamos por cómo vamos a resolver nuestros problemas futuros. Cuando usamos el hoy para preocuparnos por el mañana, terminamos desperdiciando el hoy. Es inútil. En cambio, podemos llegar a Dios, confiando en su provisión un día a la vez.

Nuestro caminar con Dios se llama "paseo diario" por una razón: necesitamos su ayuda todos los días.

Podemos salir de deudas, hacer ejercicio, perder peso, graduarnos de la universidad, ser padres de un niño con necesidades especiales o tener éxito en cualquier cosa que necesitemos hacer si ponemos nuestra confianza en Dios y tomamos la vida un día a la vez. Jesús dijo que no nos preocupáramos por el mañana, porque el mañana ya tendría suficientes problemas por sí mismo (ver Mateo 6:34).

Pensamiento del día

Camine por fe y la gracia de Dios le encontrará en cada paso del camino.

Profundice en la Palabra de Dios: Mateo 6:34; Romanos 1:17

Vivir consagrado a Dios

Dios nos escogió en él antes de la creación del mundo, para que seamos santos y sin mancha delante de él. (Efesios 1:4)

Hacer todo como para el Señor, con todo el corazón, es una señal de una vida consagrada. Es una forma de decir: "Dios te pertenezco". La consagración trae bendición. Es un honor dar su vida al Señor. El apóstol Pablo escribió: "¿Acaso no saben que su cuerpo es templo del Espíritu Santo, quien está en ustedes y al que han recibido de parte de Dios? Ustedes no son sus propios dueños; fueron comprados por un precio. Por tanto, honren con su cuerpo a Dios" (1 Corintios 6:19-20).

Hemos sido comprados por un precio: la sangre de Jesucristo. Dios nos compró para sí mismo. Ya no nos pertenecemos a nosotros mismo; pertenecemos a Dios y nuestra meta diaria debe ser seguirlo y servirle en todas las cosas.

Decirle sí a Dios a menudo requiere que nos digamos no a nosotros mismos, pero al hacerlo, nuestro gozo y paz se multiplican.

Pensamiento del día

Sea lo que sea que haga hoy, hágalo para el Señor porque lo ama y quiere complacerlo.

Profundice en la Palabra de Dios: Marcos 8:34; Salmos 100:3

Ore durante todo el día

Oren en el Espíritu en todo momento, con peticiones y rue-
gos. Manténganse alerta y perseveren en oración por todos
los santos. (Efesios 6:18)

Dios quiere que disfrutemos de tiempos separados de oración, pero no es la única manera de orar. Él anhela que hagamos oraciones sencillas de forma continua. Quiere que vivamos una vida de oración y que oremos todos los días. Su deseo es que nuestros corazones sean sensibles a las muchas cosas que hace por nosotros y que recordemos susurrar: "¡Gracias Señor!".

Dios está ansioso por que le pidamos todo lo que necesitamos en cada situación y porque disfrutemos de una conversación con Él mientras realizamos las actividades de nuestras vidas. Él está siempre presente y puede hablar con Él de cualquier cosa en cualquier momento.

Pensamiento del día

La oración abre la puerta para que Dios obre en cada área
de su vida.

Profundice en la Palabra de Dios: Salmos 66:19; Lucas 6:12

Cómo ganar en la vida

No se amolden al mundo actual, sino sean transformados mediante la renovación de su mente. Así podrán comprobar cuál es la voluntad de Dios, buena, agradable y perfecta. (Romanos 12:2)

Nadie tiene éxito en ninguna empresa por el simple hecho de desearlo. Las personas exitosas hacen un plan y lo mantienen ante ellos, en sus mentes, de manera consistente. Puede elegir lo que piensa y quedarse pensando en ello.

Estamos en una guerra y la mente es el campo de batalla. Pero como dice Romanos 12:2, somos transformados para ser más como Cristo al renovar nuestras mentes con la verdad de Dios.

Si usted ha tenido años de experimentar un pensamiento erróneo y dejar que sus emociones le guíen, hacer el cambio puede no ser fácil, pero los resultados valdrán la pena. En su momento de quietud con Dios, elija lo que va a pensar. Enfóquese en las promesas de Dios y su identidad en Cristo. Con la guía de Dios, haga un plan de cómo va a tener éxito en el cumplimiento de todo lo que Él tiene para usted hoy y luego mantenga ese plan constante en su mente.

Pensamiento del día

Aprenda a pensar conforme a la Palabra de Dios y sus emociones y acciones comenzarán a alinearse con sus pensamientos.

Profundice en la Palabra de Dios: Efesios 4:22-24; 1 Pedro 5:8

Conocimiento progresivo

Pero les digo la verdad: Les conviene que me vaya porque,
si no lo hago, el Consolador no vendrá a ustedes; en cam-
bio, si me voy, se lo enviaré a ustedes. (Juan 16:7)

El conocimiento es progresivo y no aprendemos todo lo que necesitamos saber de la noche a la mañana. Jesús les dijo a sus discípulos
que todavía tenía muchas cosas que decirles, pero que no serían
capaces de comprenderlo todo en esos momentos. Jesús se iba a ir,
pero el Padre enviaría al Espíritu de Verdad para guiarlos y ense-
ñarles todas las cosas.

Es maravilloso saber que tenemos al Espíritu Santo para guiarnos por la vida y que Él nunca nos dejará. Él nos guía a la verdad y
la verdad nos hace libres (ver Juan 8:32).

El Espíritu Santo nos aconseja y nos capacita para vivir la vida
que Dios desea para nosotros un día a la vez. Aprenda a seguirlo,
porque Él siempre le guiará al lugar correcto en el momento
adecuado.

Pensamiento del día

¡Usted nunca está solo! El Espíritu de Dios está con usted
y está a su favor.

Profundice en la Palabra de Dios: Juan 14:26; 2 Corintios 3:18

Su Palabra permanece en usted

Si permanecéis en mí, y mis palabras permanecen en voso-
tros, pedid todo lo que queréis, y os será hecho. (*Juan 15:7*
RVR1960)

Permanecer en la Palabra de Dios significa vivir, habitar y permanecer en ella. Manténgala en el centro de su corazón y deje que sea
su guía en la vida. Creo firmemente que encontramos todas las respuestas que necesitamos para la vida en la Palabra de Dios.

Dios no es alguien que visitamos durante una hora el domingo
por la mañana, sino que es nuestra vida. Lo necesitamos a cada
momento del día. Jesús es la Palabra, así que cuando permanecemos en la Palabra, permanecemos en Él.

Permanecer en la Palabra y permitir que la Palabra permanezca
en usted, añade poder a su vida. Añade poder a la oración, poder
sobre el enemigo y poder para seguir presionando hacia la voluntad
de Dios para su vida.

Tome una decisión hoy para comenzar a estudiar la Palabra de
Dios. Si dedica un poco de tiempo cada día, pronto descubrirá que
ha aprendido muchas cosas que le ayudan en su vida diaria.

Pensamiento del día

No intente incluir el tiempo con Dios en su agenda, pero
trabaje su agenda alrededor de Él y las cosas irán mucho
mejor.

Profundice en la Palabra de Dios: Mateo 4:4; Juan 8:31-32

Cómo enfrentar sus problemas

Los justos claman, y el Señor los oye; los libra de todas sus angustias. (Salmos 34:17)

Debido a que el mundo en el que vivimos está roto y lleno de pecado, enfrentaremos problemas mientras caminamos por la vida. Pero no se desanime; Jesús nos dio una gran promesa. Él dijo que cuando nos enfrentemos a problemas en la vida, que nos animemos porque Él ha vencido al mundo (Juan 16:33).

No tiene que enfocarse en su problema. Concéntrese en Jesús, ¡Él ha superado su problema!

La batalla ya ha sido ganada y todo lo que necesitamos hacer es dar pasos de fe y obediencia, dándonos cuenta de que cada paso nos está conduciendo cada vez más cerca de experimentar la victoria que ya es nuestra en Cristo. Cualquiera que sea el problema al que se enfrente hoy, adopte un nuevo enfoque: en lugar de comparar ese obstáculo con *su* capacidad, compare ese obstáculo con la capacidad de *Dios*.

Pensamiento del día

Su problema puede parecer más grande que usted, pero no es más grande que Dios.

Profundice en la Palabra de Dios: Salmos 57:2; Isaías 58:8

Libertad para ser tomada

Y conocerán la verdad, y la verdad los hará libres. (*Juan 8:32*)

Juan 8:32 dice que cuando conocemos la Palabra de Dios y la seguimos, nos hará libres. Puede que haya cosas de las que quiere ser
libre, pero también hay cosas de las que puede ser libre de hacer.

En Cristo, somos libres de salir con confianza y probar algo
nuevo. Cometer errores es a menudo la forma en que aprendemos,
así que no tenga miedo de intentarlo.

En Cristo, es también libre de disfrutar la vida, de disfrutar de
Dios y de disfrutar de usted mismo. Jesús no murió por nosotros
para que nos sintiéramos miserables, sino que vino para que pudiéramos tener vida y disfrutarla (ver Juan 10:10).

Pensamiento del día

*No tiene que vivir en la esclavitud del miedo, la duda o
la inseguridad. Es un hijo de Dios redimido, perdonado y
con poder. Viva hoy con la confianza y la seguridad en ese
amor que Dios tiene por usted; ¡es libre!*

Profundice en la Palabra de Dios: Gálatas 5:1; 2 Corintios 3:17

Conocerlo mejor

Pero, si desde allí buscas al Señor tu Dios con todo tu corazón
y con toda tu alma, lo encontrarás. (Deuteronomio 4:29)

Se requiere determinación si queremos algo bueno en la vida…
incluyendo una relación más profunda con Dios.

El apóstol Pablo no quería simplemente conocer *acerca* de Dios;
estaba decidido a conocerlo personalmente (ver Filipenses 3:10).
Quería tener una relación íntima y personal con Él. Esto está disponible para cualquiera que lo desee y esté dispuesto a buscar a
Dios de todo corazón.

Hay mucho más que aprender acerca de cuán asombroso es
Dios, y conoceremos más a medida que lo busquemos más. Mientras hacemos nuestro viaje en la vida con Él, encontramos que Él
está con nosotros en todo tipo de situaciones. Nunca nos deja o
nos abandona. Y cuando hemos experimentado el poder de Dios en
nuestras vidas, se hace más fácil confiar en Él la próxima vez que
tenemos una necesidad.

Pensamiento del día

No se conforme con saber sobre Dios, determínese a cono-
cerlo personal e íntimamente.

Profundice en la Palabra de Dios: Salmos 46:10; Efesios 3:17-19

Miserable o poderoso

Cuando Jesús lo vio allí, tirado en el suelo, y se enteró de que ya tenía mucho tiempo de estar así, le preguntó: ¿Quieres quedar sano?...Levántate, recoge tu camilla y anda, le contestó Jesús. (Juan 5:6, 8)

Durante muchos años, cedí a la autocompasión. "¿Por qué yo, Dios?" era la pregunta que dominaba mis pensamientos y determinaba mi perspectiva. Sentí que se me debía algo por la forma en que me habían maltratado de niña, pero en lugar de buscar la ayuda de Dios, estaba atrapada sintiendo lástima de mí misma.

¿No es interesante que cuando Jesús se encontró con el hombre que había estado acostado junto al estanque de Betesda durante treinta y ocho años esperando un milagro, le preguntó si realmente quería ser sanado? A mucha gente le gustaría un milagro, pero como el hombre de nuestra historia, no están dispuestos a renunciar a su culpa y autocompasión.

Dios quiere darnos belleza en lugar de cenizas, pero es esencial que estemos dispuestos a soltarlas. Eso significa que debemos renunciar a la autocompasión, a la culpa y a las actitudes amargas. El día de hoy puede ser un nuevo comienzo para usted si está dispuesto a dejar ir el pasado y confiar en Dios para restaurar completamente su vida.

Pensamiento del día

Usted puede ser miserable o poderoso...pero no puede ser ambas cosas.

Profundice en la Palabra de Dios: Isaías 61:1-3; Efesios 6:10

Abandone la amargura

Abandonen toda amargura, ira y enojo, gritos y calumnias, y toda forma de malicia. (Efesios 4:31)

La amargura no resuelta es un ancla que no solo le retiene, sino que le arrastra hacia abajo. Hace que se quede en el pasado, reviviendo el dolor que experimentó cada día, alejándole cada vez más de Dios. Cuanto más tiempo se aferre al abuso, la traición, el rechazo o la injustica del pasado, más lejos estará de su destino.

El perdón es una elección. No sucede accidentalmente. Debe decidir que va a resistir los intentos del diablo de mantenerle viviendo en el dolor del pasado y luego depender del poder del Espíritu Santo para ayudarle a ser obediente a la Palabra de Dios. Cuando toma la decisión de dejar la amargura y perdonar, ¡es como despertar a una nueva vida!

Pensamiento del día

Se sorprenderá de lo mucho mejor que se sentirá: física, emocional y espiritualmente, cuando elija dejar atrás la amargura y la falta de perdón.

Profundice en la Palabra de Dios: Hebreos 12:15; 2 Timoteo 2:24

El fruto del dominio propio

Como ciudad sin defensa y sin murallas es quien no sabe dominarse. (Proverbios 25:28)

La gente suele decir que no tienen dominio propio, pero si son cristianos, eso no es exacto. Dios nos ha dado el poder y la capacidad para controlar nuestros pensamientos, palabras y acciones. No debemos tratar de controlar a otras personas y no podemos controlar todas las circunstancias de nuestras vidas, pero podemos controlarnos a nosotros mismos.

El dominio propio es en realidad un fruto de la vida dirigida por el Espíritu (ver Gálatas 5:22-23). Si tiene una tendencia a querer controlar a las personas y circunstancias en su vida, pídale a Dios que le ayude a controlarse a usted mismo en su lugar. Cuanto más ejercitemos el dominio propio, más fácil será hacerlo.

Cuando una circunstancia es desagradable o incluso manifiestamente dolorosa, ejerza el dominio propio. Ore inmediatamente pidiéndole a Dios que le ayude a controlarse y a tener una respuesta piadosa a la situación en lugar de una emocional.

Pensamiento del día

Aunque no siempre podemos controlar cómo nos sentimos, podemos controlar cómo nos comportamos.

Profundice en la Palabra de Dios: 2 Pedro 1:5-7; Eclesiastés 7:9

¿Qué espera?

Volveos a la fortaleza, oh prisioneros de esperanza; hoy también os anuncio que os restauraré el doble. (Zacarías 9:12 RVR1960)

¿Qué espera hoy? ¿Qué espera en la vida? ¿Está buscando que algo bueno suceda o espera que le decepcionen?

Mucha gente se siente desesperanzada estos días. Sin embargo, Jesús no murió para que nosotros no tengamos esperanza. Murió para que pudiéramos estar llenos de esperanza.

El diablo quiere robarle su esperanza y le mentirá para hacerlo. Le dirá que no puede pasar nada bueno en su vida o que las cosas que le importan no durarán. Pero manténgase lleno de esperanza y recuerde que el diablo es un mentiroso. La Palabra de Dios es la verdad y sus promesas traen esperanza.

Nuestro Padre es bueno y tiene buenos planes para usted. ¡Así que rehúse renunciar a la esperanza y en su lugar conviértase en prisionero de la esperanza! Empiece a esperar que Dios haga algo maravilloso en su vida.

Pensamiento del día

Si mantiene su esperanza, especialmente en medio de tiempos difíciles e inciertos, Dios le ha prometido el doble por sus problemas.

Profundice en la Palabra de Dios: Isaías 61:7; Proverbios 23:18

No más vergüenza

Por cuanto el Señor omnipotente me ayuda, no seré humi-
llado. Por eso endurecí mi rostro como el pedernal, y sé que
no seré avergonzado. (Isaías 50:7)

Una cosa es avergonzarse de algo que ha hecho mal, pero otra muy
distinta es avergonzarse de usted mismo. La vergüenza es en realidad mucho más profunda y más dañina que la culpa.

Si esto es un problema para usted, tengo noticias maravillosas: ¡Jesús se ha llevado el reproche del pecado (la culpa y la vergüenza)! Él lo soportó todo. Le ha declarado inocente y le ha hecho
una nueva creación en Él (ver 2 Corintios 5:17).

Cuando se siente condenado, no es Jesús quien le condena; es
el diablo, y debe resistirlo. Cuando tenga un ataque de culpa y vergüenza, recuerde quién es en Cristo. Le recomiendo que diga en
voz alta: "Dios me ama incondicionalmente y ha perdonado todos
mis pecados".

Pensamiento del día

Dios quiere que se ame y se acepte a usted mismo.

Profundice en la Palabra de Dios: Romanos 8:1-2; Salmos 119:6

No hay presión para ser perfecto

Nos hizo aceptos en el Amado. (*Efesios 1:6* RVR1960)

A medida que salimos para ser todo lo que podemos ser en Cristo, cometeremos algunos errores, todos los hacen. Pero nos quita la presión cuando nos damos cuenta de que Dios no espera que seamos perfectos, aunque está encantado cuando ese es nuestro deseo. Haga lo mejor cada día, pero no viva bajo la presión de esperar que haga todo perfectamente. Si pudiéramos ser perfectos, entonces no necesitaríamos un Salvador.

El mundo puede exigir la perfección antes de aceptarnos, pero eso no es lo que Dios exige. Podemos asumir fácilmente que Dios es como el mundo es, pero no lo es. El mundo le valorará de acuerdo a su desempeño, pero Dios le valora porque usted cree en su amado Hijo Jesucristo.

Pensamiento del día

Dios sabía cada error que cometería incluso antes de que naciera y le ama de todas formas.

Profundice en la Palabra de Dios: Efesios 2:8; Tito 2:11

Un paso hacia Dios

Acercaos a Dios, y él se acercará a vosotros. (Santiago 4:8)

La Biblia nos muestra que Dios dio los primeros pasos hacia nosotros, pasos para construir una relación con sus hijos. Cuando estábamos lejos de Él, perdidos en nuestro propio pecado, Dios envió a Jesús (ver Romanos 5:8). Al descender del cielo, caminar perfectamente en esta tierra e ir voluntariamente a la cruz, Jesús nos dio lo que nunca pudimos ganar con nuestro propio esfuerzo: el perdón total del pecado, la redención completa, la oportunidad de experimentar una relación personal con Dios y una promesa de vida eterna.

Y ahora, a través del precioso regalo de la salvación, la Biblia nos muestra que cada vez que nos acercamos a Dios, Él se acerca a nosotros otra vez. Y sus pasos son mucho más grandes que los nuestros.

En su momento de quietud con Dios, cuando le da su amor imperfecto y defectuoso, reciba a cambio su amor incondicional y perfecto. Cuando tiene una fe tan pequeña como un grano de mostaza, Dios mueve las montañas en su vida. Cuando deposita sus cargas en Dios, Él le da la paz que sobrepasa el entendimiento. ¡Solo dé un paso de fe y vea lo que Dios hará!

Pensamiento del día

Puede confiar en que Dios se acerque a usted con cada paso de fe que dé hacia Él.

Profundice en la Palabra de Dios: Salmos 73:28; Hebreos 7:25

Mostrar el amor verdadero

—Maestro, ¿cuál es el mandamiento más importante de la ley?—"Ama al Señor tu Dios con todo tu corazón, con todo tu ser y con toda tu mente",—le respondió Jesús—. Este es el primero y el más importante de los mandamientos. El segundo se parece a este: "Ama a tu prójimo como a ti mismo". (Mateo 22:36-39)

Mientras que cada mandato de Dios es grande e importante, Jesús dijo que el más grande y más importante de todos es que caminemos en el amor. Debemos amar a Dios y la gente como nos amamos a nosotros mismos. También dijo que es por este amor que el mundo sabrá que somos sus discípulos (ver Juan 13:35).

El amor no es solo una teoría o una enseñanza que le inspire; es real y práctico. El amor puede ser visto y sentido, y tiene el poder de hacer milagros para cambiar vidas.

Caminar en amor requerirá que tomemos decisiones diarias para vivir más allá de nuestras emociones. Puede que no siempre "tengamos deseos" de tomarnos el tiempo para ser amables con otra persona, pero cada vez que lo hacemos estamos caminando en amor. El amor no es un sentimiento que tenemos, sino una elección que hacemos sobre cómo tratar a la gente.

Pensamiento del día

Pídale a Dios que le muestre a quién puede ayudar hoy y Él le dará muchas oportunidades.

Profundice en la Palabra de Dios: 1 Corintios 13:4; Lucas 6:32

La diferencia entre la fe y la confianza

Estos confían en sus carros de guerra, aquellos confían en sus corceles, pero nosotros confiamos en el nombre del Señor nuestro Dios. (Salmos 20:7)

Las palabras *fe* y *confianza* se usan a menudo indistintamente, pero hay una diferencia. La fe es algo que tenemos, mientras que la confianza es algo que hacemos.

Dios nos da la fe. Su Palabra dice que a cada hombre se le da una medida de fe (ver Romanos 12:3), pero depende del individuo lo que haga con ella. La confianza es la fe en acción. Es la fe que ha sido liberada.

Si no lo ha hecho, tome la decisión de comenzar a poner su confianza en Dios en cada situación de su vida. En su momento con Dios hoy, háblele acerca de todas las cosas que le confía. Confíe en Dios para su futuro y confíe en Él para cualquier situación desafiante que enfrente hoy. Confíe en que Él obrará en usted y a través de usted para que su voluntad se cumpla.

Pensamiento del día

De todas las cosas en las que confiamos, Dios es la única fuente que es completamente fiable.

Profundice en la Palabra de Dios: Salmos 13:5; Proverbios 3:5

El poder de su deseo

Ámense los unos a los otros con amor fraternal, respetándose y honrándose mutuamente. Nunca dejen de ser diligentes; antes bien, sirvan al Señor con el fervor que da el Espíritu. Alégrense en la esperanza, muestren paciencia en el sufrimiento, perseveren en la oración. (Romanos 12:10-12)

Si es decido y diligente, no hay nada ni nadie que pueda impedirle de obedecer a Dios y vivir la vida que Él desea que viva. Tome la decisión de nunca rendirse y estar determinado a durar más que el diablo y, eventualmente, alcanzará sus metas.

No podemos hacer nada sin Dios, pero Él tampoco lo hace todo por nosotros mientras estemos pasivos e inactivos. Siempre he creído que, si hacemos lo que podemos hacer, Dios hará lo que no podemos hacer.

Su libre albedrío, energizado por Dios, es una de las fuerzas más fuertes de la tierra. A medida que colabore con Él, logrará grandes cosas.

Pensamiento del día

El tomar las decisiones correctas hoy le ayudará a disfrutar más el mañana.

Profundice en la Palabra de Dios: Proverbios 13:4; Filipenses 2:13

Cosas nuevas

¡Voy a hacer algo nuevo! Ya está sucediendo, ¿no se dan cuenta? Estoy abriendo un camino en el desierto, y ríos en lugares desolados. (Isaías 43:19)

Es importante recordar que Dios está de su lado cuando enfrenta nuevas situaciones, porque el enemigo siempre estará al acecho para tratar de evitar de que siga al Espíritu Santo. La meta de Satanás es hacer que tenga tanto miedo que decida no caminar hacia lo nuevo que Dios tiene para usted.

El miedo llamará nuestra atención a cada posible cosa negativa de una nueva situación y hará que ignoremos todas las cosas positivas. Para centrarse en lo positivo, es esencial que pase tiempo con Dios y mire la situación con los ojos de la fe.

No tenga miedo de salir y hacer algo nuevo. Tal vez no haya pasado por este camino antes, pero Dios está con usted, así que atraviese a través del miedo y la oposición, y rehúse rendirse.

Pensamiento del día

Las nuevas oportunidades y desafíos son una parte excitante de su futuro. No deje que el miedo le detenga.

Profundice en la Palabra de Dios: Deuteronomio 31:6; Salmos 27:1

El sueño de su corazón

La esperanza frustrada aflige al corazón; el deseo cumplido es un árbol de vida. (Proverbios 13:12)

Cuando Dios pone un sueño en su corazón, no tenga miedo de perseguirlo. Los sueños son diferentes a los planes. Los planes son oportunidades manejables, pero los sueños son a menudo demasiado grandes para ser manejados. Planifica montar un modelo de avión, pero sueña con volar.

Los sueños siempre requerirán fe porque son más grandes que nuestra propia habilidad para realizarlos. Por eso es que los sueños llenos de fe son tan importantes. Cuando tiene un gran sueño para Dios, se vuelve totalmente dependiente de Él para llevarlo a cabo.

Si hay un sueño en su corazón, sea diligente para buscar a Dios y obediente para dar pasos de fe para hacer cualquier cosa que Él le lleve a hacer. Tenga paciencia, porque los sueños comienzan como semillas en nuestro corazón y toman tiempo y cuidado diligente para cumplirse.

Pensamiento del día

Verá su sueño dado por Dios hacerse realidad en su momento si no se rinde.

Profundice en la Palabra de Dios: Salmos 20:4; Lucas 1:45

Consciente de sus bendiciones

Den gracias a Dios en toda situación, porque esta es su voluntad para ustedes en Cristo Jesús. (1 Tesalonicenses 5:18)

Dar gracias en todo significa estar consciente de las bendiciones comunes y cotidianas que Dios nos da: nuestra salud, nuestra libertad, un hogar en el que vivir, la familia y los amigos y muchas otras bendiciones que fácilmente podemos dar por sentadas.

También podemos dar gracias a Dios todo el tiempo por la gente que pone en nuestras vidas. Nos da gente para cuidarnos y apoyarnos, gente con quien compartimos risas, gente que nos desafía, gente para impartir sabiduría y gente con la que disfrutamos la vida.

Ser una persona agradecida añade tremendos beneficios a su vida. La gente disfruta estar cerca de alguien que es agradecido mucho más que con alguien que se queja todo el tiempo. Orar simples oraciones de agradecimiento a lo largo del día es una de las mejores cosas que puede hacer.

Pensamiento del día

Cuando pase tiempo con Dios, pídale lo que quiera y necesite, pero no olvide dar gracias a Dios por lo que tiene.

Profundice en la Palabra de Dios: Salmos 107:1; Filipenses 4:4

Ajuste sus velas

*Alégrense en la esperanza, muestren paciencia en el sufri-
miento, perseveren en la oración. (Romanos 12:12)*

El mundo está lleno de individuos desanimados y deprimidos que
podrían mejorar su situación simplemente eligiendo poner su esperanza en Dios.

Una vez que aprendemos el poder de la esperanza y lo practicamos, es un hábito difícil de romper. Así como la gente puede formar
hábitos de desanimarse cada vez que las cosas no salen bien, podemos aprender a animarnos nosotros mismos a través de la esperanza
y la creencia de que una bendición está a la vuelta de la esquina.

Lo que decimos y hacemos en momentos difíciles determina
cuánto tiempo durará la dificultad y cuán intensa será la misma.
No podemos controlar todo lo que nos pasa, pero podemos controlar cómo respondemos a estas cosas y escoger las palabras y
acciones correctas nos ayuda a hacerlo. Usted no puede controlar el
viento, pero puede ajustar las velas.

Pensamiento del día

*La esperanza le motivará a seguir adelante cuando las cir-
cunstancias le digan que se rinda.*

Profundice en la Palabra de Dios: Romanos 8:5; Salmos 37:5

Un trabajo bien hecho

Pues Dios no nos ha dado un espíritu de timidez, sino de poder, de amor y de dominio propio. (2 Timoteo 1:7)

¿Quiere ser feliz y exitoso en la vida? Si es así, la disciplina es una necesidad, y disciplinar sus emociones es especialmente importante.

Muchas de nuestras decisiones son buenas, pero si no las llevamos a cabo, no significan nada. Las emociones excitadas pueden ayudarnos a empezar en la dirección correcta, pero rara vez están ahí en la meta final. Cuando la emoción se disipa, podemos recurrir a la disciplina para ayudarnos a alcanzar nuestros objetivos.

La gente a menudo se queja cuando escucha la palabra *disciplina*, pero no es nuestro enemigo; es nuestra amiga. La capacidad de disciplinarnos y controlarnos es un don que Dios nos ha dado. Es específicamente para esos momentos de la vida cuando la emoción se ha desvanecido, pero necesitamos seguir adelante.

Pensamiento del día

¡La disciplina es su amiga, no su enemiga!

Profundice en la Palabra de Dios: 1 Corintios 9:27; Hebreos 12:11

Empiece bien su día

Muy de mañana me levanto a pedir ayuda; en tus palabras
he puesto mi esperanza. (Salmos 119:147)

¿Cómo empieza su día? ¿Sale de la cama a toda prisa y apenas llega a tiempo a la puerta? ¿Enciende la televisión? ¿Hace ejercicio? Cualquiera que sea su rutina matutina, la pregunta más importante que debe hacerse es: *¿qué papel juega Dios cuando empiezo mi día?*

Le animo a que pase un tiempo cada mañana centrándose en Dios y en su bondad para su vida. Piense en los peligros y las dificultades por las que le ha hecho atravesar, las formas en que le ha sanado y cambiado, y lo bueno que es saber que Él se preocupa por usted y escucha sus oraciones.

Pensamiento del día

Si hace de Dios su principal objetivo, Él añadirá todas las
demás cosas que necesite para el día.

Profundice en la Palabra de Dios: Salmos 145:2; Salmos 5:3

Tiene un amigo en Jesús

*Hay amigos que llevan a la ruina, y hay amigos más fieles
que un hermano. (Proverbios 18:24)*

La Biblia ofrece una gran esperanza a cualquier persona que haya
sido rechazada y se sienta indeseada. Jesús entiende ese dolor porque lo experimentó Él mismo.

Jesús entiende los sentimientos que vienen cuando la gente le
echa a un lado y le hace sentir desvalorizado. Tal vez por eso Jesús
usó el último versículo del libro de Mateo para decirle a sus discípulos: "Y les aseguro que estaré con ustedes siempre, hasta el fin
del mundo".

En sus últimos momentos en la tierra, Jesús quería que supiéramos que nunca estamos solos. Aunque otros nos rechacen o abandonen, Él nunca lo hará. Jesús está con nosotros en cada situación,
todos los días, pase lo que pase.

Pensamiento del día

*No debe temer el rechazo del hombre porque tiene un
amigo en Jesús.*

Profundice en la Palabra de Dios: Juan 15:13; Hebreos 4:15

Despertar con entusiasmo

Pues hemos recibido noticias de su fe en Cristo Jesús y del amor que tienen por todos los santos. (Colosenses 1:4)

La fe es apoyarse completamente en Dios con absoluta confianza en su poder, sabiduría y bondad. La fe cree lo que aún no puede ver. La fe cree con su corazón, no con sus ojos.

Puede elegir creer en su corazón que algo maravilloso está a punto de sucederle a usted y a sus seres queridos. Crea que el poder de Dios está en usted y que no tiene que temer nada, porque Él ha prometido estar con usted siempre.

Despierte cada mañana con un entusiasmo para ese día. Puede que no se despierte cada día con un entusiasmo especial, pero si decide creer y esperar cosas buenas, el entusiasmo comenzará a llenar su alma.

Pensamiento del día

La creencia de que todas las cosas son posibles con Dios alimenta el entusiasmo por la vida.

Profundice en la Palabra de Dios: Efesios 5:14; Romanos 13:11

Vivir en paz

La paz les dejo; mi paz les doy. Yo no se la doy a uste-
des como la da el mundo. No se angustien ni se acobarden.
(Juan 14:27)

Debemos negarnos a vivir nuestras vidas tratando de entender
todo, todo el tiempo. He aprendido esto de primera mano. En los
primeros años de mi ministerio, me frustraba constantemente porque trataba de entenderlo todo. Pensé que *tenía* que saber cómo
iban a funcionar las cosas. Me preocupaba, razonaba y me pregun-
taba todo el día, cada día, y era inútil.

Mi esposo, Dave, encontró fácil confiar en Dios. Él simplemente
ponía sus cargas y decía que Dios se ocuparía de ello. Dave disfru-
taba su vida mientras esperaba pacientemente en Dios ¡Qué gran
ejemplo fue para mí!

Podemos elegir vivir en paz. No tenemos que permitirnos ser
agitados y perturbados. ¿No son buenas noticias? Lo que sea que
esté esperando hoy, use su momento de quietud con Dios para elegir
la paz. Dios va a llevar a cabo su perfecto plan en su vida. Relájese
y disfrute del viaje.

Pensamiento del día

No pierda la paz preocupándose por cosas que no puede
cambiar y tratando de hacer que sucedan cosas que solo
Dios puede hacer que sucedan.

Profundice en la Palabra de Dios: Lucas 12:22-23; Filipenses 4:6-7

¿Está dispuesto a cambiar?

*Les daré un nuevo corazón, y les infundiré un espíritu
nuevo; les quitaré ese corazón de piedra que ahora tienen,
y les pondré un corazón de carne. (Ezequiel 36:26)*

Una de las cosas más fáciles para la gente hacer es encontrar fallas
en los demás, pero también es una de las más tristes. Todos tenemos defectos y, sin embargo, parece que, en nuestra búsqueda de
cambiar a otras personas, nos volvemos ciegos a las cosas en nosotros mismos que necesitan cambiar.

Solo Dios puede cambiar verdadera y efectivamente a alguien,
porque el cambio es algo que debe hacerse de adentro hacia afuera.
Nuestros corazones deben cambiar para que nuestro comportamiento cambie de verdad, y solo Dios puede darnos un corazón
nuevo.

Cuando recibimos a Jesús como nuestro Salvador, Dios pone su
corazón y su Espíritu en nosotros. Nos quita el corazón duro y de
piedra y nos hace sensible a su voluntad y toque. Si alguien que
conoce le está frustrando, pídale a Dios que le permita verlo como
Él lo hace, y le ayudará a ser paciente con él. En lugar de criticar a
los demás, deje que Dios le cambie, y sea un buen ejemplo para los
que le rodean que también necesiten cambiar.

Pensamiento del día

*Sea tan paciente con los demás como quiere que lo sean
con usted.*

Profundice en la Palabra de Dios: Juan 3:3; Mateo 18:3

Para poder dar, debe recibir

Lo que ustedes recibieron gratis, denlo gratuitamente.
(Mateo 10:8)

En nuestra sociedad hoy, encontramos muy pocas personas que son capaces de dar gratuitamente. Tal vez la escritura anterior arroja luz sobre el porqué. Si nunca aprendemos a recibir gratuitamente de Jesús, nunca aprenderemos a dar gratuitamente a los demás.

El diablo trata de engañarnos para que creamos que debemos ganar o pagar por todo. De alguna manera estamos convencidos de que debemos luchar y esforzarnos para conseguir lo que queremos de Dios. Sin embargo, Jesús dijo: "Vengan a mí todos ustedes que están cansados y agobiados, y yo les daré descanso" (Mateo 11:28).

"Vengan a mí" es una invitación reconfortante. No está llena de sonidos de lucha y esfuerzo. Reciba misericordia y podrá ser misericordioso y recibir el amor de Dios, y entonces podrá amar a los demás.

Pensamiento del día

Pase tiempo regularmente en la presencia de Dios y reciba su perdón, amor y misericordia.

Profundice en la Palabra de Dios: Tito 3:5; Romanos 3:23-24

Hacer lo mejor posible

Para que disciernan lo que es mejor, y sean puros e irreprochables para el día de Cristo. (Filipenses 1:10)

Dios es excelente. Como sus representantes, debemos esforzarnos para ser excelentes también. Es importante que hagamos lo mejor posible en todo lo que ponemos las manos para hacer. Siempre hacer más que suficiente en lugar de hacer apenas lo suficiente.

Tres maneras de practicar la excelencia son: mantenga su palabra y haga siempre lo que dice a la gente que hará, termine lo que empieza, y siempre sea honesto y veraz.

Pablo nos insta a aprender a valorar lo que es excelente y de verdadero valor. Al hacer de la excelencia una forma de vida, tendremos el gozo de Dios y seremos buenos ejemplos para el mundo.

Pensamiento del día

La excelencia no es la perfección, es simplemente hacer lo mejor que se pueda.

Profundice en la Palabra de Dios: 2 Timoteo 2:15; 2 Corintios 5:20

Dios promete cuidarle

Temer a los hombres resulta una trampa, pero el que con-
fía en el Señor sale bien librado. (Proverbios 29:25)

Dios es bueno y siempre tiene nuestros mejores intereses en mente.
Promete cuidarnos si confiamos en que lo hará. Verá las promesas
de Dios cumplidas en su vida cuando salga en obediencia a seguir
su plan para usted.

En su momento de quietud con Dios, crea en su corazón y confiese
con su boca que confía en que Dios le cuidará y que no temerá lo que
el hombre pueda hacerle. Puede *sentir* miedo a veces, pero no tiene
que dejar que el sentimiento controle sus acciones y decisiones. Sienta
el miedo y haga lo que sabe que debe hacer de todos modos.

No deje que el hombre sea grande ante sus ojos y vea a Dios
pequeño. Dios es más grande que todos los hombres juntos millones de veces. Él creó todo lo que vemos en este universo con una
palabra; de seguro que puede cuidar de usted.

Pensamiento del día

Dios está de su parte y si está a favor suyo, no importa
quién o qué esté en su contra.

Profundice en la Palabra de Dios: Isaías 41:13; 1 Juan 4:18

Compartir su fe

"Vengan, síganme, les dijo Jesús, y los haré pescadores de hombres". (Mateo 4:19)

Cuando busque contarles a otros su relación con Dios, aprenda a dejar que Él le ponga en el lugar correcto, en el momento adecuado y le abra la puerta para compartir su fe. A veces esa puerta se abre muy rápidamente y en otras ocasiones puede pasar mucho tiempo antes de que llegue la oportunidad adecuada para hablar con ellos.

Mientras espera el momento adecuado para una conversación, la forma en que vive su vida puede ser un testimonio efectivo del amor y la gracia de Dios. Eventualmente la gente se vuelve curiosa o tiene una necesidad en sus vidas que les provoca a estar dispuestos a hablar con usted. Una vez que sus corazones están abiertos y han sido preparados por Dios, el resto es fácil.

Ore para que Dios le dé la oportunidad y, cuando la puerta se abra, entre audazmente, compartiendo todas las cosas maravillosas que Dios ha hecho en su vida.

Pensamiento del día

¡Deje que la gente vea a Jesús a través de usted!

Profundice en la Palabra de Dios: Mateo 28:19; Hechos 1:8

Su actitud determina su altitud

*Dios te escogió a ti y no a tus compañeros, ¡tu Dios te ungió
con perfume de alegría! (Salmos 45:7)*

Una cosa es tener una meta, pero para ver que esa meta se haga realidad, hay pasos de acción acompañantes que debe tomar. Y uno de
esos pasos es tener la actitud correcta.

Estoy segura de que ha escuchado la frase: *¡Su actitud determina su altitud!* Bueno, esta expresión es popular por una razón:
¡es absolutamente cien por ciento correcta! Nunca será una persona
segura, exitosa y feliz con una actitud dudosa, derrotada y amargada.

El primer paso a tomar para realizar cualquier objetivo es ajustar su actitud. En lugar de pensar: *no puedo*, elija pensar: *¡puedo
hacer todas las cosas a través de Cristo!* (ver Filipenses 4:13).

Pensamiento del día

Cuando esté tentado a pensar: esto es muy difícil, *solo
recuerde que su actitud determina su altitud.*

Profundice en la Palabra de Dios: Romanos 15:5; Proverbios 15:13

No tiene que esperar al "cuando"

Este es el día en que el Señor actuó; regocijémonos y alegrémonos en él. (Salmos 118:24)

Mucha gente tiene la mentalidad de que ellos serán verdaderamente felices y disfrutarán la vida *cuando* se vayan de vacaciones, *cuando* los niños crezcan, *cuando* suban la escalera del éxito en el trabajo, *cuando* se casen... La lista sigue y sigue. Pero ahora puede disfrutar su vida con Dios.

- Puede que tenga un día difícil, pero no espere hasta mañana para encontrar algo de gozo. Busque algo bueno en cada día.
- Puede tener un niño de dos años que le haga sentir que quiere huir y esconderse, pero intente sentar cabeza y disfrutar de esta etapa de su vida, porque solo sucederá una vez.

Puede disfrutar e incluso amar su vida. No tiene que esperar al "cuando"; puede hacerlo hoy.

Pensamiento del día

Nunca recuperará este día, así que asegúrese de disfrutarlo ahora.

Profundice en la Palabra de Dios: Hebreos 6:11-12; Proverbios 19:15

Fortalézcase y anímese
usted mismo

Mas David se fortaleció en Jehová su Dios. (1 Samuel 30:6
RVR1960)

Si ha tratado con el desánimo en su vida, sabe que puede robarle
el entusiasmo y el gozo. Nos hace creer que fracasaremos antes de
haber intentado tener éxito.

En la Palabra de Dios, vemos que David trató con el desánimo,
pero no dejó que ese sentimiento controlara su vida. Se enfrentó al
desánimo, negándose a ser cautivo de él. *Se fortaleció en el Señor.*

Usted puede hacer lo mismo. Ya no tiene que vivir cautivo de
los sentimientos de desánimo. La próxima vez que empiece a sentir
desesperación o desánimo, dígase a usted mismo: *Me niego a vivir en
el desánimo. Dios es bueno y quiere que disfrute mi vida. ¡Voy a esperar en Dios y a esperar que algo bueno suceda en cualquier momento!*

Pensamiento del día

Anime a alguien hoy y confíe en Dios para que le fortalezca.

Profundice en la Palabra de Dios: Isaías 40:29; Salmos 62:2

La adoración es poderosa

Vengan, postrémonos reverentes, doblemos la rodilla ante el Señor nuestro Hacedor. (Salmos 95:6)

La adoración es una parte importante de su momento de quietud con Dios. A veces, cuando estamos pasando por algo difícil, el estrés y la frustración tratan de impedir que adoremos a Dios. Es fácil preocuparnos tanto por nuestros problemas que olvidamos las promesas de Dios.

Pero cuando recordamos la bondad, la misericordia y la fidelidad de Dios, es fácil adorarlo. Mientras pasa tiempo con Dios, asegúrese de tener comunión con *Él*, no con sus problemas.

Recuerde, Dios es bueno incluso cuando nuestras circunstancias no lo son. Adorar a Dios nos ayuda a ganar nuestras batallas. Satanás no tiene miedo de nuestra preocupación, pero tiene miedo de nuestra adoración.

Pensamiento del día

A lo largo del día, en medio de todo lo que tiene que hacer, haga una breve pausa y simplemente susurre: "¡Señor, te amo!".

Profundice en la Palabra de Dios: Lucas 4:8; Salmos 96:9

Deje que Dios haga el trabajo pesado

Yo soy la vid y ustedes son las ramas. El que permanece en mí, como yo en él, dará mucho fruto; separados de mí no pueden ustedes hacer nada. (Juan 15:5)

Un amigo mío se lastimó la espalda recientemente, y ahora está usando sabiduría y pidiendo ayuda cuando tiene algo pesado que levantar. Muy a menudo tratamos de arreglar las cosas nosotros mismos y no le pedimos a Dios que nos ayude a hacer el trabajo pesado. Jesús dijo en Juan 15:5: "Aparte de mí…nada podéis hacer".

Podemos intentar ser autosuficientes, pero necesitamos dejar que Dios nos dé la gracia y la capacidad de hacer lo que necesitamos hacer. La fuerza de voluntad y la determinación solo pueden llevarnos hasta cierto punto; no durarán para siempre y podemos evitar muchos fracasos si pedimos ayuda.

No estamos destinados a funcionar separados de Dios. Con Él, podemos hacer cualquier cosa que necesitemos hacer. Sea lo suficientemente humilde para pedir la ayuda de Dios en lugar de intentar hacerlo todo por su cuenta.

Pensamiento del día

"¡Ayúdame Dios!" es una de las oraciones más poderosas que puede orar.

Profundice en la Palabra de Dios: Salmos 50:15; Hebreos 13:6

Hable palabras positivas

*Panal de miel son las palabras amables: endulzan la vida y
dan salud al cuerpo. (Proverbios 16:24)*

Las palabras que usamos cuando hablamos con y sobre los demás
nos afectan tanto como a ellos. En realidad, podemos animarnos a
nosotros mismos animando a los demás. Las palabras son semillas
que sembramos y lo que sembramos siempre trae una cosecha a su
debido tiempo.

Las palabras agradables traen sanidad a un corazón herido y
esperanza a aquellos que no tienen esperanza. Las palabras son
más poderosas de lo que podríamos pensar, y hoy es un buen día
para comprometerse a decir palabras positivas y llenas de vida.

Pensamiento del día

*Deje que Dios use sus palabras hoy para hacer una dife-
rencia en la vida de los demás.*

Profundice en la Palabra de Dios: Salmos 34:13; Proverbios 18:21

Su singularidad

Te alabaré; porque formidables, maravillosas son tus obras; estoy maravillado, y mi alma lo sabe muy bien. (Salmos 139:14 RVR1960)

Nada bueno viene de compararse con alguien más tratando de imitar, competir o superar a los demás. Cuanto más compare su vida con la de los demás a su alrededor, menos disfrutará de la vida que Dios le ha dado.

Dios no le creó para ser como otra persona. Le creó para que fuera único y especial; así que, ¿por qué intenta ser otra cosa que no es?

Está hecho a mano, de manera formidable y maravillosa. Dios le ha calificado de forma especial y única para hacer algo que nadie más puede hacer. Manténgase animado. Dios tiene algo especial planeado para su futuro. Resista la tentación de compararse con otras personas. Confíe en Dios y permítale que le use de maneras que son únicas en usted.

Pensamiento del día

Las cosas en su vida que le hacen diferente no son obstáculos, sino activos.

Profundice en la Palabra de Dios: Jeremías 1:5; Isaías 64:8

La felicidad es una elección

¡Dichosos todos los que en él esperan! (Isaías 30:18)

He descubierto que el gozo, incluso la felicidad, es una elección. Podemos tomar una decisión en nuestro diario momento de quietud con Dios de disfrutar de nuestras vidas sin importar el entorno que nos rodea.

No tiene que dejar que los problemas o desafíos tenga la última palabra. Cuando la situación parece sombría, cuando el ritmo frenético de la vida parece agotador, todavía puede decir: "Elijo disfrutar de mi día. Es un día que me ha dado y me niego a desperdiciarlo siendo infeliz".

Puede que no parezca natural al principio, pero no se rinda. Siga eligiendo el gozo y la felicidad hasta que se conviertan en una segunda naturaleza. Eventualmente, las luchas diarias y las presiones de la vida no preocuparán más a su mente. Finalmente podrá disfrutar de la vida que Jesús vino a darle.

Pensamiento del día

Paz y felicidad no ocurren por accidente. Estas son decisiones que tiene que tomar cada día.

Profundice en la Palabra de Dios: Salmos 84:12; Proverbios 3:13

Su valor se encuentra en Cristo

Me sacó de la fosa de la muerte, del lodo y del pantano;
puso mis pies sobre una roca, y me plantó en terreno firme.
(Salmos 40:2)

Cuando nuestra seguridad se encuentra en Cristo y ya no sentimos que tenemos que actuar para tener valor, nos liberamos del miedo. Mientras tengamos miedos arraigados acerca de nosotros mismos y de nuestro valor, tendremos miedo en muchas otras áreas de la vida.

Saber quiénes somos en Cristo y aceptarnos y amarnos a nosotros mismos porque Dios nos acepta y nos ama son las claves para vivir victoriosamente sobre esos miedos.

Con Jesús, podemos hacer todas las cosas: somos fuertes en Él, aceptados en Él, hechos justos con Dios a través de Él, justificados en Él y perdonados a través de Él. Se siente bien no sentirse presionado para impresionar a nadie; así que, recuerde que su valor está en Cristo, no en lo que los demás piensen de usted.

Pensamiento del día

El amor incondicional de Dios es la cura para aquellos que
están inseguros.

Profundice en la Palabra de Dios: 1 Corintios 6:11; Juan 3:16

La oración por los demás

Así que recomiendo, ante todo, que se hagan plegarias, oraciones, súplicas y acciones de gracias por todos.
(1 Timoteo 2:1)

Así como nuestras relaciones son una parte importante de nuestra vida social, deberían ser igual o más importantes en nuestra vida de oración. Cuando oramos por la gente que nos rodea, estas son oraciones de intercesión.

Muchas personas no saben cómo orar, ni tienen a nadie en sus vidas que esté orando por ellos. Podemos ser una bendición secreta para multitudes de personas simplemente orando por ellos. Si tienen una necesidad, pídale a Dios que la satisfaga; si están enfermos, pídale a Dios que los sane; y si necesitan tomar una decisión, pídale a Dios que los guíe.

Le animo a usar parte de su momento de quietud con Dios para orar por otras personas. Dios puede usarlo a usted y a su fe para cambiar vidas si deja que el Espíritu Santo los guíe.

Pensamiento del día

Orar por alguien más es uno de los regalos más grande que puede darle a esa persona.

Profundice en la Palabra de Dios: Hebreos 13:18; Santiago 5:13-18

Aumente sus expectativas

Pon tu esperanza en el Señor; ten valor, cobra ánimo; ¡pon tu esperanza en el Señor! (Salmos 27:14)

Decimos que una mujer embarazada está esperando. Por eso empieza a hacer planes. Ella actúa según sus expectativas: compra ropa y botellas, monta la cuna y prepara el cuarto del bebé.

Podemos ser personas de fe que están esperando. Podemos levantarnos por la mañana haciendo planes para que Dios haga algo grande. Con la ayuda de Dios, podemos pensar: *Hoy puede ser el día. Este es el día que el Señor ha hecho, y algo grande me va a pasar.*

Incluso si Dios no hace exactamente lo que está pidiendo, intente ampliar su visión. Tal vez esté pidiendo una cosa, pero Dios tiene algo mejor en mente. No pida solo el bien; crea y espere algo *grande*.

Pensamiento del día

Dios es bueno y espero que me ayude hoy con todo lo que tengo que hacer.

Profundice en la Palabra de Dios: Miqueas 7:7; Oseas 12:6

Una abundancia de bondad

Cuán grande es tu bondad, que atesoras para los que te temen, y que a la vista de la gente derramas sobre los que en ti se refugian. (Salmos 31:19)

Servimos a un buen Dios y Él desea inundar su vida con cosas buenas. Si pasa cada día preocupándose acerca de cómo se va a pagar una cuenta, temiendo no conseguir el ascenso en el trabajo o amargado por lo que alguien dijo a sus espaldas, no está viviendo como un niño que entiende lo bueno que realmente es Dios.

La preocupación, el miedo y la amargura son rasgos de carácter del viejo usted. El nuevo puede confiar, ser seguro y perdonar porque cree que Dios puede tomar cualquiera cosa que le pase y trabajar para que obren para su bien. Él tiene cosas buenas reservadas para usted.

Abrace el nuevo usted; dese cuenta de que tiene una gran herencia en Dios y ponga sus esperanzas en lo que Dios le va a enseñar y cómo le va a proveer en cualquier situación.

Pensamiento del día

No se preocupe o tenga miedo de que no tenga suficiente; Dios va a proveer lo mejor para usted.

Profundice en la Palabra de Dios: Salmos 145:9; Salmos 34:8

Prisionero de esperanza

Volveos a la fortaleza, oh prisioneros de esperanza; hoy también os anuncio que os restauraré el doble. (Zacarías 9:12 RVR1960)

Amo la descripción "prisioneros de esperanza". Piénselo. Si usted es un prisionero de esperanza, no tiene otra opción: no puede ser negativo, no puede preocuparse y no puede estar desesperado.

Cuando los tiempos son difíciles, y cuando está tratando con una decepción, la esperanza que le rodea le hará levantarse en fe.

Todo lo que le rodea le dice que Dios puede abrir un camino y, cuando eso sucede, algo se agita en su espíritu. Se envalentona al creer y declarar: "Me están pasando cosas buenas a mí y a través de mí".

Amo la idea de tener tanta esperanza que podemos estar rodeados de nuestra esperanza en Dios. ¿Está listo para vivir su vida llena de esperanza y fe en las promesas de Dios?

Pensamiento del día

Si es firme en su esperanza, no puede perder porque Dios no puede perder. Ya que Dios está de su parte, la victoria es segura.

Profundice en la Palabra de Dios: Hechos 2:26; Salmos 25:5

Sembrar y cosechar

Cada uno cosecha lo que siembra. (Gálatas 6:7)

La Palabra de Dios nos dice claramente que cosecharemos lo que sembramos. Este principio aplica a cada área de nuestras vidas, incluyendo la manera que tratamos a los demás. Nuestras actitudes y palabras son semillas que sembramos cada día y que determinan el tipo de fruto o cosecha que tendremos en nuestras relaciones.

El diablo ama el mantenernos ocupados pensando egoístamente, sembrando palabras conflictivas en nuestras familias y pensando negativamente de los demás. Quiere que sembremos una mala semilla.

Déjeme preguntarle: ¿qué está sembrando hoy? Con la ayuda de Dios, tome la decisión de sembrar amor, perdón, bondad y paciencia en cada relación y situación. Descubrirá que al tratar a los demás como Dios quiere que lo haga, cosechará una vida llena de relaciones alentadoras y piadosas.

Pensamiento del día

En su momento de quietud con Dios, pídale que le muestre maneras prácticas de sembrar buenas semillas en sus relaciones hoy.

Profundice en la Palabra de Dios: 2 Corintios 9:6; Lucas 6:38

Hay que progresar en la oración

*Pero tú, cuando te pongas a orar, entra en tu cuarto, cierra
la puerta y ora a tu Padre, que está en lo secreto. Así tu
Padre, que ve lo que se hace en secreto, te recompensará.
(Mateo 6:6)*

La oración es progresiva y todos nos movemos de un nivel a otro.
Nadie domina la oración, porque no hay límite para la profundidad
de la relación que podemos tener con Dios. Sigue creciendo, sigue
profundizando y se hace cada vez más fuerte.

Nuestra capacidad para orar se desarrolla y mejora con el
tiempo. Nunca nos convertimos en expertos certificados en la oración y nunca dejamos de aprender a comunicarnos con Dios. Nuestras experiencias son cada vez más ricas y mejores.

Puede que no haya llegado a su destino final, pero puede agradecer a Dios que está en el camino que le llevará allí. Mientras esté
progresando, no importa si está gateando, caminando o corriendo.
¡Siga adelante!

Pensamiento del día

*En cada área de su relación con Dios, Él le permite comen-
zar donde quiera que esté y luego le ayuda a crecer.*

Profundice en la Palabra de Dios: Lucas 11:2-4; Marcos 11:25

Mejor de lo que cree

Fíjense en las aves del cielo: no siembran ni cosechan ni almacenan en graneros; sin embargo, el Padre celestial las alimenta. ¿No valen ustedes mucho más que ellas? (Mateo 6:26)

A menos que nos centremos intencionadamente en las bendiciones de Dios durante nuestro momento de quietud con Él, puede ser fácil dar por sentadas esas bendiciones. Le animo a que reflexione y empiece a considerar seriamente todas las maneras en que Dios le está ayudando, protegiendo y proveyendo.

¿Está respirando hoy? Si es así, es un receptor de la bondad de Dios. ¿Tiene una casa, un trabajo, familia y amigos? Si la respuesta es sí, entonces está experimentando las bendiciones de Dios. ¿Tiene comida para comer, agua limpia para beber y ropa para vestir? Si es así, ¡es bendecido!

Tal vez no tenga todas estas cosas, pero sí tiene algunas de ellas, y puede regocijarse con lo que tiene. Puedo asegurarle que no importa cuán difícil sean sus circunstancias en este momento, hay muchas cosas en su vida que son mejores de lo que usted puede haber pensado.

Pensamiento del día

Cuente sus bendiciones y agradezca a Dios por cada buen regalo en su vida.

Profundice en la Palabra de Dios: Santiago 1:17; 2 Corintios 9:8

No más excusas

Pero Zaqueo dijo resueltamente: "Mira, Señor: Ahora mismo voy a dar a los pobres la mitad de mis bienes y, si en algo he defraudado a alguien, le devolveré cuatro veces la cantidad que sea". (Lucas 19:8)

Para experimentar crecimiento espiritual y madurez, tenemos que dejar de poner excusas. Excusas para la mala actitud, excusas para un temperamento rápido, excusas para la falta de iniciativa, excusas para esa decisión de dejar de fumar; todo esto (y más) le impedirá experimentar una vida lleva de gozo y victoriosa en Cristo.

Si enfrenta sus problemas, reconoce sus errores, restituye lo que es posible y le pide a Dios que le ayude a hacer los cambios necesarios en su vida, le sorprenderá de lo mucho que disfrutará cada día.

No es fácil superar los miedos, las dudas y la disfunción para avanzar, pero no hay que dejar que las *razones* previas de su comportamiento se conviertan en las *excusas* actuales para continuar con ese comportamiento. Con la ayuda de Dios, puede elegir enfrentar sus problemas y superar su pasado en lugar de vivir en esclavitud con él.

Pensamiento de hoy

Puede vivir una vida llena de excusas o una vida llena de gozo, pero no puede vivir ambas.

Profundice en la Palabra de Dios: Éxodo 4:10-12; Jeremías 1:6-8

El poder de Dios se encarga del resto

Bástate mi gracia; porque mi poder se perfecciona en la debilidad. (2 Corintios 12:9 RVR1960)

Cuando Dios pone un sueño o una meta en su corazón, hay pasos que tendrá que dar para verlo hecho una realidad. Si tiene un sueño, hay trabajo que hacer. Tendrá que planificar. Habrá sacrificios que probablemente tendrá que hacer. Tendrá que perseverar en los días en los que todo lo que hay en usted quiere rendirse.

En otras palabras, cada vez que siga un sueño que Dios le ha dado, prepárese para hacer todo en su poder, todo lo que pueda hacer, para hacerlo una realidad.

Y aquí están las muy buenas noticias: cuando su poder parece ser insuficiente, el poder de Dios se encarga del resto. Si usted hace su parte, Dios siempre será fiel para hacer su parte. No renuncie al sueño que Dios le ha dado cuando se sienta débil o incapaz. Dios promete que su fuerza se perfeccionará en su debilidad.

Pensamiento del día

Usted nunca está solo. Dios está con usted, y es fiel para darle la fuerza que necesita.

Profundice en la Palabra de Dios: Mateo 19:26; Salmos 28:7

Vivir en la verdad

Más bien, al vivir la verdad con amor, creceremos hasta ser en todo como aquel que es la cabeza, es decir, Cristo. (Efesios 4:15)

No hay nada más poderoso que la verdad completa o "vivir de verdad". La verdad de la Palabra de Dios, la verdad de quien Dios dice que usted es, la verdad de la sanidad y la libertad, la verdad del perdón y la redención, ¡son verdades revolucionarias que cambian la vida!

Solo mire lo que la Palabra de Dios dice acerca de la verdad y cómo la verdad puede afectar su vida:

- "Y conocerán la verdad, y la verdad los hará libres" (Juan 8:32).
- "Yo soy el camino, la verdad y la vida, le contestó Jesús. Nadie llega al Padre sino por mí" (Juan 14:6).
- "El Señor está cerca de quienes lo invocan, de quienes lo invocan en verdad" Salmos 145:18).

En su momento de quietud con Dios, mientras estudia su Palabra, construya su vida sobre las verdades que encuentra allí. En Efesios 4:15, Pablo nos anima a que podemos vivir en el poder de la verdad de Dios, podemos "vivir de verdad". ¡Qué gran manera de vivir!

Pensamiento del día

Cuando aprende a encontrar la verdad en su identidad, sus relaciones y su camino con Dios, todo cambia para mejorar.

Profundice en la Palabra de Dios: Juan 16:13; Salmos 119:160

La oración y el estudio

Oren sin cesar. (1 Tesalonicenses 5:17)

Tu palabra es una lampara a mis pies; es una luz en mi sendero. (Salmos 119:105)

Orar es uno de los pasos más importantes que usted puede dar. Esta es una manera de participar activamente en la fe cada día. Agradezca a Dios por lo que está haciendo en su vida, búsquelo por su sabiduría y guía, y sea honesto con Él sobre sus dudas y preocupaciones. La oración no es el último recurso, la oración es la primera opción.

Junto con la oración, es esencial pasar tiempo cada día en la Palabra de Dios. Leer, estudiar y meditar las Escrituras le llena de fe y le da la fuerza necesaria para los desafíos del día. Este es un poderoso paso de acción que le impulsará a lo que Dios le está llamando a hacer.

Pensamiento del día

Pasar tiempo con Dios cada día en oración y estudiando su Palabra es lo mejor que puede hacer por usted, su familia y por todos aquellos con los que se encuentra cada día.

Profundice en la Palabra de Dios: Lucas 11:2-4; Hebreos 4:12

Dios tiene un maravilloso plan para su vida

Porque yo sé muy bien los planes que tengo para ustedes, afirma el Señor, planes de bienestar y no de calamidad, a fin de darles un futuro y una esperanza. (Jeremías 29:11)

La Palabra de Dios es muy clara: Dios tiene un plan maravilloso para su vida. Si somete su corazón a Él y le da permiso para hacer lo que desea en su vida, Él va a hacer algo asombroso.

Nunca le dejarán afuera, ni le dejarán atrás ni se olvidarán de usted. La obra de Dios siempre logra más de lo que imaginó y esta obra siempre ocurre en su momento perfecto.

Cuando se enfrente a un desafío u obstáculo, decida en su corazón que no se desanimará ni se dará por vencido. No permita que los problemas diarios a los que se enfrenta le hagan renunciar. ¡Sea un finalista en la vida! Mientras siga avanzando, verá que el gran plan de Dios para usted se cumple.

Pensamiento del día

Como hijo de Dios, la única manera de ser derrotado es si se rinde.

Profundice en la Palabra de Dios: Romanos 8:28; Proverbios 3:5-6

El espíritu de un vencedor

¿Qué diremos frente a esto? Si Dios está de nuestra parte,
¿quién puede estar en contra nuestra? (Romanos 8:31)

No importa por lo que pase en la vida, si tiene el espíritu de un vencedor y sabe realmente quién es en Cristo y cree verdaderamente
que Dios está de su lado, no tiene que ser intimidado o abrumado
por ninguna dificultad que pueda enfrentar.

Ya sea que esté tratando de pagar una montaña de deudas,
luchar contra una enfermedad, comenzar su propio negocio, o simplemente limpiar su casa, puede hacerlo con Dios de su lado.

Cuando se enfrente a un desafío, no diga: *simplemente no puedo*
hacer esto más. En cambio, tenga un espíritu de un vencedor y tenga
la audacia de decir: *Dios está a mi favor. ¡Él está de mi lado y puedo*
hacer todo a través de Cristo que me fortalece!

Pensamiento del día

Cuando recibió a Jesús como su Salvador, también recibió
el espíritu de un vencedor.

Profundice en la Palabra de Dios: Filipenses 4:13; 2 Corintios 12:9

De lo viejo a lo nuevo

Por lo tanto, si alguno está en Cristo, es una nueva creación.
¡Lo viejo ha pasado, ha llegado ya lo nuevo! (2 Corintios
5:17)

Asuntos como la inseguridad, la inferioridad, los remordimientos y el desánimo son cosas que puede enfrentar y derrotar a medida que avanza con Dios. Con la ayuda del Espíritu Santo usted puede cambiar estas mentalidades, pero se necesitarán algunas elecciones valientes y audaces de su parte.

Las viejas mentalidades son parte de lo "viejo" que el apóstol Pablo dice que ha "pasado". La buena noticia es que usted ya no tiene que permitir que estos obstáculos del pasado afecten su presente o futuro.

Recuerde, el plan de Dios para su vida no depende de sus circunstancias, sus dudas o incluso sus sentimientos; su plan es mucho más grande que estas cosas. Hágase de una actitud y forma de pensar completamente nuevas hoy (ver Efesios 4:23). Ese es el camino de la vieja a la nueva vida.

Pensamiento del día

Cada día con Cristo es una nueva oportunidad, una cuenta
nueva, un comienzo nuevo.

Profundice en la Palabra de Dios: Colosenses 1:13-14; Gálatas 5:16

Lleve un diario de gratitud

Alaba, alma mía, al Señor, y no olvides ninguno de sus beneficios. (Salmos 103:2)

Junto con la Palabra de Dios, algo en lo que puede meditar (enfocarse, concentrarse) es en preparar una lista de las cosas buenas que Dios ha hecho en su vida. Una gran manera de hacer esto es comenzar un diario de gratitud. Este es solo un diario que usa para documentar las bendiciones de Dios por las que está agradecido.

Muchas veces nos sentimos frustrados y miserables en el transcurso del día porque pensamos que todo va mal. Pero la verdad es que muchas cosas han ido *bien* y no nos dimos cuenta de ellas o ya las hemos olvidado.

Si toma una decisión consciente de buscar las cosas buenas cada día para ponerlas en su diario de gratitud, tendrá un día mucho mejor y cuando se sienta abatido, podrá leer su diario y recordar las cosas asombrosas que Dios ha hecho en su vida.

Pensamiento del día

Se sorprenderá lo mucho que tiene que agradecer una vez que comience a escribir sus bendiciones.

Profundice en la Palabra de Dios: Colosenses 2:6-7; Salmos 138:1

A salvo y seguro

No prevalecerá ninguna arma que se forje contra ti; toda lengua que te acuse será refutada.

Esta es la herencia de los siervos del Señor, la justicia que de mí procede, afirma el Señor. (Isaías 54:17)

Es la voluntad de Dios que sus hijos estén seguros y no vivan con miedo. Fuimos creados para sentirnos seguros, confiados y audaces; es parte de nuestro ADN espiritual como creyentes nacidos de nuevo en Cristo Jesús. Pero la clave para vivir una vida segura es saber quién es en Cristo, recibir realmente el amor de Dios por usted y basar su valor en lo que Dice que es, no en lo que hace.

Según Isaías 54:17, parte de nuestra herencia en Dios es la seguridad. Podemos estar a salvos y seguros sabiendo que el amor de Dios por nosotros es incondicional e incesante.

Recuerde siempre que usted es más que su trabajo, su nivel de educación o, incluso, sus talentos y habilidades. Es de Dios; le pertenece a Él y le ama incondicionalmente. Puede tener una vida de paz, gozo y verdadera seguridad porque Dios está de su lado.

Pensamiento del día

En su momento de quietud con Dios hoy, tome unos minutos para enfocarse en la maravillosa verdad de que Dios le ama, su amor es perfecto y es un regalo gratuito.

Profundice en la Palabra de Dios: Proverbios 18:10; Proverbios 30:5

Resista la tentación de renunciar

Cuando llegaron al lugar, les dijo: "Oren para que no caigan en tentación". (Lucas 22:40)

La tentación de renunciar es parte de ser humano, pero ceder es igual a renunciar. No evitamos la tentación quedándonos quietos y negándonos a tratar con ella o deseando que Dios la elimine. Mientras sigamos a Jesús, nuestro trabajo es resistir la tentación.

Le animo a reconocer la tentación de renunciar como una obra del enemigo y a comenzar a resistir cada atentación con todo lo que tiene. No deje que el diablo le atraiga a la pasividad o que espere a estar tres días en una depresión, desalentado y sin esperanza, antes de actuar. Resista al diablo desde el principio. Declare la guerra contra la tentación y tome la decisión de que nunca, nunca dejará de hacer lo que Dios le ha llamado a hacer.

Pensamiento del día

Si da al menos un paso cada día en la dirección que Dios le ha llamado, nunca será un derrotado.

Profundice en la Palabra de Dios: Romanos 5:3-4; 1 Corintios 16:13

Una oración de petición

Deléitate en el Señor, y él te concederá los deseos de tu corazón. (Salmos 37:4)

La petición se basa en un deseo. Creo que podemos desear algo antes de pedírselo a Dios. Dios pone los deseos correctos en nuestros corazones y tenemos que saber la diferencia entre los deseos de nuestra carne y los verdaderos deseos de nuestros corazones.

A veces, una oración no es contestada, porque nuestras oraciones están relacionadas con un deseo carnal y no están siendo realmente guiadas o inspiradas por el Espíritu Santo (ver Santiago 4:3).

Cuando Dios pone un deseo en nosotros, estamos respondiendo adecuadamente cuando oramos: "Dios, yo quiero eso"; y la Palabra de Dios dice que Dios nos dará los deseos de nuestros corazones si nos deleitamos en Él. En su momento de quietud con Dios, no dude en pedirle a Dios las esperanzas, los sueños y las metas que Él ha puesto en su corazón. Dios ama contestar esas oraciones.

Pensamiento del día

Pídale al Espíritu Santo que lo guíe mientras lleva sus necesidades y deseos ante Dios.

Profundice en la Palabra de Dios: Lucas 11:9; Mateo 21:22

Ser usado por Dios

Pero Dios escogió lo insensato del mundo para avergonzar a los sabios, y escogió lo débil del mundo para avergonzar a los poderosos. (1 Corintios 1:27)

¿A quién usa Dios? A menudo pensamos que es solo a los que tienen gran habilidad o popularidad, pero la Biblia dice que Dios escoge a lo improbable. Utiliza gente común y corriente como usted y yo.

En su momento de quietud con Dios, pregúntele cómo quiere usarle para cumplir sus propósitos en la tierra. Si está dispuesto, Dios puede y hará algo grande a través de usted.

Cada persona común puede ser usada poderosamente por Dios. Solo tiene que creer que Él puede usarle y ser lo suficientemente atrevido para abrazar los objetivos o la visión que Él pone en su corazón. Ha sido escogido por Dios para hacer grandes cosas. Acepte su llamado hoy.

Pensamiento del día

Dios no busca la habilidad, sino la disponibilidad.

Profundice en la Palabra de Dios: 2 Timoteo 2:1-3; Isaías 6:8

Esforzarse por alcanzar
la plenitud

Me has dado a conocer la senda de la vida; me llenarás
de alegría en tu presencia, y de dicha eterna a tu derecha.
(Salmos 16:11)

Es bueno estar contento. Es una cualidad divina, pero no queremos estar tan satisfechos como para no querer ver nunca un cambio. El mejor plan es ser feliz donde está mientras va de camino a
donde quiere llegar.

Incluso en nuestra relación con Dios, siempre deberíamos estar
hambrientos de conocer su Palabra más profundamente y de conocerlo más íntimamente.

No se conforme con una relación mediocre con Dios. Haga el
esfuerzo para que sea la mejor que pueda ser. Ser mediocre en cualquier área de la vida es estar a mitad de camino entre el éxito y
el fracaso, y no es el lugar que Dios ha ordenado para su pueblo.
¡Dios quiere que tenga la plenitud del gozo! Examine su vida y su
corazón para determinar honestamente si se esfuerza por tener su
mejor vida en Cristo.

Pensamiento del día

Hay una mina de oro escondida en cada vida, pero tene-
mos que cavar para llegar a ella.

Profundice en la Palabra de Dios: Lamentaciones 3:25:
   Proverbios 8:17

La esperanza le lleva a la acción

Que el Dios de la esperanza los llene de toda alegría y paz
a ustedes que creen en él, para que rebosen de esperanza
por el poder del Espíritu Santo. (Romanos 15:13)

La esperanza es emocionante porque tiene un papel que desempeñar. No tiene que sentarse a esperar que una respuesta caiga del cielo. Puede llevar sus esperanzas a Dios; pedirle sabiduría, guía y dirección; y entonces dar pasos reales y prácticos hacia su objetivo.

No importa lo difícil que parezca la tarea o las probabilidades que tenga en su contra; deje que la esperanza le impulse a la acción, un día a la vez.

Siempre puede mantener una actitud positiva y hablar palabras llenas de fe. Puede recordar otras victorias que ha tenido en su vida en el pasado y ser animado por ellas. La victoria requerirá determinación y disciplina, pero los resultados serán dinámicos.

Pensamiento del día

Dios ayudó a David a derrotar un gigante; Él puede hacer
lo mismo por usted.

Profundice en la Palabra de Dios: Salmos 119:166; 2 Corintios 1:10

La oración: su arma número uno

Y yo oré. (Nehemías 4:4 TLA)

En el libro de Nehemías vemos que él pasó por muchas dificultades mientras trabajaba para cumplir la tarea que Dios le había encomendado. Y en la Traducción de Lenguaje Actual de la Biblia de Nehemías 4:4, encontramos tres palabras que son de vital importancia para recordar cuando estemos tratando de resistir una tormenta: "Y yo oré".

Cuando se enfrentó a todos los ataques que vinieron contra él, la risa, la rabia, la ira, el juicio, la crítica, Nehemías simplemente fue a Dios en oración.

Este es un gran ejemplo a seguir. Ore cada vez que se sienta asustado o intimidado. Ore cuando se ofenda o cuando alguien hiera sus sentimientos. Ore después de ser juzgado o criticado injustamente. Si lo hace, esto evitaré que se sienta amargado o enojado y le ayudará a cumplir el plan de Dios para su vida.

Pensamiento del día

Cuando se enfrente a la oposición, pase su tiempo orando por la gente en lugar de luchar contra ella. Deje que Dios pelee sus batallas.

Profundice en la Palabra de Dios: Marcos 1:35; Hechos 7:59

Ser decisivo

Así que no pierdan la confianza, porque esta será grande-
mente recompensada. (Hebreos 10:35)

La indecisión es un estado miserable en el cual estar y ciertamente
no es fruto de una vida vivida confiadamente en Cristo. El apóstol
Santiago dijo que el hombre de doble ánimo es inestable en todos
sus caminos (ver Santiago 1:8).

Estar indeciso porque teme tomar las decisiones equivocadas
no le llevará a ninguna parte. ¿Cuánto tiempo cree que perdemos
cuando no podemos decidirnos? Con la ayuda de Dios, comience
a tomar decisiones sin cuestionarse a usted mismo o preocuparse
por las decisiones que tome. En su momento de quietud con Dios,
pídale sabiduría y confianza para que pueda avanzar con valentía.
No sea de doble ánimo o flojo, porque dudar de sus decisiones después de tomarlas, le robará el disfrute de todo lo que hace.

Pensamiento del día

Tome las mejores decisiones que pueda y confíe en Dios
con los resultados.

Profundice en la Palabra de Dios: Job 22:28: Zacarías 7:9

Simplemente crea

Porque me has visto, has creído, le dijo Jesús; dichosos los
que no han visto y sin embargo creen. (Juan 20:29)

Nuestra relación con Dios no es acerca de nuestro desempeño. No importa lo perfecto que intenta ser. Su desempeño no es lo que Dios desea. Algunas personas en una multitud le preguntaron a Jesús lo que necesitaban hacer para complacer a Dios, y la respuesta de Jesús fue: "Crean al que Él envió" (ver Juan 6:28-28).

Esto es tan simple que a menudo lo perdemos. Creemos que tenemos que desempeñarnos para poder complacer a Dios, pero la verdad es que Dios simplemente nos pide que creamos por fe.

Más que nada, Dios quiere que confiemos en Él y que creamos en su Palabra, creamos en sus promesas y creamos en su bondad y en su amor incondicional por nosotros. Jesús vino a la tierra por el gran amor del Padre; este es el fundamento de nuestra fe.

Pensamiento del día

Puede bajarse de la cinta de correr para tratar de ser per-
fecto, pese a que no puede comprar o ganar el amor de Dios
o su favor, ni siquiera con un desempeño perfecto.

Profundice en la Palabra de Dios: Marcos 5:36; Marcos 11:23

La voluntad del Padre

*Mi alimento es hacer la voluntad del que me envió y termi-
nar su obra, les dijo Jesús. (Juan 4:34)*

Jesús dijo que Él encontró satisfacción en hacer la voluntad de su
Padre y terminar su obra. Me pregunto cuánta gente en el mundo
está insatisfecha simplemente porque abandonaron sus sueños.

No debemos ser personas que se rinden o son fácilmente derro-
tados. Realmente creo que, si nos mantenemos cerca de Dios, podemos salir adelante a través de las cosas que se nos oponen.

Dios nos dio la gracia (poder del Espíritu Santo) para hacer
lo que sea necesario en la vida. No intente simplemente superar
las dificultades con la fuerza de su propia carne, sino aprenda a
depender completamente de Dios. Él da gracia a los que son lo suficientemente humildes para recibirla, pero si queremos intentarlo
por nuestra cuenta, Él esperará a que agotemos nuestros propios
esfuerzos.

Pensamiento del día

*La verdadera satisfacción en la vida se encuentra en bus-
car y cumplir la voluntad de Dios por su gracia.*

Profundice en la Palabra de Dios: Mateo 25:21; 2 Timoteo 4:7

El corazón del que finaliza

No nos cansemos de hacer el bien, porque a su debido tiempo cosecharemos si no nos damos por vencidos. (Gálatas 6:9)

Es importante que todos tengan el corazón de uno que termina lo que empieza, pero creo que es especialmente importante para los hijos de Dios. Después de todo, lo representamos y Él siempre termina lo que empieza.

¿Hay algo en su vida a lo que esté tentado a renunciar? Si lo hay, le pido que lo reconsidere. En su momento de quietud con Dios, ore y pregúntele si Él quiere que se rinda y, a menos que esté seguro de que lo hace, le recomiendo que siga adelante.

La única razón por la que deberíamos rendirnos es si nos damos cuenta en algún momento de que no estamos haciendo lo que Dios quiere que hagamos. No deje que el miedo a las circunstancias o el cansancio del pasar del tiempo lo hagan desistir. Puede que esté cansado de esperar, pero seguir adelante es mucho mejor que volver atrás.

Pensamiento del día

El corazón de uno que termina lo que empieza confía en Dios y sigue avanzando sin importar cuán difíciles se tornen las circunstancias.

Profundice en la Palabra de Dios: 1 Corintios 9:24; Santiago 1:12

Descanso para su alma

Vengan a mí todos ustedes que están cansados y agobiados,
y yo les daré descanso. (Mateo 11:28)

Tenemos una profunda necesidad y deseo de entrar en lo que la Escritura llama *el descanso de Dios*. Esto es más que un simple descanso físico; es también un descanso espiritual, mental y emocional. Jesús dijo que, si venimos a Él, nos dará descanso para nuestras almas. Y el apóstol Pablo nos enseña que podemos entrar en el descanso de Dios si confiamos y nos apoyamos en Dios (ver Hebreos 4:3)

Si lo recibimos, Dios nos dará paz y descanso de los miedos y frustraciones, de los pensamientos de duda e inseguridad e incluso del ajetreo diario de la vida. Todo lo que tenemos que hacer es poner nuestra ansiedad en Dios y confiar en Él. En el momento en que lo hagamos, entonces, y solo entonces, podremos descansar del cansancio de nuestras propias obras.

Pensamiento del día

Dios le ama y se complace en usted porque es su hijo. Descanse en esa verdad hoy.

Profundice en la Palabra de Dios: Génesis 2:2; Salmos 4:8

Un sentido de aventura

Este es el día en que el Señor actuó; regocijémonos y ale-grémonos en él. (Salmos 118:24)

Tener un sentido de aventura es crucial para disfrutar la vida que Dios le ha dado. La aventura no tiene que ser algo caro o exagerado; puede ser simple y divertida. He aquí algunos ejemplos:

- Puede convertir un viaje al parque con sus hijos o nietos en una búsqueda de un tesoro. *¡Aventura!*
- Puede darles un giro a las cosas en la noche de su cita. En lugar de ir al mismo restaurante y cine, explore un nuevo lugar para comer y elija una nueva actividad después de la cena. *¡Aventura!*
- Su trabajo no tiene que ser aburrido. Puede pensar fuera de la caja y proponer una nueva estrategia o tomar la iniciativa con una idea audaz. *¡Aventura!*

Si quiere disfruta de la vida que Dios le ha dado, uno de los mejores pasos es hacer cada día algún tipo de aventura con Él.

Pensamiento del día

Si ve cada día de su vida como una gran oportunidad en lugar de una aburrida obligación, ¡la aventura cobra vida!

Profundice en la Palabra de Dios: Juan 10:10; Salmos 9:2

Confiar en Dios en tiempos difíciles

Cuando siento miedo, pongo en ti mi confianza. (Salmos 56:3)

Poner su confianza en Dios será más fácil en los días en que la vida va bien, pero en los días en que las cosas no van tan bien, será más difícil. Si se enfrenta a algo realmente trágico o doloroso, también será difícil, pero debemos recordar que Dios nunca nos dice que hagamos algo sin darnos la capacidad para hacerlo mientras confiamos en Él.

Podemos confiar en Dios día a día. Incluso si tiene días en los que debe decir mil veces: "Pondré mi confianza en Dios", vale la pena hacerlo. No solo honra a Dios, sino que nos quita cargas que no estábamos equipados ni destinados a llevar. Cuando decidimos confiar en Dios, nos comprometemos totalmente a confiar en Él sin importar cuán difícil sea hacerlo. Le damos el honor de confiar en que Él tiene el control y sabe lo que es mejor para nuestras vidas.

Pensamiento del día

La confianza se pone a prueba cuando las cosas se vuelven difíciles o desafiantes. En estos tiempos, ponga su confianza completa en Dios, sabiendo que Él tiene su mejor interés en mente.

Profundice en la Palabra de Dios: Salmos 46:1; Salmos 62:8

La paciencia es poder

Alégrense en la esperanza, muestren paciencia en el
sufrimiento, perseveren en la oración. (Romanos 12:12)

La paciencia nos da el poder de disfrutar la vida mientras esperamos por las cosas que deseamos. Gran parte de la vida se desperdicia siendo miserable por cosas que no podemos cambiar. Si
podemos cambiar algo desagradable, entonces debemos hacerlo,
pero si no podemos, entonces debemos dárselo a Dios y estar decididos a no ser miserables mientras esperamos a ver lo que Él hará.

Cada día que perdemos por impaciencia es uno que nunca recuperaremos y una persona sabia y prudente no pierde el tiempo que
Dios le ha asignado para estar en esta tierra. Lo que Dios vaya a
hacer con sus problemas no será apresurado por su impaciencia.
No importa cuánto tiempo tenga que esperar a que Dios actúe a
favor suyo, la paciencia tiene el poder de mantenerle gozoso mientras espera.

Pensamiento del día

Siempre está pasando algo, incluso cuando pensamos que
no está pasando nada.

Profundice en la Palabra de Dios: Santiago 5:7-8; Colosenses 1:11-12

Con confianza y sin miedo

Así que acerquémonos confiadamente al trono de la gracia para recibir misericordia y hallar la gracia que nos ayude en el momento que más la necesitemos. (Hebreos 4:16)

La visión equivocada de Dios le mantendrá atascado. Ya sea que esté atascado en el dolor, la disfunción, la soledad, la incertidumbre o el miedo, el diablo le mentirá acerca de Dios para mantenerlo en ese lugar para siempre.

Una de las más grandes mentiras que nos dice el diablo es que Dios está enfadado con nosotros. Sabe que, si caemos en la mentira de que Dios está enfadado y decepcionado de nosotros, puede impedirnos tener una verdadera relación con Dios.

La Palabra de Dios nos dice que Dios nos ama incondicionalmente. También dice que podemos venir ante Dios "con confianza y sin miedo". No encontrará un Dios duro, cruel y enojado; encontrará su misericordia y gracia. Es un buen Padre que le ama y tiene buenos pensamientos acerca de usted y está esperando para ayudarle en su momento de necesidad.

Pensamiento del día

La Biblia nos dice que Dios es lento para la ira y grande en amor (ver Salmos 103:8). ¡Su amor por usted es abundante e interminable!

Profundice en la Palabra de Dios: Proverbios 14:26; Proverbios 3:26

Vivir para complacer a Dios

*Para que vivan de manera digna del Señor, agradándole en
todo. Esto implica dar fruto en toda buena obra, crecer en
el conocimiento de Dios. (Colosenses 1:10)*

Es importante encontrar tiempo para ayudar a los demás y servir
a los que nos rodean, pero no puede vivir su vida entera tratando
de impresionar o complacer a los demás. He descubierto que por
mucho que lo intente, para algunas personas nunca será suficiente.
Hay algunas personas que esperan que haga más y más hasta que
llegue a un punto de ruptura.

Una de las mejores cosas que puede hacer es dejar de lado su
necesidad de complacer a la gente. En su momento de quietud con
Dios, pídale que le muestre si su voluntad de ayudar a los demás se
basa en la motivación correcta. ¿Está feliz de servir o está tratando
de ganarse su aprobación?

En lugar de vivir para complacer a los demás, viva su vida para
complacer a Dios. Es entonces cuando encontrará la paz y el descanso para su alma. Deje de lado las expectativas irrealistas del
hombre y elija vivir cada día para Dios. Su aprobación es la única
aprobación que necesitará.

Pensamiento del día

*La verdadera satisfacción se encuentra en una vida vivida
por Dios, no una vida vivida tratando de impresionar, complacer o estar a la altura de las expectativas de los demás.*

Profundice en la Palabra de Dios: 1 Tesalonicenses 2:4; Gálatas 1:10

No tenga miedo de salir

Ven, dijo Jesús. Pedro bajó de la barca y caminó sobre el agua en dirección a Jesús. (Mateo 14:29)

Una de las cosas que nos impide salir con fe es el temor de que nos equivoquemos. Pero la verdad es que nadie aprende a escuchar a Dios sin cometer errores de vez en cuando.

No se preocupe demasiado por los errores o la imperfección. Es importante que no se obsesione y viva preocupado por las decisiones que debe tomar. Usted es un ser humano falible e imperfecto, pero puede regocijarse y tener confianza porque sirve a un Dios infalible y perfecto.

Aprenda de sus errores, corrija los que pueda y confíe en Dios para su guía y protección. Si siente que Dios le está incitando a dar algo, a ayudar a alguien o hacer un cambio en su vida, ¡hágalo! Accione y siembre la semilla. Si cree que es correcto, entonces haga lo mejor que pueda y confíe en Dios para hacer el resto.

Pensamiento del día

Dios no nos ha dado un espíritu de miedo. Cuando sienta que le incita en un área determinada, pídale su ayuda y luego muévase con audacia.

Profundice en la Palabra de Dios: Lucas 9:62; Santiago 1:5

Solo Dios puede ayudarle
a sobrellevar

Podrán desfallecer mi cuerpo y mi espíritu, pero Dios for-
talece mi corazón; él es mi herencia eterna. (Salmos 73:26)

Cuando las cosas se ponen difíciles en la vida, hay una tendencia
en muchos de nosotros a decir: "Me ocuparé de esto yo mismo". A
veces es porque nadie le ayudó cuando era joven, así que siempre
ha tenido que ser independiente. Otras veces es porque es una persona fuerte y es más fácil confiar en su propia fuerza.

Pero usted no estaba destinado a ir por la vida solo, y habrá
momentos en los que su fuerza no será suficiente.

Va a enfrentar situaciones en las que solo Dios es lo suficientemente fuerte para llevarle a través de ella. Acostúmbrese a buscarlo
ahora. No espere que un obstáculo muy grande o un dolor muy
profundo le lleve a Él en la desesperación. Empiece a decir en su
momento de quietud cada día, "Señor, hoy te busco. No dependo de
mi propia fuerza o capacidad; dependo de ti".

Pensamiento del día

Lo más importante que puede hacer es permitirse ser total
y completamente dependiente de Dios.

Profundice en la Palabra de Dios: Salmos 94:17-19; Isaías 65:24

Eche sobre Él sus cargas

Depositen en él toda ansiedad, porque él cuida de ustedes.
(1 Pedro 5:7)

La Biblia nos instruye a "echar" nuestra ansiedad. Esa palabra significa lanzar o arrojar. ¿No es esa una gran imagen? No solo nos quitamos las preocupaciones y las ponemos en una silla a nuestro lado donde podemos recogerlas más tarde; las desechamos completamente. Las tiramos tan lejos como podamos, para no ser recogidas nunca más. Las echamos sobre Dios, y Él nos cuida.

No se enfoque en pensamientos desesperados o mentalidades preocupadas. Ponga cada carga en Dios en el momento que sienta su presencia y las cosas en su vida comenzarán a cambiar. La preocupación y la ansiedad que solía agobiarle, de repente ya no tendrá poder sobre usted. Ahora puede experimentar lo que Jesús llama "descanso (renovación, bendita tranquilidad)" para su alma (ver Mateo 11:29).

Pensamiento del día

De acuerdo a 1 Pedro 5:7, la clave para echar sus cargas es entender cuánto Dios se preocupa por usted.

Profundice en la Palabra de Dios: Mateo 6:27; Filipenses 4:6-7

Despejar el obstáculo del egoísmo

Porque donde hay envidias y rivalidades, también hay con-fusión y toda clase de acciones malvadas. (Santiago 3:16)

Un obstáculo en nuestro caminar con Dios es el hecho de que podemos ser egoístas, especialmente con nuestro espacio personal y la libertad. Si vamos a comprometernos a acercarnos más a Dios, tendremos que sacrificar nuestros deseos egoístas en ocasiones.

A menudo pensamos que la libertad es poder hacer lo que quera-mos, cuando queramos. Pero la verdadera libertad es vivir en obe-diencia a Dios y seguir su plan para nuestras vidas.

Dios no solo quiere que tenga éxito, sino que le creó para que lo tenga. Tiene sus mejores intereses en mente. No permita que el egoísmo le haga perder el mejor plan de Dios para su vida. Deje de lado sus deseos personales y pídale a Dios lo que Él quiere que usted haga y cómo quiere que lo haga.

El pensamiento del día

La persistencia requiere que disciplinemos nuestros senti-mientos y hagamos lo correcto, sin importar lo que sinta-mos al respecto.

Profundice en la Palabra de Dios: Filipenses 2:3; 1 Corintios 10:33

Déjeme presentarle su verdadero yo

Porque somos hechura de Dios, creados en Cristo Jesús para buenas obras, las cuales Dios dispuso de antemano a fin de que las pongamos en práctica. (Efesios 2:10)

Usted es una persona maravillosa y, si ha sufrido bajo el peso de la vergüenza en su vida, permítame que le presente de nuevo a usted mismo. Necesita conocer a su verdadero yo porque ha sido engañado al pensar que es alguien que no es.

Usted es un hijo de Dios. Él le ama, su poder está en usted y le permitirá hacer lo que necesite hacer en la vida. Es una nueva creación y la justicia de Dios en Cristo. Tiene una misión de Dios y un gran futuro. Su pasado ha sido lavado por la sangre de Jesús. Está equipado y capacitado por Dios.

La Palabra de Dios dice muchas cosas maravillosas sobre usted y puede aprender lo que son leyendo y estudiando cada día en su momento de quietud con Dios.

Pensamiento del día

Nunca permita que lo que otra persona piense o diga de usted sea el factor que determine su valor, porque lo que Dios dice de usted es lo único que realmente importa.

Profundice en la Palabra de Dios: Efesios 1:5; 1 Corintios 12:27

Dios abrirá un camino

Ni las tinieblas serían oscuras para ti, y aun la noche sería clara como el día. ¡Lo mismo son para ti las tinieblas que la luz! (Salmos 139:12)

El miedo se arraiga a nuestras vidas cuando nos permitimos convencernos de que no hay solución a nuestro problema. ¿Con cuánta frecuencia decimos o escuchamos a los demás decir: "No hay manera de que esto funcione"? El hecho de que no conozcamos el camino no significa que no haya un camino.

Jesús dijo de sí mismo: "Yo soy el camino" (Juan 14:6). Y Dios dijo: "Conduciré a los ciegos por caminos desconocidos" (Isaías 42:16).

Dios es capaz de guiarnos en la oscuridad, porque para Él la oscuridad es lo mismo que la luz. Podemos estar en la oscuridad acerca de lo que está pasando, pero Dios es luz, por lo que nunca habita en la oscuridad. No importa a lo que se enfrente hoy, elija confiar en que Dios hará un camino.

Pensamiento del día

Piense en un momento de su vida en el que Dios le ha abierto un camino cuando parecía que no había manera y elija creer que lo hará de nuevo.

Profundice en la Palabra de Dios: Isaías 30:21; 1 Juan 1:5

Pensamientos correctos en la sala de espera de Dios

La mentalidad pecaminosa es muerte, mientras que la mentalidad que proviene del Espíritu es vida y paz. (Romanos 8:6)

Esperar en Dios puede ser difícil a veces, especialmente si tenemos la actitud y mentalidad equivocada. En lugar de ser negativos e impacientes, podemos poner activamente nuestra esperanza y fe a trabajar, sabiendo que Dios está en control. Nuestros pensamientos y actitudes pueden mantenernos gozosos mientras estamos en la sala de espera de Dios.

He aquí algunos ejemplos de los pensamientos correctos:

- *Estoy tan emocionado de ver lo que Dios va a hacer.*
- *Creo que Dios está obrando, aunque todavía no veo un cambio.*
- *Dios me ama y sé que se ocupará de mi problema.*
- *El salmo 139 dice que Dios está pensando en mí todo el tiempo, así que sé que no se ha olvidado de mí.*
- *No viviré con miedo y nunca me rendiré.*

Estos son pensamientos que pueden producir gozo, incluso mientras practicamos la paciencia. Si pensamos con la mente del Espíritu mientras esperamos por Dios, el descanso y la paz serán el derivado natural.

Pensamiento del día

Podemos pensar con la mente de la carne o la mente del Espíritu. La elección es nuestra.

Profundice en la Palabra: Romanos 8:25; Colosenses 3:12

Esperar lo mejor de Dios

Solo en Dios halla descanso mi alma; de él viene mi espe-
ranza. (Salmos 62:5)

Vivir con expectativas es importante en la vida cristiana. Podemos esperar que las cosas mejoren, esperar buenas noticias y esperar un avance, porque sabemos que Dios está trabajando a favor nuestro.

Dios puede traer momentos repentinos a su vida, momentos que son tan poderosos y tan milagrosos, que lo cambian todo. Una palabra de Dios, un toque de su Espíritu, una promesa de su Palabra, estar en el lugar correcto en el momento adecuado, puede poner su vida en un nuevo rumbo. Las cosas pueden cambiar en su vida en un momento.

Vivir con una expectativa positiva es de lo que se trata la fe. Y la Palabra de Dios dice que sin fe es imposible agradar a Dios (ver Hebreos 11:6). A Dios le agrada que esperemos su ayuda divina en lugar de esperar problemas. Así que, una buena pregunta para hacerse es: *¿qué estoy esperando hoy?*

Pensamiento del día

La expectativa esperanzada le mantendrá en una postura
espiritual de fe, creyendo y confianza en el plan de Dios
para su vida.

Profundice en la Palabra de Dios: Proverbios 15:15; Juan 7:38

Fructífero es mejor que ocupado

Para que vivan de manera digna del Señor, agradándole en todo. Esto implica dar fruto en toda buena obra, crecer en el conocimiento de Dios. (Colosenses 1:10)

¿Está ocupado haciendo cosas que no están dando frutos? ¿El ajetreo le está robando la paz? A veces nos quedamos atascados en la rutina de hacer cosas solo porque siempre las hemos hecho, sin importar lo agotadoras que pueden ser o lo innecesarias que se hayan vuelto.

Dios nunca nos llamó a estar ocupados. Nos llamó a ser fructíferos. Demasiada actividad inútil no da frutos y solo nos estresa.

Le animo a que haga un inventario de lo que hace a lo largo del día. Podría estar haciendo algo que Dios no le pide que haga o algo que le pedía, pero ya no lo hace. En su momento de quietud, deje que el Espíritu Santo le muestre cómo deshacerse del ajetreo para que pueda dar más fruto.

Pensamiento del día

Sea estratégico e intencional sobre los eventos y actividades que planifique para la semana que viene. ¿Cuáles son las cosas que serán más productivas y darán más fruto?

Profundice en la Palabra de Dios: Juan 15:16; Jeremías 17:7-8

Cuide lo que dice

Y todo lo que hagan, de palabra o de obra, háganlo en el nombre del Señor Jesús, dando gracias a Dios el Padre por medio de él. (Colosenses 3:17)

¿Ha considerado alguna vez que podría estar empeorando sus problemas hablando de ellos excesivamente? Es fácil concentrarse en las cosas que no van bien. Parece que muchas de nuestras conversaciones giran alrededor de lo que va mal en lugar de lo que va bien.

Los niños están enfermos. El tráfico es terrible. Me duelen los pies. No puedo permitirme eso. Cuanto más hablamos de lo que va mal, más poder le damos en nuestras vidas.

Cuando está pasando por un momento difícil, lo mejor que puede hacer es dejar de hablar de lo grande que es su problema y comenzar a hablar acerca de cuán grande Dios es. En su momento de quietud, medite en la Palabra de Dios y hable sus promesas sobre su situación. El poder llega a raudales cuando se concentra en hablar de lo que puede pasar con Dios de su lado.

Pensamiento del día

Puede que no siempre se sienta positivo, pero siempre puede elegir decir palabras positivas.

Profundice en la Palabra de Dios: Proverbios 18:21; Salmos 19:14

Emerger en su nuevo comienzo

*El gran amor del Señor nunca se acaba, y su compasión
jamás se agota. Cada mañana se renuevan sus bondades;
¡muy grande es su fidelidad! (Lamentaciones 3:22-23)*

El más grande nuevo comienzo que cualquiera de nosotros pueda
tener es convertirse en una nueva criatura en Cristo (ver 2 Corintios 5:17). Y una relación personal e íntima con Jesús es la clave
para una vida restaurada, la sanidad en su alma y la segunda oportunidad de convertirse en todo aquello para lo que fue creado.

Ya sea que esté comenzando su vida con Dios o que le haya dado
su corazón hace mucho tiempo, es importante entender que crecer
en Cristo es un proceso que toma tiempo. Es así: cuando los bebés
están aprendiendo a caminar, se caen muchas veces. Pero siempre
se levantan y lo intentan de nuevo.

Eso es lo que Dios nos pide que hagamos. No importa cuántas veces nos caigamos en la vida, si continuamos levantándonos,
eventualmente llegaremos al lugar donde necesitamos estar.

Pensamiento del día

*Dios ama los nuevos comienzos y si necesita un nuevo
comienzo, Él tiene uno para usted.*

Profundice en la Palabra de Dios: 1 Pedro 1:3; Isaías 43:18-19

La fe es un escudo

Además de todo esto, tomen el escudo de la fe, con el cual
pueden apagar todas las flechas encendidas del maligno.
(Efesios 6:16)

En las batallas de antaño, los soldados se protegían con escudos y
en Efesios 6:16, la Biblia habla del "escudo de la fe". Si la fe se com-
para con un escudo, debe ser una manera de protegernos cuando
el enemigo ataca. ¿No es maravilloso que Dios nos haya dado un
sistema de defensa espiritual?

Sin embargo, al igual que con un escudo real, su escudo solo
es efectivo cuando se levanta. Cuando el enemigo nos ataca con
circunstancias o pensamientos desagradables que nos hacen sentir
miedo, podemos levantar inmediatamente el escudo de la fe.

La manera en que lo hacemos es decidiendo que pondremos
nuestra confianza en Dios en lugar de tratar de encontrar nuestro
propio camino a la victoria. Es útil decir en voz alta: "Confío en Dios
en esta situación. ¡Mi fe está en Él!". Dígalo con firmeza, con convic-
ción. Jesús le respondió a Satanás diciendo: "Está escrito", y citaba
las Escrituras (ver Lucas 4). Nosotros podemos hacer lo mismo.

Pensamiento del día

Su fe solo dará resultados cuando decida ponerla en práctica.

Profundice en la Palabra de Dios: Salmos 32:7; 1 Juan 5:4

El pasado ha terminado

Yo les perdonaré sus iniquidades, y nunca más me acordaré de sus pecados. (Hebreos 8:12)

Dios nos llevará a la mejor vida que podamos tener, pero primero necesitamos dejar atrás nuestros errores pasados. Hebreos 8:12 nos dice que Dios ya no se acuerda de nuestros pecados.

No hay nada en usted o en mí que Dios no sepa. No le sorprendemos. Sin embargo, cuando nos volvemos a Él, todavía abre sus brazos y nos invita a una relación con Él. No se asusta de nuestros errores pasados; nos ama a pesar de ellos.

Dios elige no solo perdonar todos nuestros pecados sino también olvidarlos. Tenemos que dejar de recordar lo que Dios ha olvidado. Deje atrás el pasado y mire con audacia hacia su futuro en Él.

Pensamiento del día

Su historia no es su destino. Dios le ama y tiene un plan maravilloso para su vida.

Profundice en la Palabra de Dios: 2 Corintios 12:8-9; Filipenses 3:13

Usted es justo ante Dios

Llenos del fruto de justicia que se produce por medio de Jesucristo, para gloria y alabanza de Dios. (Filipenses 1:11)

Debido a la obra de su Hijo, Dios nos ve como justos ante Él a través de Jesucristo. Dios nos acepta y aprueba porque estamos en Cristo, y podemos hacer lo mismo.

En nuestro propio esfuerzo, somos propensos a cometer errores y caer en el pecado, pero en Cristo, somos personas renovadas y restauradas que han sido recreadas en Cristo Jesús. Debido a Jesús, nuestra posición ante Dios es correcta y pura.

Hemos nacido de nuevo para hacer las buenas obras que Él ha dispuesto y preparado para nosotros, para que tengamos y vivamos la buena vida por la cual Jesús murió (ver Efesios 2:10). Dios quiere que nos veamos a nosotros mismos como Él lo hace. Quiere que entendamos que, en Cristo, somos justos ante sus ojos.

El pensamiento del día

Jesús le dio el derecho de ser justo ante el Padre. Cuando esté tentado a sentir que no es lo suficientemente bueno o que no está a la altura, recuerde quién es en Cristo.

Profundice en la Palabra de Dios: 2 Corintios 5:21; 1 Juan 3:7

Cómo lidiar con las críticas

Mis queridos hermanos, tengan presente esto: Todos deben estar listos para escuchar, y ser lentos para hablar y para enojarse; pues la ira humana no produce la vida justa que Dios quiere. (Santiago 1:19-20)

En algún momento de la vida todos nos enfrentamos a las críticas, pero es posible aprender a hacer frente a las críticas y no dejar que afecten su vida.

El apóstol Pablo nos dio un gran ejemplo a seguir. Pablo dijo que no le preocupaba el juicio de los demás. Él sabía que estaba en las manos de Dios y que al final se presentaría ante Dios y daría cuenta de sí mismo y de su vida. No se presentaría ante ningún hombre para ser juzgado (ver 1 Corintios 4:3-4).

Aunque no haga todo bien, Dios ve su corazón. Si intenta vivir para Dios y trata de hacer lo mejor para Él, Dios se complace (ver Mateo 22:37-40). No se preocupe por las críticas de los demás; Dios le ama. Su amor y su aprobación son todo lo que necesita.

Pensamiento del día

Las críticas y la aprobación del hombre van y vienen. Construya su vida sobre su relación con Dios, no sobre las opiniones de las demás.

Profundice en la Palabra de Dios: Santiago 4:11: Gálatas 6:1

¿Es su deseo el mejor?

Padre, si quieres, no me hagas beber este trago amargo;
pero no se cumpla mi voluntad, sino la tuya. (Lucas 22:42)

El miedo a no conseguir lo que queremos es una de las causas de la dificultad que tenemos para aprender a confiar en Dios. La mayoría de nosotros estamos convencidos de que la única manera de asegurarnos de obtener lo que queremos es si lo hacemos por nuestra cuenta. Este miedo nos impide confiar completamente en alguien.

Dios siempre sabe lo que es mejor para nosotros. Sus pensamientos y planes para nosotros son mejores que los nuestros. Una vez que creemos eso, podemos confiar en Él y aprender a confiar en los demás.

Confiar en Dios no garantiza que siempre conseguiremos lo que queremos. Sin embargo, si no lo obtenemos es solo porque Dios tiene algo mejor en mente para nosotros. A medida que aprendemos a querer lo que Dios quiere para nosotros, incluso más que lo que nosotros mismos queremos, podemos tener paz mental en cada situación.

Pensamiento del día

Nuestra paz mental descansa en si estamos dispuestos a
confiar en que la voluntad de Dios es mejor que la nuestra,
aunque no la entendamos en el momento.

Profundice en la Palabra de Dios: Santiago 4:3; 1 Juan 5:14

Vivir para dar

No se olviden de hacer el bien y de compartir con otros lo que tienen, porque esos son los sacrificios que agradan a Dios. (Hebreos 13:16)

Puede ser un ejercicio saludable el preguntarnos: *¿Qué estoy haciendo para ayudar a alguien más?* ¿Puede pensar en la última persona a la que ayudó?

Por supuesto, normalmente ayudamos a nuestras familias en nuestras actividades diarias o le damos regalos en Navidad, pero estoy hablando de algo más que eso. Estoy hablando de vivir para dar. Una vida gozosa y significativa no se encuentra en lo que recibimos sino en lo que damos.

¿Cuántas personas conocemos que necesitan ayuda y aun así no hemos considerado ser los que les ayuden? Cuando empezamos a hacer estas preguntas difíciles, podemos encontrar nuestras respuestas decepcionantes. Sin embargo, siempre podemos ser reelegidos y empezar a hacer lo correcto.

Quiero animarle a que ayude a propósito a la gente necesitada. Búsquelos y encuentre alguna manera de ayudar.

Pensamiento del día

En su momento de quietud con Dios, pídale que le muestre a quién puede ayudar hoy y cómo puede bendecir su vida.

Profundice en la Palabra de Dios: Proverbios 11:25; 2 Corintios 9:11

El tiempo de Dios

Mis caminos y mis pensamientos son más altos que los de ustedes; ¡más altos que los cielos sobre la tierra! (Isaías 55:9)

A veces oramos y Dios nos ayuda y nos libera de inmediato, pero en otras ocasiones su ayuda llega en un momento que no entendemos. Nos preguntamos: *Si estoy pasando por algo que me hace sufrir, y Dios me va a liberar, entonces, ¿por qué esperar meses o incluso años antes de hacerlo?*

A veces, Dios espera para contestar porque estamos haciendo las preguntas equivocadas o no estamos listos para recibir lo que estamos pidiendo. No importa cuál sea la pregunta, la respuesta es siempre la misma: Dios sabe lo que es mejor y su tiempo es siempre perfecto. No se preocupe cuando las cosas no suceden en su tiempo. Él tiene el control y va a contestar su oración en su tiempo perfecto.

Pensamiento del día

Dios ve el cuadro completo. Él sabe cosas que usted aún no sabe. Confíe en que Él va a obrar en su tiempo y crea que usará este tiempo de espera para desarrollar algo poderoso en su vida.

Profundice en la Palabra de Dios: Habacuc 2:3; Hechos 1:7

Jesús vino a llevarse las cargas

Se les dé gloria en lugar de ceniza, óleo de gozo en lugar
de luto, manto de alegría en lugar del espíritu angustiado.
(Isaías 61:3 RVR1960)

Cuando dejamos que Dios se lleve nuestros errores, Él tiene la capacidad de convertirlos en milagros y usarlos para nuestro bien si confiamos en Él. Isaías 61:3 dice que nos dará gloria en lugar de cenizas, pero encuentro que mucha gente quiere aferrarse a sus cenizas, las cenizas del pasado, como recordatorio de sus defectos y fracasos. Suelte sus cenizas y busque algo nuevo.

¿Necesita una segunda oportunidad? En su momento de quietud con Dios, pídale una segunda oportunidad o una tercera, cuarta o quinta, lo que necesite. Dios está lleno de misericordia y paciencia. Su bondad amorosa nunca falla o llega a su fin. Él le ha quitado sus transgresiones; ya no tiene que aferrarse a ellas.

Pensamiento del día

Jesús vino a levantar sus cargas, pero debe estar dispuesto a
soltarlas y creer que Él es más grande que sus errores. Dele
sus cenizas hoy.

Profundice en la Palabra de Dios: Salmos 68:19; Salmos 81:6

Permita que pasen las tormentas

*Dios es nuestro amparo y nuestra fortaleza, nuestra ayuda
segura en momentos de angustia. (Salmos 46:1)*

Todos enfrentamos tormentas en la vida, algunas son como las
rápidas tormentas de la tarde que son comunes en verano y otras
parecen huracanes. Pero una cosa es cierta sobre todas las tormentas: No duran para siempre.

Los pensamientos y los sentimientos se desbocan en medio de
nuestras tormentas, pero esos son exactamente los momentos en
los que necesitamos ser cuidadosos al tomar decisiones. Las decisiones se toman mejor en nuestro momento de quietud con Dios,
no en medio de una tormenta.

En lugar de ahogarse en la preocupación y el miedo, póngase en
contacto con Dios, que ve más allá de la tormenta y orquesta el cuadro general. Dios se asegura de que todo lo que tiene que suceder
en nuestras vidas suceda en el momento adecuado, se mueve a la
velocidad apropiada y hace que lleguemos a salvo a los destinos que
Él ha planeado para nosotros.

Pensamiento del día

*Cuando se trata de una tormenta personal, dígase a sí
mismo:* Deja que las emociones se calmen antes de decidir.

Profundice en la Palabra de Dios: 2 Corintios 4:17-18; Romanos 8:18

Cuando se produce un cambio

*Todo tiene su momento oportuno; hay un tiempo para todo
lo que se hace bajo el cielo. (Eclesiastés 3:1)*

Cuando tenemos un cambio inesperado en nuestras vidas o incluso
cambios planeados, a menudo nos dejan con muchas preguntas.
Nosotros, por supuesto, queremos saber todo el plan de nuestras
vidas de inmediato. Pero si supiéramos todo lo que sucederá en el
futuro, la vida sería aburrida mientras la vivimos día a día o más
aterradora que no sabiendo.

Dios es bueno y si saber lo que va a suceder antes de que suceda
es lo mejor para nosotros, entonces Él arreglará las cosas para que
funcionen de esa manera. Si no lo hace, podemos asumir con seguridad que esperar y ser sorprendidos es lo mejor para nosotros.

Si lucha con nuevas situaciones, déjeme recomendarle que
cambie de opinión sobre el cambio. Las cosas nuevas que Dios trae
siempre producirán alguna de las oportunidades, relaciones y crecimiento personal más positivos que jamás haya experimentado.

Pensamiento del día

*Dios sabe todo lo que está pasando en su vida ahora mismo
y ya ha planeado un buen resultado.*

Profundice en la Palabra de Dios: Deuteronomio 31:8; Malaquías 3:6

Derrotar la duda

Pero que pida con fe, sin dudar, porque quien duda es como
las olas del mar, agitadas y llevadas de un lado a otro por
el viento. (Santiago 1:6)

Muchas veces en la vida, nos oponemos a pensamientos y emociones que pretenden debilitar nuestra relación con Dios. La duda es
uno de esos sentimientos.

Los sentimientos de duda o incertidumbre no significan que no
tengamos fe y que no dependamos de Dios. Simplemente significa
que el diablo está trayendo la tentación de impedir que pongamos
nuestra confianza en el Señor. Podemos considerar la fuente de la
duda y darnos cuenta que es una mentira.

Debemos "velar y orar" como se nos instruye en la Palabra de
Dios (ver Mateo 26:40-41). Cuando se enfrente a la duda, reconóz-
cala como el engaño que es. Lleve esa duda a Dios y pídale que le dé
la fuerza para vencerla. No alimente esas dudas; más bien, alimente
su fe. Recuerde lo que Dios dice sobre su vida y su futuro y elija
mantenerse en esas promesas.

Pensamiento del día

Solo podemos derrotar a nuestro enemigo cuando recono-
cemos sus tácticas. La duda está estrechamente relacio-
nada con el miedo, y ambas son herramientas del enemigo.

Profundice en la Palabra de Dios: Judas 1:22; Marcos 9:24

Atacar su problema

En cuanto el filisteo avanzó para acercarse a David y enfrentarse con él, también éste corrió rápidamente hacia la línea de batalla para hacerle frente. (1 Samuel 17:48)

En 1 Samuel 17, todos los soldados de Israel tenían miedo de luchar contra el enemigo, Goliat. Todos, es decir, excepto un adolescente: David. David sabía que su proveedor era más grande que su problema. Así que hizo lo impensable: corrió a la batalla.

Nosotros podemos hacer lo mismo. Cuando nos enfrentemos a un desafío u obstáculo, en lugar de retroceder por miedo, podemos ir a la ofensiva, sabiendo que Dios está de nuestro lado.

Estén llenos de confianza hoy. En su momento de quietud con Dios, pida su sabiduría y guía sobre cómo ir a la ofensiva. Diga palabras positivas y llenas de fe sobre su situación. Tenga una perspectiva optimista. Vaya a su día sabiendo que ninguna arma formada contra usted prosperará (ver Isaías 54:17).

Pensamiento del día

Enfréntese a sus problemas en lugar de encogerse de miedo, y verá que Dios está de su lado y que es más que un vencedor.

Profundice en la Palabra de Dios: Salmos 18:29; Salmos 27:3

¿A quién puede animar hoy?

Por eso, anímense y edifíquense unos a otros, tal como lo vienen haciendo. (1 Tesalonicenses 5:11)

La gente ama ser bendecida y animada. Puede cambiar completamente el día entero de alguien. Los cumplidos sinceros ayudan a la gente a sentirse mejor y rendir mejor, mientras que la búsqueda de fallas los hace rendir peor.

Elija hoy a alguien a quien quiera bendecir y empiece a animarle. Dígale cuánto lo valora, lo especial que es para el Señor y lo agradecido que está por él. Creo que se sorprenderá de los resultados.

Lo que sucede frecuentemente es que la persona que está siendo animada está tan agradecida por el estímulo que le reciproca con bondad y aprecio. Lo hacen porque ven el ejemplo que usted está dándoles y le devuelven el favor. Mejor aún, se darán la vuelta y buscarán a otras personas para animarlas también.

Pensamiento del día

Cuando se enfoca en amar, bendecir y animar a los demás, Dios siempre le bendecirá a cambio.

Profundice en la Palabra de Dios: 2 Tesalonicenses 2:16-17; 2 Corintios 1:3-4

Vivir para Dios

Preferían recibir honores de los hombres más que de parte de Dios. El que cree en mí, clamó Jesús con voz fuerte, cree no solo en mí, sino en el que me envió. (Juan 12:43-44)

Muchas personas no cumplen su destino porque temen lo que otros piensen de ellos. Para poder hacer lo que Dios nos guía a hacer, a menudo vamos a ser incomprendidos o incluso rechazados por la gente. Jesús vino a hacer la voluntad de su Padre en el cielo y a ayudar a la humanidad, pero fue rechazado.

Hacer lo correcto no siempre garantiza la aceptación de la gente. En algún momento de la vida, cada persona debe decidir si va a ser un complaciente de la gente o un complaciente de Dios.

Nuestra meta debería ser complacer a Dios, sin importar el costo. Puede que nos cueste nuestra reputación, que tengamos que abandonar algo a lo que no queremos renunciar o que tengamos que hacer algo que no queremos hacer, pero las recompensas siempre valen el sacrificio al final.

Pensamiento del día

Preocuparse excesivamente por lo que piensan los demás es una total pérdida de tiempo, porque de todas maneras no podemos controlar completamente lo que piensan.

Profundice en la Palabra de Dios: Efesios 6:6; Colosenses 3:23

Dividir el alma y el espíritu

*Ciertamente, la palabra de Dios es viva y poderosa, y más
cortante que cualquier espada de dos filos. Penetra hasta
lo más profundo del alma y del espíritu. (Hebreos 4:12)*

La división del alma y el espíritu es importante. Nuestra alma nos
dice lo que queremos, pensamos y sentimos, pero el Espíritu Santo
nos revela la voluntad de Dios. Cada vez que tomamos una decisión, especialmente una importante, reconocer a Dios es lo más
sabio que podemos hacer. Si lo reconocemos, demostramos que nos
preocupamos por su voluntad.

Estudiar la Palabra de Dios nos ayuda a conocer su corazón (su
voluntad) en una variedad de temas y nos ayuda a permanecer en
el camino correcto en la vida. Hay muchas decisiones que tomamos
cada día y Dios nos ha dado la sabiduría para hacerlo, pero hacerle
saber que queremos su voluntad aún más de lo que queremos la
nuestra es parte del desarrollo de una relación íntima con Él.

Usted y Dios son compañeros en su vida y aprender a caminar
con Él a través de la vida le asegurará que pueda disfrutar de la
mejor vida posible.

Pensamiento del día

*Reconozca a Dios en todos sus caminos, y Él dirigirá su
camino.*

Profundice en la Palabra de Dios: 1 Tesalonicenses 5:19;
    2 Timoteo 3:16-17

Rico en misericordia

Pero Dios, que es rico en misericordia, por su gran amor por nosotros, nos dio vida con Cristo, aun cuando estábamos muertos en pecados. ¡Por gracia ustedes han sido salvados! (Efesios 2:4-5)

En su amor, Dios nos escogió. Nos hizo santos, consagrados e irreprochables a sus ojos, y nos permite vivir ante Él sin reproches (ningún sentido de culpa o vergüenza). Dios hace todo esto porque es bueno y quiere bendecirnos.

En lugar de recibir lo que merecemos como pecadores, se nos da la oportunidad de estar siempre en la presencia de Dios. Se nos ha dado justicia con Él. Esta es la voluntad de Dios porque le complace; es su amable intención (ver Efesios 1:4-5).

La gracia toma el castigo que merecemos y la misericordia nos da bendiciones que no merecemos. Créalo, recíbalo y tenga piedad de todas las personas en su vida.

Pensamiento del día

Cuando fallamos, nunca debemos alejarnos de Dios, sino que debemos correr a Él, porque Él es nuestra única esperanza de recuperación del error de nuestros caminos.

Profundice en la Palabra de Dios: Salmos 23:6; Romanos 9:16

La raíz del rechazo

Cristo es la piedra viva, rechazada por los seres humanos,
pero escogida y preciosa ante Dios. (1 Pedro 2:4)

Si hemos lidiado con el rechazo en el pasado, es sorprendente cómo ese dolor puede afectar nuestro presente y hasta nuestro futuro. Nos acercamos a la vida y las relaciones con un miedo a ser rechazados en lugar de por la fe de que somos y seremos aceptados.

Cuando se siente herido, la gente no siempre intenta hacerle daño. Pueden ser insensibles o menos considerados de lo que podrían ser, pero las personas que han experimentado el dolor del rechazo, a menudo sienten que están siendo atacados, aunque eso no sea cierto. Lo mejor es creer siempre lo mejor de cada uno. Si lo hace, le evitará mucho dolor y miseria.

La próxima vez que se sienta herido por alguien, hágase esta pregunta: *¿Está esa persona realmente tratando de herirme o solo me permito sentirme herido debido a viejas heridas del pasado?*

Pensamiento del día

No hay una persona que le guste a todo el mundo, así que disfrute de los muchos que le aman y admiran, y crea lo mejor de todos los demás.

Profundice en la Palabra de Dios: Marcos 8:31; Lucas 6:22

Confianza inquebrantable

Sin embargo, en todo esto somos más que vencedores por medio de aquel que nos amó. (Romanos 8:37)

Con Dios de nuestro lado, siempre podemos tener un sentir de triunfo. Pablo nos asegura en Romanos 8:37 que, a través de Cristo Jesús, somos más que vencedores. Creer esa verdad nos da la fuerza y confianza que necesitamos en la vida.

En este mundo nuestra confianza puede ser sacudida cuando las pruebas o dificultades se nos presentan, especialmente si son prolongadas. Pero podemos tener tanta confianza en el amor de Dios por nosotros que no importa lo que venga contra nosotros, sabemos en lo profundo de nuestro ser que somos más que vencedores. Podemos pasar por dificultades, pero con Dios siempre ganamos al final.

Cuando una prueba de cualquier tipo viene contra usted, elija decirse a sí mismo: *esto también pasará.* Confíe en que, durante la prueba, Dios le enseñará y madurará de manera que le ayude en el futuro.

Pensamiento del día

Crea que es un ganador en la vida y considérese fuerte y poderoso en y a través de Cristo.

Profundice en la Palabra de Dios: 2 Corintios 3:5: 1 Juan 3:20-21

Libere su fe

Vivimos por fe, no por vista. (2 Corintios 5:7)

Una de las maneras de liberar su fe es hacer lo que cree que Dios le pide que haga, sin dudarlo. La obediencia es la clave para nuestra victoria y muestra que hemos puesto nuestra fe en Dios.

Si somos oyentes de la Palabra y no hacedores, nos estamos engañando a nosotros mismos a través de un razonamiento que es contrario a la verdad (ver Santiago 1:22). La acción obediente es un requisito si queremos ver a Dios moverse en nosotros y a través de nosotros.

No hay duda de que el miedo vendrá, pero si sigue avanzando en la obediencia, no hay manera de que le controle. Aunque el miedo le hable, eso no significa que tenga que escuchar. Haga lo que Dios le pide que haga, aunque tenga que hacerlo con miedo.

Pensamiento del día

La verdadera fue no tiene que tener todas las respuestas por adelantado, simplemente confíe y responda en obediencia a la voz de Dios.

Profundice en la Palabra de Dios: 2 Juan 1:6; Lucas 11:28

Un dador alegre

Cada uno debe dar según lo que haya decidido en su corazón, no de mala gana ni por obligación, porque Dios ama al que da con alegría. (2 Corintios 9:7)

Uno de los gozos más grandes en la vida es ser generoso, dando lo que podamos siempre que podamos. Y eso no solo significa dinero. Podemos dar ayuda, ánimo, tiempo y perdón.

Como cristianos, podemos rechazar el egoísmo y dar del amor que ya hemos recibido. Si lo piensa, cuando entregamos nuestras vidas a Dios, todo lo que tenemos es suyo de todos modos, ya no nos pertenece. Deberíamos dar generosamente de nuestros recursos de la manera en que Dios nos guía.

En su momento de quietud con Dios, pídale que le ayude a dar alegremente. Le complace a Él y, a medida que aprende a dar con un corazón alegre, será más feliz, más realizado y una bendición diaria para todos los que le rodean.

Pensamiento del día

Un dador alegre no ve el dar como una obligación sino como una oportunidad.

Profundice en la Palabra de Dios: Mateo 5:42; Marcos 9:41

Vivir con discernimiento

*Y esto pido en oración, que vuestro amor abunde aún más
y más en ciencia y en todo conocimiento, para que apro-
béis lo mejor, a fin de que seáis sinceros e irreprensibles
para el día de Cristo.* (Filipenses 1:9-10 RVR1960)

El don del discernimiento es algo importante de tener, y está disponible para todos aquellos que tienen una relación con Dios.

Así es como funciona: antes de hacer algo, puede comprobar
rápidamente con su espíritu si lo que está a punto de hacer se siente
bien. Si tiene paz, entonces proceda con confianza. Pero si se siente
incómodo o confuso, permanezca quieto. Pídale a Dios que le dé su
sabiduría sobre cómo proceder en lugar de precipitarse a algo que
no le da paz.

Lo emocionante de momentos como estos es que cada vez que
elige escuchar y seguir los consejos del Espíritu Santo, su espíritu
se fortalece en Dios y más y más de la sabiduría de Dios se libera en
su vida para operar en el fruto del Espíritu. Cuando busque operar
con discernimiento, Dios le guiará a lo mejor para su vida.

Pensamiento del día

*Ríndase al Espíritu Santo y siga sus indicaciones, y crecerá
en el mismo discernimiento en el que Cristo caminó.*

Profundice en la Palabra de Dios: 1 Reyes 3:7-10; Salmos 119:125

Tenga una actitud de "sí puedo"

Todo lo puedo en Cristo que me fortalece. (Filipenses 4:13)

Tal vez ha pasado por la vida pensando *no puedo*, porque eso es lo que otros le han dicho. Si nadie se lo ha dicho antes, escuche a Dios diciendo ahora: *¡Sí puede!*

Esas son palabras poderosas para que las lea y crea porque los milagros vienen cuando usted declara: "¡Sí puedo!".

- *Sí puedo* superarlos.
- *Sí puedo* hacerlo.
- *Sí puedo* perdonar.
- *Sí puedo* criar hijos piadosos.
- *Sí puedo* salir de deudas.
- *Sí puedo* experimentar gozo.
- *Sí puedo* alcanzar su meta.
- *Sí puedo* seguir adelante.

Cuando se enfrente a cualquier desafío, no importa cuán grande parezca, Dios le dará toda la fuerza que necesite. ¡Usted *puede* hacerlo!

Pensamiento del día

Armado con el poder de Dios, puede identificar y eliminar todo lo que no puede en su vida y reemplazarlo con "sí puedo".

Profundice en la Palabra de Dios: Efesios 6:10-11; Nahum 1:7

Lo que diga, dígalo deliberadamente

Hasta un necio pasa por sabio si guarda silencio; se le considera prudente si cierra la boca. (Proverbios 17:28)

Hay un tiempo para hablar y un tiempo para guardar silencio. A veces, lo mejor que podemos hacer es no decir nada. Cuando decimos algo, es sabio pensar primero y luego tener un propósito en lo que decimos

Si toma la decisión de que va a decir lo menos posible sobre sus problemas y decepciones en la vida, puede que estos no dominen sus pensamientos y su humor. Pero si habla lo más posible sobre sus bendiciones y expectativas esperanzadoras, su estado de ánimo se ajustará a ellas para bien. Sus palabras afectan sus actitudes y acciones.

Asegúrese de que cada día esté lleno de palabras que alimentan el gozo, no la ira, la depresión, la amargura y el miedo. Háblese a sí mismo para estar de mejor humor. Escoja decir algo positivo en cada situación.

Pensamiento del día

Podemos ser decididos en lo que decimos con la ayuda del Espíritu Santo y aplicar los principios de disciplina y dominio propio.

Profundice en la Palabra de Dios: Salmos 141:3; Proverbios 13:3

Buscar a Dios por encima de todo lo demás

Confía en el Señor de todo corazón, y no en tu propia inteligencia. Reconócelo en todos tus caminos, y él allanará tus sendas. (Proverbios 3:5-6)

Si buscamos conocer *cosas*, puede que nunca conozcamos a Dios como deberíamos, pero si buscamos conocerlo a *Él*, podemos estar seguros de que Él nos mostrará todo lo que necesitamos saber en el momento preciso.

En lugar de intentar averiguarlo todo, podemos confiar en que Dios nos revelará su sabiduría y entendimiento en los momentos adecuados. La Palabra de Dios nos anima a que no nos apoyemos en nuestro propio entendimiento, sino en todas nuestras maneras de confiar en Dios con nuestra mente y corazón. Adelante, pruébelo; empezará a disfrutar de la vida más que nunca.

Use el tiempo que antes pasaba preocupado, frustrado y tratando de entenderlo todo, buscando conocer mejor a Dios. Esa es la mejor manera que pueda pasar su tiempo; viene con grandes recompensas.

Pensamiento del día

Es increíblemente refrescante cuando finalmente decidimos confiar en Dios y dejar de tener que entender todo lo que está pasando en nuestra vida.

Profundice en la Palabra de Dios: Mateo 6:33; Salmos 27:4

Hágalo con miedo

*Así que no temas, porque yo estoy contigo; no te angusties,
porque yo soy tu Dios. Te fortaleceré y te ayudaré. (Isaías
41:10)*

El miedo es un enemigo que atormenta el alma y busca robar nuestra paz y gozo. Conquistar totalmente el miedo no es algo que hacemos en un día, ni siquiera en mil días. Es algo que conquistaremos un día a la vez con la ayuda de Dios.

El miedo puede aparecer inesperadamente de muchas maneras. Uno de nuestros objetivos debería ser reconocerlo para poder tratar con él rápidamente. No puede derrotar a un enemigo que no sabe que está ahí.

Estar libre de miedo no significa que nunca lo experimentaremos o nos enfrentaremos a él. Significa que nos comprometemos a no permitir que gobierne nuestras vidas y, cuando sea necesario, haremos lo que tengamos que hacer, incluso si tenemos que hacerlo con miedo.

Pensamiento del día

Pídale a Dios que le ayude a reconocer el miedo en su inicio y seguir avanzando en su fuerza.

Profundice en la Palabra de Dios: Isaías 43:1; Salmos 34:4

Las victorias construyen la fe

Cristo nos libertó para que vivamos en libertad. Por lo tanto, manténganse firmes y no se sometan nuevamente al yugo de esclavitud. (Gálatas 5:1)

Conocer algo mentalmente y conocerlo por experiencia son dos cosas completamente diferentes. A menudo decimos que el conocimiento del corazón es mucho más profundo que el conocimiento de la cabeza. La fe se construye en nuestro corazón a medida que la ejercitamos, no solo cuando pensamos en ella.

Cada obstáculo que enfrenta con la ayuda de Dios se convierte en una pequeña victoria para usted y le prepara para enfrentar el siguiente.

Cuando complete un desafío o venza a un enemigo, disfrutará tanto de su nueva libertad que pronto estará totalmente reacio a vivir de cualquier otra manera. Pronto estará decidido a que sus días de vacilación y renuncia terminen. Eso no significa que no afrontará dificultades, pero sí que estará más y más decidido a confiar en Dios y ganar la batalla.

Pensamiento del día

Recordar las victorias pasadas le ayudará a enfrentar nuevos desafíos con confianza.

Profundice en la Palabra de Dios: Salmos 19:45; 1 Corintios 15:27

Fuerzas para hoy

Por lo tanto, no se angustien por el mañana, el cual ten-
drá sus propios afanes. Cada día tiene ya sus problemas.
(Mateo 6:34)

La mejor manera de afrontar los desafíos es tratarlos un día a la vez. Mirar demasiado lejos en el camino solo tiende a abrumarnos. Confiar en Dios requiere que creamos que Él nos da nuestro "pan de cada día", es decir que recibimos lo que necesitamos cuando lo necesitamos y normalmente no antes.

A veces, los desafíos pueden parecer imposibles y abrumadores, pero Dios está siempre con nosotros. Solo necesitamos ser valientes y recibir la fuerza que Él nos da. Recuerde que Dios le dará la gracia de hacer lo que necesita hacer hoy, por lo que es importante centrarse en vivir el momento en lugar de preocuparse por el mañana.

Cualquier cosa que necesite hacer, ya sea salir de deudas, resolver un problema matrimonial, organizar su casa o completar un proyecto, puede hacerlo con la ayuda de Dios, un día a la vez.

Pensamiento del día

Esté listo para cualquier cosa, así como para cualquier
tarea, porque Dios siempre le dará las fuerzas que necesita.

Profundice en la Palabra de Dios: Mateo 6:11; Santiago 4:6

Ríase

Nuestra boca se llenó de risas; nuestra lengua, de cancio-
nes jubilosas. Hasta los otros pueblos decían: El Señor ha
hecho grandes cosas por ellos. (Salmos 126:2)

Demasiadas veces en la vida dejamos que una insignificante y pequeña irritación arruine nuestro día. Incluso si permitimos que arruine una hora, o tan solo cinco minutos, esos son minutos en que no estamos disfrutando de la vida que Dios nos ha dado.

Ha llevado un tiempo, pero con la ayuda de Dios, he aprendido a no tomarme todo en la vida tan en serio. Es importante hacer tiempo cada día para divertirse y aprovechar cada oportunidad para reír. La risa es vital para combatir el estrés y las preocupaciones que tratan de encontrar su camino en nuestras vidas.

Ya sea algo tan tonto como derramar café o algo tan serio como una decisión importante de la vida, si decide relajarse un poco y no tomar todo demasiado en serio, se sorprenderá lo rápido que disminuirá su estrés y aumentará su gozo.

Pensamiento del día

Puede elegir entre reírse de la frustración o guardarla.
Elija sabiamente.

Profundice en la Palabra de Dios: Job 8:21; Proverbios 31:25

Correr en la fuerza de Dios

Corramos con perseverancia la carrera que tenemos por delante. (Hebreos 12:1)

Mucha gente permite que el miedo los paralice en su camino. En lugar de correr con confianza, saltando hacia las oportunidades y desafíos de la vida, están sentados, quietos, paralizados en la duda. La preocupación, la ansiedad y el estrés son como anclas que retienen a estas personas.

Pero no tiene que ser usted. Puede derrotar el miedo y disfrutar de una vida emocionante y aventurera con Dios. Si Dios le está guiando a hacer algo, no importan cuán inseguro se sienta; puede avanzar en la fe, sabiendo que Dios está con usted y obrando a su favor.

El miedo, la preocupación y la ansiedad crean estrés, y el estrés nos roba la energía, pero descansar en el amor de Dios por usted le dará energía para hacer todo lo que necesita hacer.

Pensamiento del día

La confianza en que Dios está obrando en su vida le evitará el pánico cuando se enfrente a una situación difícil.

Profundice en la Palabra de Dios: Nehemías 8:10; Salmos 22:19

La verdad le hará libre

Y conoceréis la verdad, y la verdad os hará libres.
(*Juan 8:32* RVR1960)

La verdad es maravillosa. Jesús dijo que nos haría libres. Pero, por muy maravillosa que sea la verdad, debemos estar dispuestos a enfrentarla. La verdad a menudo nos conmociona con la realidad que no estamos preparados para ver, pero si Dios la está revelando, sabe que es el momento adecuado.

Por muy duro que sea enfrentarse a la verdad, especialmente cuando requiere que hagamos cambios en nuestras vidas, siempre es mejor que evitarla. Estará tan contento de vivir en la libertad y las recompensas que conlleva.

Nunca podremos llegar a donde queremos estar a menos que realmente enfrentemos el lugar donde estamos. No debemos mirar al mundo para que nos enseñe a vivir vidas sinceras y piadosas, sino a la Palabra de Dios y al Espíritu Santo. Estas son las verdaderas fuentes de verdad; verdad que nos cambiará, nos animará, nos instruirá y nos hará libres.

Pensamiento del día

Las cosas de las que nos escondemos tienen poder sobre nosotros, pero cuando son expuestas a la verdad, tenemos poder sobre ellas.

Profundice en la Palabra de Dios: Juan 17:17; Salmos 145:18

La Palabra de Dios nunca cambia

La palabra de Cristo mora en abundancia en vosotros, ense-
ñándoos y exhortándoos unos a otros en toda sabiduría, can-
tando con gracia en vuestros corazones al Señor con salmos e
himnos y cánticos espirituales. (Colosenses 3:16 RVR1960)

Cuanto más estudiamos la Palabra de Dios, más empezamos a confiar en sus promesas en lugar de nuestras circunstancias. Cuando
elegimos poner nuestra fe en Dios, su Palabra tiene la última palabra. ¡La Palabra de Dios es la verdad en la que puede basar su vida!

- Si su hijo o nieto está tomando malas decisiones, sepa que
  Dios puede volver a encarrilarlos (ver Proverbios 22:6)
- Cuando las finanzas parezcan estar bajas, confíe en que Dios
  proveerá todo lo que necesite (ver Filipenses 4:19).
- Si está lidiando con el dolor de una pérdida, puede estar seguro
  de que Dios lo consolará y lo animará durante esta temporada
  (ver 2 Corintios 1:3-5).
- Cuando se sienta solo, fortalezca su corazón, sabiendo que Dios
  nunca le dejará ni le abandonará (ver Deuteronomio 31:6).

Las circunstancias pueden cambiar de un día para otro, pero la
Palabra de Dios nunca cambia.

Pensamiento del día

A medida que toma tiempo para meditar en la Palabra de Dios
y aplicarla a su situación, sus promesas obrarán en su vida.

Profundice en la Palabra: Romanos 10:17; Santiago 1:22

Celebre sus éxitos

Pon en manos del Señor todas tus obras, y tus proyectos se cumplirán. (Proverbios 16:3)

Una de las razones por las que muchas personas no se esfuerzan por lograr grandes cosas en sus vidas es porque se sienten mal consigo mismas. Sentirse avergonzado de quién es o sufrir de una culpa anormal puede fácilmente robar su motivación.

Si no se gusta a sí mismo, los malos pensamientos que tiene dentro serán una fuente continua de dolor que le impiden seguir adelante. Es vital que aprenda a aceptar y respetar la persona que Dios le hizo ser.

Nuestro comportamiento puede estar lejos de ser perfecto, pero si estamos dispuestos a cambiar, Dios seguirá obrando en nosotros, y cada día podremos mejorar. No se desprecie a usted mismo por sus imperfecciones; en cambio, aprenda a celebrar sus éxitos, aunque sean pequeños, para seguir avanzando en la vida.

Pensamiento del día

¡Nunca hay un momento en su vida en el que Dios no le ame!

Profundice en la Palabra de Dios: Salmos 47:1; Isaías 32:17

Perdone rápidamente

Más bien, sean bondadosos y compasivos unos con otros,
y perdónense mutuamente, así como Dios los perdonó a
ustedes en Cristo. (Efesios 4:32)

Aprender a perdonar rápida y completamente es una de las claves
más importantes para mantener el gozo en nuestras vidas. Debido a
que Dios nos ha perdonado, Él espera que perdonemos a los demás
por sus injusticias contra nosotros.

Así como podemos recibir el perdón de Dios y confiar en que
no está enojado con nosotros, podemos perdonar a los demás y no
estar enojados con ellos. La ira y la falta de perdón diluirán rápidamente su gozo. Es imposible estar amargado y ser mejor al mismo
tiempo.

Aprender a ser perdonador y misericordioso con las faltas de
los demás es un signo de creciente madurez espiritual; es ser obediente a la Palabra de Dios. Cuando obedecemos a Dios, especialmente cuando es difícil hacerlo, Él siempre nos recompensará con
paz y gozo.

Pensamiento del día

Aferrarse a la amargura o a la falta de perdón hacia
alguien no les hace daño a ellos, solo le hace daño a usted.
Permita que Dios sea su defensor.

Profundice en la Palabra de Dios: Mateo 6:14; Lucas 6:37

Sea la respuesta a la oración de alguien

Cada uno debe velar no solo por sus propios intereses, sino también por los intereses de los demás. (Filipenses 2:4)

Si quiere realmente experimentar esperanza y felicidad en su vida, lo mejor que puede hacer es ayudar a otra persona. Sé que suena contrario a la intuición, pero funciona.

Al dejar de concentrarse en usted mismo y buscar maneras de bendecir a los demás, deja de pensar en sus propios problemas y, al dar esperanza mediante palabras o actos de servicio, recibe una cosecha de todo lo que da, multiplicado muchas veces.

Cuando un agricultor planta semillas en un campo, recibe de vuelta una cosecha entera que provee a su familia y a muchos otros. La promesa de Dios de que cosecharemos lo que sembramos aún me asombra. Si queremos algo, podemos empezar regalando eso mismo a otros.

Pensamiento del día

La verdadera felicidad viene cuando vive activamente para bendecir a otro.

Profundice en la Palabra de Dios: Mateo 7:12; Gálatas 6:2

Confiado, estable y más que un vencedor

Por lo tanto, mis queridos hermanos, manténganse firmes e inconmovibles, progresando siempre en la obra del Señor.
(1 Corintios 15:58)

La Palabra de Dios nos dice que somos más que vencedores (ver Romanos 8:37). Creo que eso significa que estamos seguros de la victoria incluso antes de que tengamos el problema.

La victoria se convierte en nuestra nueva identidad como hijos de Dios. No necesitamos vivir con una mentalidad de víctima porque estamos seguros de que al final, siempre ganamos. Estar plenamente convencido de nuestra victoria en Cristo nos permite ser estables y tranquilos, incluso en medio de circunstancias difíciles.

El apóstol Pablo dijo que podemos ser personas firmes, inmovibles y siempre abundantes en la obra del Señor. ¡Qué gran descripción de lo que significa seguir a Jesús! Así es exactamente cómo puede vivir una persona que ha hecho de Dios el fundamento de su vida.

Pensamiento del día

Cuando tiene confianza de que Dios tiene el control, está anclado y seguro porque su esperanza está en el Señor.

Profundice en la Palabra de Dios: Deuteronomio 20:4; Salmos 108:13

Ejemplos de ánimo

Jesucristo es el mismo ayer y hoy y por los siglos. (Hebreos 13:8)

La Palabra de Dios está llena de ejemplos de personas imperfectas y falibles con las que podemos relacionarnos. Sus historias están registradas en la Biblia para enseñarnos y animarnos.

Piénselo: David se desanimó. A Moisés le faltó confianza. Elías se deprimió. Gedeón tuvo miedo. Sara se rio con incredulidad de la promesa de Dios. Los israelitas se rebelaron.

Los hombres y mujeres de la Biblia no eran una especie de superhéroes; eran personas reales con problemas reales, como usted y yo.

La próxima vez que se desanime o dude de usted mismo, recuerde que Dios puede ayudarle de la misma manera que ayudó a los hombres y mujeres de la Biblia. ¡Él es el mismo ayer, hoy y siempre!

Pensamiento del día

Dios no nos ayuda porque somos buenos, nos ayuda porque Él es bueno.

Profundice en la Palabra de Dios: Hebreos 6:17-18; Salmos 102:25-28

Recuerde lo que Dios ha hecho

En mi lecho me acuerdo de ti; pienso en ti toda la noche.
A la sombra de tus alas cantaré, porque tú eres mi ayuda.
(Salmos 63:6-7)

Hay muchos ejemplos registrados en la Biblia cuando Dios instruyó a su pueblo a recordar, contar y traer a memoria sus poderosos actos y las cosas buenas que había hecho por ellos. Cuando no lo hacían, perdían su aprecio, se volvían egoístas y siempre volvían a la esclavitud.

Recordar las cosas buenas en la vida es ciertamente útil y nos mantiene en el feliz camino de la gratitud. El simple hecho es que las personas agradecidas son personas felices, y las personas felices son a menudo más saludables que las personas tristes, desanimadas y sin esperanza. Recuerde lo que Dios ha hecho por usted en el pasado y permita que ese conocimiento le dé esperanza para el futuro.

Pensamiento del día

Escriba cada día algo por lo cual está agradecido y observe cuán larga puede ser su lista, antes de que se le agoten aquellas cosas que Dios ha hecho por usted.

Profundice en la Palabra de Dios: Salmos 77:11; 1 Corintios 11:24-25

Un espíritu justo

Lo que nace del cuerpo es cuerpo; lo que nace del Espíritu es espíritu. (Juan 3:6)

Lo que siente por usted mismo en su espíritu (corazón) es un factor determinante en su vida. Establece el escenario para todas sus relaciones, incluyendo su relación con Dios. Afecta su confianza, su valor y sus niveles de paz y gozo.

Puede retroceder o avanzar, depende de cómo se sienta en su espíritu.

La justicia de Dios es suya a través de Cristo Jesús. Es un regalo que Dios da a aquellos que aceptan a Jesús como su Salvador, y es la condición en la que deben estar nuestros espíritus si queremos tener una comunión adecuada con Dios. En su momento de quietud con Dios, medite en el hecho de que es aceptado y amado por la obra de Jesús a favor suyo.

Pensamiento del día

Jesús murió para que pudiéramos pararnos audazmente ante Dios y no retroceder por el miedo o la vergüenza.

Profundice en la Palabra de Dios: Miqueas 6:8; Romanos 6:13-14

Cooperar con Dios

*En realidad, sin fe es imposible agradar a Dios, ya que
cualquiera que se acerca a Dios tiene que creer que él existe
y que recompensa a quienes lo buscan. (Hebreos 11:6)*

Mucha gente comete el error de volverse pasiva, asumiendo que las
cosas buenas sucederán misteriosamente sin su cooperación. Pero
eso no es cierto. Somos socios con Dios, y como tales, debemos
cooperar con Él.

Hay muchas cosas en las que debemos pensar, decir en voz alta
y hacer a propósito. Esto es lo que significa poner su fe en acción.

Nuestras vidas pueden llegar a un acuerdo con Dios, pero eso
no sucederá por accidente. Es algo que debe hacerse a propósito
e implacablemente. Sea diligente en su compromiso de seguir los
caminos de Dios, y verá buenos frutos en su vida.

Pensamiento del día

*Cuando haga lo que pueda, Dios intervendrá y hará lo que
solo Él puede hacer en su vida.*

Profundice en la Palabra de Dios: Proverbios 10:4-5; Proverbios 13:4

¿Ocupado o fructífero?

Para que vivan de manera digna del Señor, agradándole en todo. Esto implica dar fruto en toda buena obra, crecer en el conocimiento de Dios. (Colosenses 1:10)

Hoy todo el mundo parece estar ocupado. Pregúntele a cualquiera cómo está y le responderá: "ocupado". Pero cometemos un error si igualamos el estar ocupado con el ser fructíferos.

Durante muchos años, pensé que cuanto más ocupada estuviera, más se alegraría Dios de mí. La verdad es que, cuanto más ocupada estaba, menos tiempo tenía para escuchar a Dios sobre cuál era su voluntad para mí. Me llevó un tiempo aprender a hacer menos para conseguir más.

En su momento de quietud con Dios, pídale que le dé la sabiduría para programar su día y su semana, conforme a su plan. No haga cosas solo por hacerlas. Camine en obediencia y busque invertir su tiempo y energía en cosas que tengan un impacto duradero para usted y para los demás.

Pensamiento del día

Dios nunca nos llamó a estar ocupados; nos llamó a dar buenos frutos.

Profundice en la Palabra de Dios: Lucas 10:41-42; Colosenses 3:1

Crear una atmósfera donde Dios pueda operar

Concentren su atención en las cosas de arriba, no en las de la tierra. (Colosenses 3:2)

Nuestros pensamientos, palabras y actitudes crean una atmósfera. Puede ser agitada y estresante o puede ser tranquila, positiva e incluso agradable. Los pensamientos se convierten en palabras, actitudes, lenguaje corporal, expresiones faciales e incluso estados de ánimo, y todas estas cosas afectan la atmósfera en la que vivimos.

Dios responde a nuestra fe, a nuestra confianza en que Él está obrando a nuestro favor. Si tenemos una situación negativa, pero una actitud positiva, se abre la puerta para que Dios ejecute su obra y cambie nuestra situación negativa.

El deseo de Dios para nosotros es que aprendamos a vivir con una actitud positiva, una actitud de fe y esperanza. No importa cuáles sean nuestras circunstancias, nuestras mentes nos pertenecen y nadie debe pensar por nosotros. Sea apasionado por ser positivo y mire cómo Dios obrará en su situación.

Pensamiento del día

Una actitud positiva y la expectativa de Dios nos eleva por encima de nuestras circunstancias y nos permite tener paz en medio de la tormenta y tener gozo sin importar lo que esté pasando a nuestro alrededor.

Profundice en la Palabra de Dios: Salmos 92:1-2; Hebreos 13:15-16

Hecho para un propósito único

Uno es el esplendor del sol, otro el de la luna y otro el de las estrellas. Cada estrella tiene su propio brillo. (1 Corintios 15:41)

Dios nos creó a todos de manera única y diferente. Como el sol, la luna y las estrellas, Dios nos hizo diferentes unos de los otros, y lo ha hecho a propósito. Cada uno de nosotros tiene un destino individual, y todos somos parte del plan general de Dios.

Tenga la seguridad de que usted es único, sabiendo que Dios lo ama y tuvo mucho cuidado al crearlo. Nunca tenemos que ser amenazados por las habilidades de los demás. Podemos ser libres para amar y aceptarnos a nosotros mismos y a los demás sin sentir la presión de comparar o competir.

Si intentamos ser como los demás, no solo nos perdemos a nosotros mismos, sino que cuestionamos el plan de Dios. Dios quiere que usted corra gozosamente su carrera; no quiere que se sienta presionado a correr la carrera de otro o a encajar en los planes de todos los demás. Diferente es más que aceptable; es el propósito de Dios para su vida.

Pensamiento del día

Fue hecho de manera formidable y maravillosa por el Creador del universo. Nunca cuestione su valor. Usted es especial y único ante sus ojos.

Profundice en la Palabra de Dios: Salmos 139:14; Romanos 12:6-8

Las temporadas pasarán

Muchas son las angustias del justo, pero el Señor lo librará
de todas ellas. (Salmos 34:19)

Dios ha prometido no dejarle ni abandonarle nunca. ¡Él siempre está con usted! Habrá momentos en su jornada en los que tendrá que seguir adelante, solo usted y Dios. Esos son tiempos difíciles, pero si se esfuerza por superar el desánimo, saldrá al otro lado más arraigado y cimentado en Dios. Desarrollará un profundo caminar con Él que será asombroso.

Sin embargo, si se rinde, se quedará atascado en la desesperación. La Biblia nos dice que muchas son las dificultades que vienen contra el justo, pero Dios nos rescata de todas ellas. Cuando pase por tiempos difíciles, solo recuerde que no durarán para siempre. Vienen en temporadas, y las temporadas pasarán. En su momento de quietud con Dios, pídale la fuerza para seguir adelante, y recuerde que nunca está solo.

Pensamiento del día

Hay un principio simple para superar cada desafío que enfrente: no se rinda. Y recuerde: esto también pasará.

Profundice en la Palabra de Dios: Deuteronomio 31:6;
2 Corintios 13:11

Emocionado por la vida

*Por eso te recomiendo que avives la llama del don de Dios
que recibiste cuando te impuse las manos. (2 Timoteo 1:6)*

Si usted es cristiano, ¿está emocionado de serlo? ¿O se ha acostumbrado tanto a la idea de la presencia de Dios en su vida que ha perdido su celo y entusiasmo?

Dios una vez le habló a mi corazón para que siempre viviera asombrada y no dejara que las cosas que una vez me emocionaban de mi vida en Cristo se convirtieran en parte de una rutina mundana. Y creo que es un buen mensaje para todos nosotros.

Pablo le dijo a Timoteo que se despertara, que avivara la llama y reavivara las brasas del fuego que una vez tuvo. Este es un gran consejo. No deje que las cosas que una vez le asombraron: su salvación, el amor incondicional de Dios, su provisión diaria y una vida victoriosa, se conviertan en algo mundano. Elija despertar cada día sorprendido y emocionado por su vida y su relación continua con Dios.

Pensamiento del día

Piense en lo privilegiado que es de ser un hijo de Dios.

Profundice en la Palabra de Dios: 1 Samuel 2:1; Marcos 1:22

Adiestre su mente a trabajar para usted

No se amolden al mundo actual, sino sean transformados mediante la renovación de su mente. Así podrán comprobar cuál es la voluntad de Dios, buena, agradable y perfecta.
(Romanos 12:2)

¿Sabía que su mente puede trabajar *a su favor* o *en su contra*, dependiendo de cómo la entrene? Cuando trabaja a su favor, le ayuda a mantenerse positivo, a alcanzar sus metas en la vida y a pensar los tipos de pensamientos que agradan a Dios y le permiten disfrutar cada día. Cuando trabajan en su contra, puede hacerle negativo y desanimarlo e impedirle lograr lo que quiere o necesita hacer.

Nuestras acciones son el resultado de nuestros pensamientos. A menudo digo: "Donde va la mente, el hombre la sigue". Tome la decisión intencional de que empezará a tener pensamientos positivos y llenos de fe basados en la Palabra de Dios.

Desarrollar el hábito de pensar de la manera que Dios quiere que lo haga, llevará tiempo. Reciba la miséricordia de Dios cuando cometa errores y determínese a permanecer diligente y siempre pedirle a Dios su ayuda. Su mente puede ir a trabajar *a su favor* en lugar de en su contra, y convertirse en una herramienta poderosa y positiva en su vida.

Pensamiento del día

Elija sus pensamientos cuidadosamente porque son contenedores de poder. Depende de usted si ese poder es positivo o negativo.

Profundice en la Palabra de Dios: Filipenses 4:8-9; Efesios 4:22-24

Libérese del peso de la preocupación

No se inquieten por nada; más bien, en toda ocasión, con oración y ruego, presenten sus peticiones a Dios y denle gracias. (Filipenses 4:6)

Una cosa es saber que no debemos preocuparnos, pero otra muy distinta es realmente dejar de preocuparnos. Una de las cosas que le ayudarán a dejar de preocuparse es darse cuenta de lo completamente inútil que es. Déjeme hacerle algunas preguntas:

- ¿Cuántos problemas ha resuelto preocupándose?
- ¿Cuánto tiempo ha pasado preocupándose por cosas que nunca han pasado?
- ¿Alguna vez la preocupación ha añadido algo a su paz, gozo o energía?

¡Claro que no! En el instante en que empiece a preocuparse o sentirse ansioso, recuerde que es inútil, y entregue su preocupación a Dios. Libérese del peso de ella y confíe totalmente en Él para que le muestre lo que debe hacer o para que se ocupe de ello Él mismo.

Pensamiento del día

Confiar todo a Dios en la oración es su arma más poderosa para luchar contra la preocupación.

Profundice en la Palabra de Dios: Proverbios 12:25; Isaías 43:1-3

Meditar en la Palabra de Dios

*Sino que en la ley del Señor se deleita, y día y noche medita
en ella. (Salmos 1:2)*

Todas las personas exitosas de las que leemos en la Biblia tenían el
hábito de meditar en la Palabra de Dios. Sabían que era la manera
de mantener sus mentes renovadas a la manera de Dios. Meditar es
simplemente pasar algo una y otra vez en su mente, murmurarlo en
voz baja o hablarlo en voz alta.

Meditar en la Palabra de Dios es muy poderoso. Me gusta ver el
meditar en la Palabra de Dios como masticar mi comida. Si trago
mi comida entera, no obtengo toda la nutrición que contiene. Si
hojeamos la Palabra de Dios o simplemente escuchamos un sermón
semanal en la iglesia, es como tragarla entera y nunca obtener la
plenitud de las cosas buenas que Dios quiere que tengamos.

La Palabra de Dios tiene un poder inherente, y creo que ese
poder se libera mejor cuando pensamos en ella una y otra vez.

Pensamiento del día

*No medite en los problemas de hoy; medite en las promesas
de Dios.*

Profundice en la Palabra de Dios: Proverbios 2:2-5; Juan 6:63

Cómo opera el poder de Dios

Pero el don no fue como la transgresión; porque si por la transgresión de aquel uno murieron los muchos, abundaron mucho más para los muchos la gracia y el don de Dios por la gracia de un hombre, Jesucristo. (Romanos 5:15 RVR1960)

Dios siempre nos da la gracia para hacer lo que nos pide que hagamos; sin embargo, no nos dará la gracia de vivir fuera de su voluntad. Si nos dice que no hagamos algo que decidimos hacer de todos modos, experimentaremos el dolor de la frustración y la decepción.

Dios nos da la gracia que iguale su llamado para nuestras vidas. Cuando hacemos lo que queremos, lo hacemos con nuestras propias fuerzas. Cuando seguimos su dirección, Él siempre proporciona la gracia y la energía para hacer lo que nos ha llamado a hacer.

La mejor parte es que, aunque tenemos que elegir recibir la gracia de Dios, no tenemos que hacer nada para ganárnosla. Es un regalo gratuito. Cuando elige seguir el llamado de Dios, puedes estar seguro de que Dios proveerá todo lo que necesite para hacerlo.

Pensamiento del día

Estar en la voluntad de Dios es el lugar más cómodo para estar.

Profundice en la Palabra de Dios: Jeremías 10:12-13; Salmos 147:4-5

Vivir en un favor sobrenatural

Porque tú, Señor, bendices a los justos; cual escudo los rodeas con tu buena voluntad. (Salmos 5:12)

Hay una distinción entre favor natural y favor sobrenatural. El favor natural debe ganarse para poder recibirlo, pero el favor sobrenatural es un regalo de gracia y divino de Dios.

Un ejemplo perfecto de esto es la vida de Ester. Dios la levantó de la anonimidad para convertirla en la reina de toda la tierra. Le dio favor de todos los que conoció, incluyendo el rey. Cuando se planeó el ataque contra los israelitas, Ester se presentó ante el rey en confianza para salvar a su pueblo, confiando en que tenía el favor de Dios.

Como Ester, podemos movernos con la libertad y confianza que viene de vivir en el favor de Dios. Independientemente de las circunstancias que vengan a su vida, siga adelante con valentía y fe, sabiendo que tiene el favor sobrenatural de Dios. Creo en confesar la Palabra de Dios en voz alta, así que le sugiero que cada día confiese que tiene el favor de Dios en su vida.

Pensamiento del día

El favor de Dios abre las puertas y proporciona oportunidades para usted que nadie más puede hacerlo.

Profundice en la Palabra de Dios: Job 10:12; Proverbios 3:3-4

La oración es una conversación

Mis ovejas oyen mi voz; yo las conozco y ellas me siguen.
(Juan 10:27)

La oración es más que decirle a Dios lo que queremos o necesitamos; la oración está destinada a ser una conversación. En su momento de quietud con Dios, asegúrese de escuchar lo que Él le dice. Ya sea a través de su Palabra o como una revelación directa a su corazón (lo cual siempre se alineará con la Palabra de Dios), Dios usa muchas maneras de hablarle si le escucha.

Como cualquier conversación, el tiempo con Dios debe envolver hablar y escuchar. Estoy convencida de que no escuchamos lo suficiente. Puede que tenga que desarrollar la habilidad de escuchar, pero Dios tiene algunas cosas muy impresionantes que decir. Aprenda a esperar en Él en silencio.

Permítame recordarle hoy que Dios vive dentro de nosotros. Él es nuestro compañero constante. No es alguien con quien debemos hablar solo cuando tenemos una necesidad, sino que debemos comunicarnos con Él durante todo el día. Al hacerlo, le ayudará a construir una amistad íntima con Él que hará que su vida sea maravillosa.

Pensamiento del día

Dios nos ha invitado a una relación de compañerismo con Él. Debe ser una relación íntima en la que compartimos absolutamente todo.

Profundice en la Palabra de Dios: Jeremías 29:12; Salmos 17:6

Ganamos al final

Ustedes, queridos hijos, son de Dios y han vencido a esos fal-
sos profetas, porque el que está en ustedes es más poderoso
que el que está en el mundo. (1 Juan 4:4)

La mayoría de nosotros estamos de acuerdo de que estamos
viviendo en tiempos difíciles entre muchas personas pecadoras y
confusas, y deberíamos ser más cuidadosos que nunca antes para
no dejar que nuestras emociones tomen el papel principal en nuestras vidas.

En lugar de enfadarnos rápidamente o temer los tiempos que
vivimos, podemos seguir el consejo de la Biblia de ser sabios como
serpientes y mansos como palomas (ver Mateo 10:16).

En otras palabras, podemos ser maduros espiritualmente,
pacientes, amables y gentiles con los demás y lo suficientemente
sabios como para saber que, pase lo que pase, Dios tendrá la
última palabra. No importa cuán sombrías parezcan las cosas en
el mundo; no hay obscuridad que pueda vencer la luz de Dios dentro de nosotros. Recuerde, Dios conoce el fin desde el principio. Él
tiene el control. Podemos tener paz y consuelo en esa verdad.

Pensamiento del día

El mundo está en oscuridad, pero Cristo está lleno de luz,
así que asegúrese de brillar con fuerza hoy y todos los días.

Profundice en la Palabra de Dios: Romanos 8:37-39; 1 Juan 5:4-5

Cómo pensar de la gente

Traten a los demás tal y como quieren que ellos los traten a ustedes. (Lucas 6:31)

La forma en que pensamos de las personas cuando no estamos con ellas determina cómo las trataremos cuando lo estemos. Realmente quiero complacer a Dios en lo que respecta a cómo hago sentir a la gente, y estoy segura de que usted siente lo mismo. Nuestros pensamientos juegan un papel vital para que podamos hacerlo, y afectan en gran medida nuestras relaciones con la gente.

Hay un gran beneficio en el pensamiento positivo y a propósito acerca de los demás. No tenemos que tratar de pensar en cosas que no nos gustan (esos pensamientos vienen sin ser invitados), pero podemos no darles entrada, eligiendo enfocarnos en lo bueno.

Cuando tenga su tiempo con Dios, tome unos minutos para pensar en la gente con la que estará ese día. En lugar de reflexionar sobre todos sus defectos y las cosas que no le gusta de ellos, piense a propósito en las cosas buenas que tienen. Esto le ayudará a tratarlos como le gustaría que lo trataran a usted.

Pensamiento del día

La gente no siempre recuerda lo que decimos, pero sí recuerdan cómo los hicimos sentir.

Profundice en la Palabra de Dios: Romanos 12:3; Gálatas 5:22-23

Dios piensa en usted

Has aumentado, oh Jehová Dios mío, tus maravillas; y tus
pensamientos para con nosotros. (Salmos 40:5 RVR1960)

Tal vez nunca se le ocurrió que Dios piensa en usted, pero lo hace.
Los pensamientos de Dios hacia nosotros se encuentran en su Palabra. Su Palabra revela su voluntad. Su Palabra expone sus pensamientos por escrito para que los conozcamos.

El salmo 139 es un hermoso salmo de David que nos enseña
mucho sobre cómo nos ve Dios: "Dios mío, ¡cuán preciosos me son
tus pensamientos! ¡Cuán vastos son en su totalidad! Si los contara,
serían más que la arena; si terminara de contarlos, tú aún estarías
allí" (Salmos 139:17-18).

David declara que los pensamientos de Dios hacia él (y hacia
nosotros) son tantos que son como granos de arena en la playa. ¿Y
adivine qué? ¡Son buenos pensamientos! Dios le ama, y siempre
está en su mente.

Pensamiento del día

Jamás usted está alejado de la vista de Dios o de su mente.
Él le ama y tiene un gran plan para su vida.

Profundice en la Palabra de Dios: Sofonías 3:17; 1 Juan 4:16

Vasijas agrietadas

A pesar de todo, Señor, tú eres nuestro Padre; nosotros somos el barro, y tú el alfarero. Todos somos obra de tu mano. (Isaías 64:8)

Dios no requiere que seamos perfectos; Él nos hizo, y sabe que somos humanos y que cometeremos errores. Nuestro trabajo es levantarnos cada día y hacer lo mejor para servir a Dios con los dones que nos ha dado. Cometeremos errores y, cuando los cometamos, podremos recibir el perdón de Dios y seguir adelante.

Dios (el Alfarero) usa vasijas agrietadas (eso somos nosotros) para hacer su trabajo. Somos recipientes que Dios llena con su amor y bondad para compartir con el mundo que nos rodea. No tenga miedo de sus defectos. Reconózcalos y permita que Dios le use de todas maneras. Deje de preocuparse por lo que no es y dele a Dios lo que es. Mantenga sus ojos en Dios, que es perfecto, y en lo que puede hacer en usted y a través de usted.

Pensamiento del día

Dios sabía todos los errores que cometería antes de que los cometiera, y le ama de todas maneras.

Profundice en la Palabra de Dios: Isaías 29:16; Salmos 119:73

Estable y maduro en Cristo

Todo me está permitido, pero no todo es para mi bien. Todo
me está permitido, pero no dejaré que nada me domine.
(1 Corintios 6:12)

Muchas personas se han convencido de que son personas demasiado emocionales. Dicen: "No puedo evitarlo. Mis emociones
sacan lo mejor de mí". Si alguna vez se ha sentido así, déjeme
decirle que puede ser estable y maduro en Cristo. No tiene que ser
una víctima de sus emociones.

Nadie es "solo emocional"; podemos haber elegido dejarnos llevar por nuestras emociones hasta que hacerlo se convirtió en un
hábito, pero con la ayuda de Dios podemos cambiar. Dios nos ha
dado un espíritu de disciplina y dominio propio, pero tenemos que
usarlo.

Dios le dio emociones para que pudiera sentir cosas buenas y
malas, pero nunca quiso que esos sentimientos le dominaran. Con
la ayuda de Dios, puede disciplinar su mente, su voluntad y sus
emociones. Puede ser un cristiano estable y maduro que sigue a
Dios y no a sus emociones.

Pensamiento del día

Dios nos ha dado un libre albedrío y podemos ejercitarlo
para tomar decisiones que se alineen con su voluntad para
nuestras vidas.

Profundice en la Palabra de Dios: 1 Corintios 14:20; Efesios 4:14-15

Aceptarse a sí mismo

Que se aparte del mal y haga el bien; que busque la paz y la siga. (1 Pedro 3:11)

Mucha gente realmente no se gusta a sí misma. Se rechaza a sí misma. Pero si no nos llevamos bien con nosotros mismos, no nos llevaremos bien con los demás. Cuando nos rechazamos a nosotros mismos, podemos sentir que los demás también nos rechazan.

Lo que sentimos por nosotros mismos es un factor determinante para nuestro éxito en todo lo que hacemos, incluyendo nuestras relaciones, y las relaciones son parte vital de nuestras vidas. Dios quiere que tengamos confianza y que aceptemos que somos creados por Él, y Él no comete errores.

Dios nos ama y quiere que aceptemos su amor. Y gracias a su amor, podemos amarnos a nosotros mismos de una manera sana, equilibrada y bíblica. Somos hijos de Dios, gente que es amada, aceptada y, por su gracia, mejorada cada vez más.

Pensamiento del día

Nuestra imagen propia es la imagen interna que llevamos de nosotros mismos. Deje que su imagen se base en lo que la Palabra de Dios dice de usted y nada más.

Profundice en la Palabra de Dios: Romanos 9:20; Cantares 4:7

No tenga miedo de fallar

Porque siete veces podrá caer el justo, pero otras tantas, se
levantará. (Proverbios 24:16)

No es posible averiguar el plan de Dios para su vida sin cometer
algunos errores en el camino. Los libros de historia están llenos de
historia de grandes hombres y mujeres que hicieron cosas increíbles, pero antes de sus logros, fracasaron en el camino. Thomas
Edison intentó dos mil experimentos antes de inventar con éxito la
bombilla. Abraham Lincoln perdió varias elecciones antes de convertirse en presidente de los Estados Unidos. No habríamos oído
hablar de ninguno de estos hombres si hubieran renunciado antes
de alcanzar el éxito.

Dios nos ha creado para seguir avanzando hacia su plan para
nuestras vidas. Quiere que enfrentemos nuevos desafíos, que pro-
bemos cosas nuevas, que experimentemos y que seamos creativos.
No tenga miedo cuando falle, su éxito puede estar a la vuelta de la
esquina.

Pensamiento del día

El miedo al fracaso es uno de los mayores temores que la
gente tiene que enfrentar si pretende cumplir su propósito
en la vida.

Profundice en la Palabra de Dios: Romanos 5:3-4; Salmos 37:23-24

Oraciones diligentes

La oración del justo es poderosa y eficaz. (Santiago 5:16)

Muchas veces, cuando pensamos en el poder, pensamos en algo que ocurre rápidamente, con una velocidad y fuerza casi milagrosa. Pero el poder de la oración no lo determina si los resultados llegan instantánea o dramáticamente.

De hecho, Santiago 5:16 nos enseña que una manera en la que un tremendo poder se hace disponible es cuando oramos persistentemente. Eso significa que tomará algún tiempo y determinación para no rendirse.

Sea paciente y confiado cuando ore, y crea que la respuesta llegará en el momento justo si lo que está orando es la voluntad de Dios. Si no es la voluntad de Dios, entonces espere que Él le dé algo aún mejor.

Pensamiento del día

La oración abre la puerta para que Dios se involucre en cada área de nuestras vidas y la de aquellos por los que oramos.

Profundice en la Palabra de Dios: Colosenses 4:2; Lucas 18:1

La obra continua de Dios en su vida

Estoy convencido de esto: el que comenzó tan buena obra en ustedes la irá perfeccionando hasta el día de Cristo Jesús. (Filipenses 1:6)

Queremos que las cosas se hagan rápidamente en nuestras vidas, pero Dios quiere que sean de alta calidad, así que Él se toma su tiempo para entrenarnos. No hay sensaciones de la noche a la mañana en el reino de Dios. Las cosas que Él está haciendo en su vida ahora mismo tienen un doble propósito: le están proveyendo hoy y le están preparando para el mañana.

Considere esto: El encuentro de David con el león y el oso lo prepararon para su batalla contra Goliat. José aprendió a liderar en una prisión egipcia, aprendiendo las lecciones que usaría cuando fuera promovido a ser segundo luego del faraón.

No tenga demasiada prisa. Si va demasiado rápido, se perderá de importantes lecciones que vienen a través de las aparentes pequeñas decisiones y eventos de cada nuevo día vivido en la relación con el Señor. Dios está haciendo cosas valiosas en nuestras vidas cada día, y podemos aprender a reconocerlas si confiamos en Él en el proceso.

Pensamiento del día

Si Dios nos diera todo lo que pedimos de una vez, no estaríamos equipados para manejarlo. Por eso, Dios nos bendice, instruye y guía poco a poco.

Profundice en la Palabra: 1 Corintios 4:5; Efesios 4:11-13

Prisionero de la esperanza

Y ahora, Señor, ¿qué esperanza me queda? ¡Mi esperanza
he puesto en ti! (Salmos 39:7)

La esperanza no es algo que debamos esperar a sentir para tenerla.
Es algo que podemos decidir tener, no importa lo difícil que parezcan nuestras circunstancias. Dios promete que, si nos convertimos
en prisioneros de la esperanza, nos devolverá el doble de nuestras
antiguas bendiciones (ver Zacarías 9:12; Isaías 61:7).

En otras palabras, si está dispuesto a quedarse encerrado con
esperanza hasta el punto de que esté tan esperanzado que, pase lo
que pase, no pueda dejar de esperar, entonces Dios restaurará todo
lo que haya perdido en su vida y le dará una doble bendición.

La vida está llena de situaciones negativas, pero no tenemos que
dejar que nos hagan negativos. La esperanza es siempre positiva,
esperando algo bueno que suceda en cualquier momento. Mientras
espera su avance, estudie la Palabra del Señor y recuerde las cosas
buenas que Dios ha hecho por usted en el pasado.

Pensamiento del día

La esperanza en Dios no es meramente desear que las
cosas salgan bien; es una fuerza poderosa que produce
avances cuando nos aferramos a ella diligentemente.

Profundice en la Palabra de Dios: Salmos 37:7-9; Salmos 27:14

Jesús lo hizo todo

En él, mediante la fe, disfrutamos de libertad y confianza
para acercarnos a Dios. (Efesios 3:12)

No importa cuánto lo intentemos o cuánto hagamos, nunca podremos hacer suficientes cosas buenas para ganarnos la aprobación y aceptación de Dios. Eso puede sonar frustrante y derrotista, pero en realidad son buenas noticias cuando nos damos cuenta de que Jesús ha hecho todo lo que hay que hacer, y nada de lo que podamos hacer mejorará el trabajo que hizo. La vida, muerte y resurrección de Jesús fue suficiente para usted y para mí.

El verdadero descanso llega cuando somos capaces de decir: "No tengo que hacer nada para que Dios me ame y me acepte: Debemos hacer lo mejor que podamos porque amamos a Dios, y no para que Él nos ame.

Como creyentes, podemos presentarnos ante Dios por todo lo que hizo Jesús y darnos cuenta de que estamos ante Dios "en Cristo", no en nosotros mismos. Tenemos acceso al trono de la gracia de Dios por la sangre de Cristo, no por nada que podamos hacer. ¡Jesús siempre es suficiente!

Pensamiento del día

Su relación con Dios no se basa en lo que usted hace, sino
en lo que Jesús ha hecho por usted.

Profundice en la Palabra de Dios: Juan 17:3; 1 Juan 5:20

Manejar una pérdida

Cercano está Jehová a los quebrantados de corazón; y salva a los contritos de espíritu. (Salmos 34:18 RVR1960)

La pérdida puede ser una parte muy difícil de la vida, pero es una que todos experimentamos. La buena noticia es que hay algo que le espera al otro lado de la pérdida. Puede ser un trabajo diferente, una nueva relación, o una nueva habilidad para empatizar con otros que están atravesando por una situación similar a la suya.

Tiene una opción. Puede atravesar su pérdida y salir al otro lado. La decisión de seguir adelante no elimina las emociones que sentimos, pero las emociones disminuirán con el paso del tiempo. Las emociones se alteran cuando tenemos algún tipo de dolor, y es mejor no tomar decisiones precipitadas o cambios repentinos mientras estamos sufriendo.

En lugar de eso, espere pacientemente en el Señor, y confíe en Él para que le ayude a tomar la decisión de atravesar la pérdida y salir al otro lado mejor, no amargado.

Pensamiento del día

El dolor, el sufrimiento y la pérdida no son el final de su historia. Todavía hay más capítulos por escribir.

Profundice en la Palabra de Dios: Salmos 147:3; Mateo 5:4

Fe sobre el miedo

Por nada estéis afanosos, sino sean conocidas vuestras peti-ciones delante de Dios en toda oración y ruego, con acción de gracias. Y la paz de Dios, que sobrepasa todo entendi-miento, guardará vuestros corazones y vuestros pensamien-tos en Cristo Jesús. (Filipenses 4:6-7 RVR1960)

El miedo y la ansiedad son enemigos a los que nos enfrentamos a menudo. Si hay alguna área en la que tiene miedo, dele ese miedo a Dios y reciba su gracia para que pueda tener fe en esa área.

Por ejemplo, si le gustaría solicitar un puesto que sería un ascenso en su empresa, pero se ha sentido demasiado temeroso para hacerlo, salga y trate de hacerlo. Incluso si no consigue el puesto, habrá tenido éxito en salir en fe, y eso es lo más importante.

En su momento de quietud con Dios, estudie y medite en su Palabra sobre ser libre del miedo y estar seguro en Él. Su Palabra renovará su mente y el miedo se convertirá en fe y valor. Dé los pasos de fe que Dios le lleva a dar, aunque todavía sienta algo de miedo, y a medida que avance, empezará a sentir más y más libertad.

Pensamiento del día

Con la ayuda de Dios, puede derrotar el miedo y la ansie-dad un paso a la vez. Dé un paso hoy.

Profundice en la Palabra de Dios: Jeremías 1:8; Salmos 56:11

Alégrese, alégrese

Alégrense siempre en el Señor. Insisto: ¡Alégrense! (Filipenses 4:4)

Cosas serias y dolorosas suceden a veces en nuestras vidas y necesitamos estar conscientes de ellas y estar preparados para afrontarlas y tratar con ellas. Pero, al mismo tiempo, gracias al Espíritu de Dios en nuestras vidas, podemos aprender a relajarnos y tomar las cosas como vengan sin ponernos nerviosos y molestos por ellas. Podemos disfrutar de nuestras vidas incluso en medio de la imperfección.

Con la ayuda de Dios, podemos aprender a estar en paz, disfrutando de la maravillosa vida que nos ha proporcionado a través de su Hijo, Jesucristo. Dos veces en Filipenses 4:4, el apóstol Pablo nos dice que nos regocijemos. En los siguientes versículos nos insta a no preocuparnos ni tener ansiedad por nada, sino orar y dar gracias a Dios *en* todo, no *después* de que todo haya terminado.

Podemos regocijarnos en medio de *cualquier* situación desafiante. A pesar de todas las cosas preocupantes que suceden a nuestro alrededor en el mundo, nuestra confesión diaria debe ser: "Este es el día que hizo Jehová; nos gozaremos y alegraremos en él" (Salmos 118:24 RVR1960).

Pensamiento del día

Preste más atención a sus bendiciones que a sus problemas.

Profundice en la Palabra de Dios: Isaías 61:10; Salmos 113:1

Siga la dirección de Dios

El Señor es mi pastor, nada me falta. (Salmos 23:1)

Si queremos alcanzar nuestras metas o encontrar éxito en la vida, es esencial que sigamos la guía de Dios. Siempre habrá gente que nos ofrezca consejos. Algunos de ellos pueden ser buenos, pero muchos pueden no serlo. O puede ser un buen consejo, pero simplemente en el momento equivocado, o puede ser un consejo que no funcionará para nosotros. Es importante que siempre miremos a Dios primero y escuchemos su guía e instrucción.

Dios nos ha creado como individuos únicos y no nos guía a todos de la misma manera. Dios tiene un plan diferente, único e individual para cada uno de nosotros. Así que, si quiere ganar su carrera, tendrá que encontrar su propio estilo de correr.

Por supuesto, podemos aprender de otras personas, pero no nos atrevamos a tratar de copiarlos a costa de perder nuestra propia individualidad. Aprecie el consejo y el ejemplo de los demás, pero en su momento de quietud con Dios, pídale su guía y siga las indicaciones que le dé.

Pensamiento del día

La mejor guía que recibirá es la dirección y guía del Espíritu Santo

Profundice en la Palabra de Dios: Isaías 58:11; Proverbios 1:2-7

El gozo de obedecer la Palabra de Dios

Pues amo tus mandamientos, y en ellos me regocijo. Yo amo tus mandamientos, y hacia ellos elevo mis manos; ¡quiero meditar en tus decretos! (Salmos 119:47-48)

Trae gran gozo cuando recibimos agradecidos las promesas de Dios para nuestras vidas y obedecemos sus mandatos. Cuando creemos en la Palabra de Dios y obedecemos todo lo que el Espíritu Santos pone en nuestros corazones para hacer, estamos destinados a ser vencedores en la vida. Creer en la Palabra de Dios nos libera de la frustración y la lucha, y descansamos en las promesas de Dios.

La Palabra dice: "En tal reposo entramos los que somos creyentes" (Hebreos 4:3). Si sus pensamientos se han vuelto negativos y está lleno de dudas, puede ser que simplemente se haya cansado y haya dejado de creer en las promesas de Dios. Tan pronto como empiece a creer en la Palabra de Dios, su gozo volverá y estará tranquilo de nuevo. Afortunadamente, el lugar de descanso en Dios es donde Él quiere que esté *cada día* de su vida.

Pensamiento del día

Cada vez que empiece a sentirse tenso o ansioso, recuerde que Dios peleará sus batallas mientras entra en su descanso a través de la fe.

Profundice en la Palabra de Dios: Juan 14:23; Deuteronomio 5:33

El coraje para perseguir
sus sueños

Sin embargo, en todo esto somos más que vencedores por medio de aquel que nos amó. (Romanos 8:37)

Dios nos da sueños para el futuro, pero a veces esos sueños pueden parecer imposibles. Es entonces cuando el miedo comienza a asentarse.

Si está decidido a no renunciar a sus sueños, entonces tiene que arriesgarse, tiene que ser valiente. El coraje no es la ausencia de miedo; es seguir adelante cuando sienta miedo. Así que, cuando se enfrente a situaciones que le amenacen o intimiden, ore por la gracia de Dios para que le dé audacia y coraje para que pueda seguir adelante a pesar de los obstáculos que enfrente.

El espíritu del miedo siempre tratará de evitar que siga adelante. Pero puede vencer el miedo porque es más que vencedor a través de Cristo, quien le ama.

Pensamiento del día

No retroceda cuando la adversidad surja. Manténgase firme, confiando en Dios y sabiendo que Él está ahí con usted.

Profundice en la Palabra de Dios: 1 Corintios 16:13; 2 Crónicas 32:8

Disfrute de las diferencias de los demás

Siempre humildes y amables, pacientes, tolerantes unos con otros en amor. (Efesios 4:2)

Es fácil esperar que todos sean como nosotros o como creemos que deberían ser. Pero Dios quiere que disfrutemos de las personas que ha puesto en nuestras vidas, no que las juzguemos y critiquemos.

En su momento de quietud con Dios, pídale que lo ayude a formar el hábito de encontrar lo bueno en la gente, no sus defectos.

Todo el mundo tiene defectos y estamos llamados a ser pacientes y a soportarlos. Si hay personas en su vida que tienen hábitos o costumbres diferentes a los suyos, aprenda a apreciar esas diferencias. Dios las ha hecho únicas, así como le ha hecho a usted. No olvide que la gente también tiene que pasar por alto algunos de los comportamientos suyos.

Esta es la única manera en que podemos tener relaciones pacíficas y felices. Todos debemos practicar ser pacientes y adaptables.

Pensamiento del día

No desperdicie su energía tratando de cambiar a otras personas. Deje que Dios cambie las cosas que necesitan ser cambiadas.

Profundice en la Palabra de Dios: 1 Corintios 12:4; Cantares 6:9-10

Algo para esperar

Y esta esperanza no nos defrauda, porque Dios ha derra-
mado su amor en nuestro corazón por el Espíritu Santo que
nos ha dado. (Romanos 5:5)

Creo que todos necesitamos cosas que esperar. Puede ser una
buena comida después de un duro día de trabajo, o pueden ser sus
vacaciones anuales. Pero las cosas que esperamos nos motivan a
seguir adelante en la vida. Dios quiere hacer cosas buenas para
cada uno de nosotros y quiere que disfrutemos de nuestra vida.

Siempre manténgase lleno de esperanza porque es la expectativa confiada del bien. Espere y tenga una expectativa de cosas buenas en su vida. Abraham esperaba contra toda esperanza. Esperó
cuando no había ninguna razón física para esperar. Mirar sus circunstancias no siempre le dará razones para esperar. Pero puede
mirar más allá de ellas, a la Palabra de Dios, y recordar lo que Él ha
hecho en su pasado y lo que promete hacer en su futuro.

Pensamiento del día

No tenemos que esperar por nuestras circunstancias para
disfrutar de la vida porque, mientras nuestros pensamientos
sean esperanzadores, tendremos gozo en nuestros corazones.

Profundice en la Palabra de Dios: Proverbios 23:18; Miqueas 7:7

Una mente sana contribuye a una vida sana

Por último, hermanos, consideren bien todo lo verdadero, todo lo respetable, todo lo justo, todo lo puro, todo lo amable, todo lo digno de admiración, en fin, todo lo que sea excelente o merezca elogio. (Filipenses 4:8)

Se ha demostrado que existe una conexión entre la mente y el cuerpo y nos da una forma fácil y barata de ayudar a mantener una buena salud. Puede elegir tener pensamientos positivos, pacíficos y bíblicos para desarrollar un espíritu, alma y cuerpo más saludables.

Nadie quiere ser una víctima, y ciertamente no queremos ser víctimas de nuestros propios pensamientos. Aprender a pensar con propósito y agresivamente, en lugar de proporcionar pasivamente un espacio vacío para cualquier pensamiento que venga a la mente o que el diablo ofrezca, es la manera de convertirse en el vencedor en lugar de la víctima.

En su momento de quietud con Dios, pídale que le ayude a pensar en pensamientos llenos de fe y empiece hoy mismo su camino hacia una mente y cuerpo más saludables.

Pensamiento del día

En lugar de centrarse en lo que está mal, ponga su mente en lo que está bien: las cosas buenas que Dios ha hecho en su vida.

Profundice en la Palabra de Dios: 3 Juan 1:2; 1 Timoteo 4:8

Totalmente convencido de las promesas de Dios

Ante la promesa de Dios no vaciló como un incrédulo, sino que se reafirmó en su fe y dio gloria a Dios, plenamente convencido de que Dios tenía poder para cumplir lo que había prometido. (Romanos 4:20-21)

La Biblia afirma que Abraham estaba "plenamente convencido" de la promesa de Dios; no vaciló ni cuestionó. En otras palabras, había fijado su mente y fue capaz de mantenerla fija durante la tentación. Usted será tentado; eso es solo un hecho de la vida. Pero con la ayuda de Dios, usted puede resistir la tentación. La Biblia dice que debemos estar en guardia y eso significa que debemos tener cuidado con las cosas que el diablo usa para descarrilar nuestra fe en Dios.

La gente que fija su mente en algo, se aferrará a sus decisiones, dándose cuenta de que tienen que pasar por momentos difíciles para obtener el resultado que desean. Poner la mente en las cosas de arriba (Colosenses 3:2) significa ser firme en su decisión de estar de acuerdo con las formas de vida de Dios, sin importar quién o qué pueda tratar de convencerlo de que está equivocado.

Pensamiento del día

Decida de antemano que va a ir hasta el final con Dios.

Profundice en la Palabra de Dios: Éxodo 14:14; Isaías 41:13

Haga una lista de agradecimiento

Den gracias al Señor, porque él es bueno; su gran amor
perdura para siempre. (Salmos 107:1)

Para ayudarle a alcanzar y mantener un nuevo nivel de satisfacción
en la vida, le animo a que use parte de su momento de quietud con
Dios para hacer una lista de todo lo que tiene que agradecer. Debe
ser una lista larga, una que incluya tanto las cosas pequeñas como
las grandes. ¿Por qué debería ser larga? Porque todos tenemos
muchas cosas por las que estar agradecidos si solo las buscamos.

Saque un pedazo de papel y empiece a hacer una lista de las
cosas por las que tiene que estar gradecido. Guarde la lista y agré-
guele con frecuencia. Piense en las cosas por las que está agradecidos cuando lleve a los niños a una actividad o cuando espera en la
fila del correo o lo que sea que esté haciendo durante el día. Solo
puede aprender el poder del agradecimiento practicándolo todos
los días. Meditar sobre lo que tiene que agradecer cada día y verba-
lizarlo le será de gran ayuda.

Pensamiento del día

La próxima vez que almuerce o tome un café con un amigo,
hable intencionadamente de las cosas por las que está
agradecido en vez de contar todos sus problemas.

Profundice en la Palabra de Dios: 1 Tesalonicenses 5:18;
    Hebreos 12:28-29

Vivir libre y livianamente

Vengan a mí todos ustedes que están cansados y agobiados, y yo les daré descanso. Carguen con mi yugo y aprendan de mí, pues yo soy apacible y humilde de corazón, y encontrarán descanso para su alma. Porque mi yugo es suave y mi carga es liviana. (Mateo 11:28-30)

Vivir libre y livianamente en los "ritmos no forzados de la gracia" suena bien, ¿no? Estoy segura de que ya ha tenido suficientes cosas pesadas en su vida. Yo también, y quiero vivir libremente. Es bueno saber que con Dios no tenemos que preocuparnos por las cosas, resolver todo o llevar las cargas en nuestras vidas.

Es refrescante darse cuenta de que no necesitamos saber todo de todo. Podemos sentirnos cómodos diciendo: "No sé la respuesta a este dilema y no me voy a preocupar por nada porque Dios está en control, y confío en Él. Voy a descansar en Él y a vivir libre y livianamente".

La preocupación no es para nada tranquilizadora. De hecho, nos roba el descanso y los beneficios del mismo. Así que, la próxima vez que sienta que lleva una carga pesada en su mente o se encuentra preocupado o ansioso, recuerde que puede vivir libre y livianamente con la ayuda de Dios.

Pensamiento del día

Cuando estamos sobrecargados con las preocupaciones de la vida, podemos tomarnos unas vacaciones mentales y emocionales.

Profundice en la Palabra de Dios: 1 Pedro 5:7; Juan 14:27

Aprender a estar contento

No digo esto porque esté necesitado, pues he aprendido a estar satisfecho en cualquier situación en que me encuentre. (Filipenses 4:11)

La Biblia nos enseña a estar contentos sin importar nuestras circunstancias. La satisfacción es una decisión de ser feliz con lo que ya tiene.

Desafortunadamente, normalmente aprendemos a estar contentos viviendo vidas descontentas durante mucho tiempo y luego finalmente decimos: "Señor no quiero vivir más de esta manera". Pero no tiene por qué ser así.

Puede elegir estar contento todos los días, a partir de hoy. No está mal querer cosas o querer que su vida cambie, pero deberíamos estar contentos donde estamos mientras llegamos a donde queremos estar.

Cuando queremos algo tanto que sentimos que no podemos ser felices sin ello, entonces ha dejado de ser un deseo y se ha convertido en una lujuria. Las cosas no tienen el poder de mantenernos felices por mucho tiempo, pero Dios puede darnos una satisfacción que supera nuestra comprensión.

Pensamiento del día

A veces le pedimos a Dios lo que queremos, y Él nos da lo que necesitamos.

Profundice en la Palabra de Dios: 1 Timoteo 6:6-8; Hebreos 13:5

Oraciones audaces

Así que acerquémonos confiadamente al trono de la gracia
para recibir misericordia y hallar la gracia que nos ayude
en el momento que más la necesitemos. (Hebreos 4:16)

No solo podemos ir a Dios en oración durante nuestro momento de quietud con Él, debemos orar con valentía, lo que significa sin miedo y sin reservas.

Jesús ha abierto un camino para que nos acerquemos a Dios con audacia, porque nos hizo justos a través de su muerte en la cruz. Debido a lo que ha hecho por nosotros, podemos ir a Dios con confianza total y orar sin vergüenza, sabiendo que nos ama, nos escucha y responderá a nuestras oraciones de la mejor manera posible.

Jesús nos ha hecho dignos, y cuando nos acercamos a Dios con valentía, podemos contar con Él para que sea misericordioso con nosotros. La misericordia significa que Dios no nos castiga como merecen nuestros pecados, y nos bendice de maneras que no merecemos ser bendecidos, si somos lo que suficientemente audaces para pedirlo.

Pensamiento del día

Pídale a Dios lo que quiere y necesita y confíe que le dará
lo mejor en el momento adecuado.

Profundice en la Palabra de Dios: Juan 15:7; Mateo 21:22

Descubrir lo mejor de Dios

*Toda buena dádiva y todo don perfecto descienden de lo
alto, donde está el Padre que creó las lumbreras celestes, y
que no cambia como los astros ni se mueve como las som-
bras. (Santiago 1:17)*

Dios le ama y quiere tener una relación profunda, íntima y personal con usted. Él le ama tanto que envió a su Hijo, Jesús, para que
pudiera disfrutar de la mejor vida que vino a ofrecerle.

Dios no tiene favoritos (ver Hechos 10:34) y cada promesa de su
Palabra se aplica a usted tanto como a cualquier otra persona. Sí,
puede recibir las bendiciones, favor, paz y gozo que vienen para un
hijo de Dios. Si confía en Dios y lo sigue de todo corazón, descubrirá su mejor vida en Él.

Dios tiene un gran propósito para usted y le insto a que no se
conforme con nada menos. Él quiere bendecirlo y darle una vida
que no solo le emocione, sino que también le llene y le traiga un
profundo gozo y una dulce satisfacción. También le desafiará, le
estirará y le ayudará a descubrir que, en Cristo, puede hacer más de
lo que nunca haya imaginado.

Pensamiento del día

*Jesús vino para que pueda tener y disfrutar la vida al
máximo.*

Profundice en la Palabra de Dios: Proverbios 16:3; Salmos 138:8

Dios escucha sus oraciones

Así que recomiendo, ante todo, que se hagan plegarias, oracio-
nes, súplicas y acciones de gracias por todos. (1 Timoteo 2:1)

Cuando ore por alguien más (intercesión), no se decepcione si no ve cambios de inmediato. Su oración abre la puerta para que Dios obre, pero puede pasar un tiempo antes de que la persona por la que ora esté lista para escuchar. Si comienza a desanimarse, tómese un tiempo y agradezca a Dios que cree que Él está obrando, aunque no vea ninguna evidencia todavía.

Es algo maravilloso estar ante Dios y orar por alguien que no sabe cómo orar por sí mismo o que necesita más poder de oración que el que puede generar orando solo. Orar sinceramente por otros es uno de los mejores regalos que pueda darles.

Le animo no solo a orar por otros sino también pedirle a Dios que haga que la gente ore por usted. Todos necesitamos que la gente se nos una en la oración, porque somos más fuertes juntos que individualmente.

Pensamiento del día

Jesús intercede por nosotros, y podemos unirnos a Él en su
ministerio de intercesión orando por los demás.

Profundice en la Palabra de Dios: Romanos 8:26, 34; Efesios 6:18

El poder de la resurrección

*Lo he perdido todo a fin de conocer a Cristo, experimentar
el poder que se manifestó en su resurrección, participar en
sus sufrimientos y llegar a ser semejante a él en su muerte.
(Filipenses 3:10)*

He descubierto que cuanta más experiencia tengo con Dios, más
fácil se hace confiar en Él en cada situación que la vida trae. Ser
cristiano es mucho más que hacer un viaje semanal a la iglesia; es
aprender a hacer la vida con Dios. Él quiere estar incluido en todo
lo que hace, y cuando lo esté, experimentará un nuevo poder que
fluye a través de usted y en su vida.

Tenemos el mismo poder en nosotros que resucitó a Cristo de la
muerte (ver Romanos 8:11), así que obviamente no debemos vivir
vidas derrotadas. Aunque nos enfrentamos a muchas pruebas en
la vida, podemos superarlas, y en el proceso experimentaremos a
Dios de nuevas maneras que nos ayudarán a entender lo maravilloso que es Él.

Pensamiento del día

¡El poder de la resurrección de Dios vive en usted!

Profundice en la Palabra de Dios: Salmos 121:1-8; Efesios 3:20

Siga el plan de Dios

El Señor afirma los pasos del hombre cuando le agrada su modo de vivir. (Salmos 37:23)

Cuando la vida no va como pensábamos, es fácil tratar de tomar el control y decirle a Dios lo que tiene que hacer. Dios no sigue nuestros planes, pero nosotros deberíamos seguir los suyos. A veces nuestro plan es tomar una ruta rápida y fácil, pero Dios elige una larga y difícil. Cuando eso sucede, es difícil para nosotros entenderlo, pero eventualmente aprendemos que el plan de Dios es el mejor.

Vivimos la vida hacia adelante, pero a menudo solo la entendemos cuando miramos hacia atrás. Lo que desprecias ahora mismo puede terminar siendo una de las mejores cosas por las que podría haber pasado. He pasado por muchas cosas difíciles en mi vida, al igual que estoy seguro que muchas otras personas, pero realmente me han hecho una mejor persona.

Continúe dejando que Dios guie sus pasos, no importa cuán difíciles sean, porque le llevarán al destino correcto.

Pensamiento del día

La paz mental viene con la confianza de que la voluntad de Dios es mejor que la nuestra, incluso cuando todavía no la entendemos.

Profundice en la Palabra de Dios: Proverbios 15:22; Salmos 119:105

El don que hay en usted

Pues, así como cada uno de nosotros tiene un solo cuerpo con muchos miembros, y no todos estos miembros desempeñan la misma función, también nosotros, siendo muchos, formamos un solo cuerpo en Cristo, y cada miembro está unido a todos los demás. (Romanos 12:4-5)

Puede que vea el desarrollo de potencial como algo solo para aquellos que tienen algún talento especial, y puede que no se vea a sí mismo como uno de ellos. No obstante, la Palabra de Dios nos asegura que todos compartimos los dones que Dios da.

Puede que no sea un pintor, cantante, diseñador, orador o autor, pero es algo; tiene dones y habilidades únicas. Y lo que sea que sea es importante para Dios y para el resto de nosotros.

La Biblia nos enseña que, aunque nuestros dones varían, como las diferentes partes de nuestros cuerpos físicos, todos somos mutuamente dependientes unos de otros. La parte de cada persona es una gran contribución si la usa para la gloria de Dios.

Pensamiento del día

No tienes que ser otra persona, pero tiene que ser completamente usted.

Profundice en la Palabra de Dios: 1 Pedro 4:10-11; Proverbios 18:16

La ley y la gracia no pueden mezclarse

Pues la ley fue dada por medio de Moisés, mientras que la gracia y la verdad nos han llegado por medio de Jesucristo.
(Juan 1:17)

Muchos creyentes del Nuevo Pacto siguen viviendo bajo el Antiguo Pacto, o mezclan lo viejo con lo nuevo. Tienen algo de gracia y algo de ley, pero en realidad no tienen ninguna de las dos. La gracia y la ley no pueden mezclarse.

La ley exige que trabajemos para cumplirla. Requiere un sacrificio de nuestra parte cuando fallamos. El apóstol Pablo enseñó que las obras de la carne y la gracia no pueden mezclarse, o ambas se vuelven inútiles.

La gracia es Jesucristo trabajando, y la ley es el hombre trabajando. Dios no necesita nuestra ayuda para salvarnos. Podemos vivir por la fe, a través de la cual recibimos la gracia de Dios, en lugar de vivir tratando de guardar la ley para calmar la ira de Dios.

Pensamiento del día

Es aceptado, amado y aprobado ante Dios por el sacrificio de Jesús a favor suyo.

Profundice en la Palabra de Dios: Romanos 3:28; Gálatas 2:16

Aprender a descansar en el plan de Dios

Encomienda al Señor tu camino; confía en él, y él actuará.
(Salmos 37:5)

Puede simplificar su vida aprendiendo a desarrollar la confianza en Dios. Con demasiada frecuencia, no vivimos en paz ni descansamos, porque no nos hemos permitido confiar.

Tal vez su confianza ha sido traicionada por la gente demasiadas veces en el pasado y le ha hecho temer confiar en alguien, o tal vez solo es una persona muy independiente. Aun así, es crítico aprender a confiar en Dios.

Es fácil estresarse y agotarse físicamente, tratando de lidiar con la vida por su cuenta, pero hay una mejor manera. Jesús dijo que si los que trabajan y están muy agobiados se acercaran a Él, les daría descanso y les aliviaría y refrescaría sus almas (Mateo 11:28).

¡El camino de Dios es el mejor!

Pensamiento del día

Incluso cuando no parece tener sentido, confíe en Dios y experimente su libertad y descanso.

Profundice en la Palabra de Dios: Mateo 6:25-26; Proverbios 16:9

Renueve sus fuerzas

Pero los que confían en el Señor renovarán sus fuerzas;
volarán como las águilas: correrán y no se fatigarán, cami-
narán y no se cansarán. (Isaías 40:31)

Isaías nos enseña a esperar al Señor cuando sabemos que nuestra
fuerza necesita ser renovada. Esperar a Dios significa pasar tiempo
con Él en su Palabra y su presencia.

Hay ciertas personas de las que podemos sacar fuerzas solo por
estar cerca de ellas. Su misma presencia, la forma en que hablan y
abordan la vida, parece hacernos sentir mejor cuando estamos desanimados. Del mismo modo, hay otros que parecen hacernos sentir
peor. Tienen una manera de poner un borde negativo en las cosas.

Cuando necesite fortalecerse, le animo a pasar tiempo con Dios
y con personas que le dirijan hacia Él. Pasar tiempo en la presencia
de Dios es como sentarse en una habitación llena con perfumes que
huelen deliciosos. Si nos sentamos allí por suficiente tiempo, llevamos la fragancia con nosotros a todas partes.

Pensamiento del día

La fuerza y el coraje verdadero provienen solo del Señor.
Espere por su dirección, su paz y su fuerza para que lo
impulsen hacia adelante.

Profundice en la Palabra de Dios: Salmos 46:1-3; Isaías 26:3-4

La respuesta al problema del pecado

Pues todos han pecado y están privados de la gloria de Dios, pero por su gracia son justificados gratuitamente mediante la redención que Cristo Jesús efectuó. (Romanos 3:23-24)

El pecado es un problema para todos, pero Jesús es también la respuesta para todos. Ningún problema es realmente un problema mientras haya una respuesta para él.

No solo estamos destituidos de la gloria de Dios, sino que de acuerdo con Romanos 3:23, estamos actualmente destituidos. Esto indica que es un problema continuo; sin embargo, Jesús está continuamente a la derecha del Padre, haciendo intercesión por nosotros, por lo que este continuo problema de pecado tiene una respuesta continua e ininterrumpida.

Aunque tratamos con el pecado, no tenemos que centrarnos en nuestros fallos. Cuando nos condenan por el pecado, podemos admitirlo, arrepentirnos y luego volvernos hacia Jesús. Al enfocarnos en Él y en su Palabra, recibiremos el poder de vencer.

Pensamiento del día

La Palabra de Dios nos enseña a apartarnos de todo lo que nos distraiga para ir a Jesús, que es el autor y el fin de nuestra fe (ver Hebreos 12:2).

Profundice en la Palabra de Dios: 1 Juan 1:6-10; Lucas 5:31-32

Recibir la ayuda del Espíritu Santo

Pero, cuando venga el Espíritu de la verdad, él los guiará a toda la verdad, porque no hablará por su propia cuenta, sino que dirá solo lo que oiga y les anunciará las cosas por venir. (Juan 16:13)

Como cristianos, podemos recibir la guía diaria del Espíritu Santo. Cuando Jesús ascendió para sentarse a la derecha del Padre, envió al Espíritu Santo para representarlo y actuar en su nombre.

El Espíritu Santo está presente en nuestras vidas para enseñarnos, orar a través de nosotros, convencernos del pecado y de la justicia. Está presente para guiarnos en todos los asuntos de la vida diaria, tanto espirituales como prácticos.

El Espíritu Santo es nuestra ayuda constante. Se le conoce como el "Ayudador" (ver Juan 14:26 TLA).

Afortunadamente, Jesús no le dejó solo para que se valiera por usted mismo. Envió al Espíritu Santo para ayudarle en cada área de su vida diaria.

Pensamiento del día

En su momento de quietud con Dios, agradézcale el don del Espíritu Santo y pídale que le ayude a seguir su guía.

Profundice en la Palabra de Dios: Salmos 32:8; Salmos 25:4-5

Aceptado, no rechazado

Dios está conmigo y me brinda su ayuda. ¡Estoy seguro de ver la derrota de los que me odian! Vale más confiar en Dios que confiar en gente importante. (Salmos 118:7-8)

Jesús no disfrutó de la aceptación o aprobación de la mayoría de la gente mientras estuvo en la tierra. Fue despreciado y rechazado por los hombres. Pero sabía que su Padre celestial lo amaba. Sabía quién era, y eso le daba confianza.

Todo lo que Jesús soportó y sufrió fue por nuestro bien. Pasó por el rechazo para que cuando nos enfrentemos a él, nosotros también podamos pasar por él y no ser dañados por él, o si ya hemos sido dañados, entonces podemos recuperarnos completamente.

Siempre habrá algunas personas que no le aceptarán, pero su aceptación no es lo que importa en última instancia. Dios le ama incondicionalmente; le aprueba y le acepta. Esa es toda la aceptación que realmente necesitará.

Pensamiento del día

Saber que es amado y aceptado por Dios puede ayudarle a vivir con valentía y sin miedo.

Profundice en la Palabra de Dios: Efesios 5:29-30; Juan 6:37-39

Confianza en lo que Dios
le hizo ser

Pero por la gracia de Dios soy lo que soy, y la gracia que él
me concedió no fue infructuosa (1 Corintios 15:10)

Las personas verdaderamente confiadas resisten la tentación de compararse con otros. No importa cuán talentosos, inteligentes o exitosos seamos, siempre hay alguien que es mejor en algo en particular, y tarde o temprano nos encontraremos con ellos.

Creo que la confianza se encuentra en poder identificar los dones que tenemos y apreciar que son únicos. Entonces nos atrevemos a hacer lo mejor que podemos con lo que Dios nos ha dado para trabajar. La confianza nunca se encuentra al compararnos con otros y competir con ellos.

El verdadero gozo no está en ser mejor que los demás, sino en ser lo mejor que podemos ser para el Señor. Luchar siempre por mantener la posición número uno es un trabajo duro. De hecho, es imposible. Así que en vez de mirar a los que le rodean, mire hacia arriba y mantenga su enfoque en Dios.

Pensamiento del día

La seguridad y la confianza vienen de saber que ha sido
creado por Dios con un propósito, y abrazar la persona que
Él ha creado en usted.

Profundice en la Palabra de Dios: Proverbios 3:26; 2 Corintios 7:16

La clave para el éxito divino

Pon en manos del Señor todas tus obras, y tus proyectos se cumplirán. (Proverbios 16:3)

Si quiere hacer algo sorprendente con su vida, tendrá que aprender a colaborar con Dios y esperar en Él. Alcanzar el éxito requiere una fe firme, no una ilusión.

Es bueno tener sueños dados por Dios, pero entienda que toma tiempo para que esos sueños se desarrollen plenamente. En su momento de quietud con Dios, ore por un sueño que sea aún más grande que el que tiene ahora, pero también ore para que disfrute cada paso de su jornada y para que se dé cuenta de que el éxito requiere una inversión de tiempo y mucho trabajo duro.

Muchas personas nunca cumplen su destino porque no están dispuestas a pagar el precio por adelantado. Se conforman con algo menos que lo mejor que Dios tiene en su plan para ellos, ya que no quieren hacer las cosas difíciles o tomar riesgos. ¡No deje que ese sea usted! Sueñe en grande. Siga a Dios y esté dispuesto a hacer lo que le pida.

Pensamiento del día

Salga y averigüe lo que Dios quiere que haga, y no vivirá con remordimientos.

Profundice en la Palabra de Dios: Jeremías 10:23; Deuteronomio 28:1

Lo que Dios puede hacer en un momento

El Señor es mi fuerza y mi escudo; mi corazón en él confía; de él recibo ayuda. Mi corazón salta de alegría, y con cánticos le daré gracias. (Salmos 28:7)

La vida cristiana no siempre se vive en la cima de la montaña; hay días en los que todavía hay que atravesar el valle. Pero como hijo de Dios, hay algo especialmente alentador que debe recordar hoy: *Dios puede hacer más en un momento de lo que usted puede hacer en toda su vida.*

No hay ninguna situación que le intimide a Él. No hay desorden ni disfunción ni abuso ni dolor que no pueda sanar. Una palabra de Dios, un momento en su presencia, un toque de su mano, puede cambiar todo el curso de su vida.

No se desanime cuando las cosas no salgan bien. Tiene al Creador del universo de su lado. Usted sirve a Dios, quien puede hacer lo imposible. Y Él puede hacerlo en un momento.

Pensamiento del día

Su pasado, sus limitaciones, sus obstáculos no son rivales para el poder de Dios.

Profundice en la Palabra de Dios: Mateo 19:26; Job 42:2

Cuando Dios parece que está en silencio

Examíname, oh Dios, y sondea mi corazón; ponme a prueba
y sondea mis pensamientos. Fíjate si voy por mal camino, y
guíame por el camino eterno. (Salmos 139:23-24)

David a veces le pedía a Dios que lo examinara para ver si había algo en su corazón que no estaba bien. Este es un paso audaz, pero que prueba claramente si una persona quiere o no la voluntad de Dios, sin importar lo que sea.

Cuando parece que Dios está en silencio, es posible que haya algo que nos impida escucharlo: un pecado, una actitud equivocada o un malentendido sobre cómo escuchar a Dios.

No debemos tener miedo de conocer la verdad, porque nos hará libres. En su momento de quietud con Dios, pídale que examine su corazón, como hizo David. Lo que Dios le muestre será para su beneficio y le ayudará a acercarte a Él continuamente.

Pensamiento del día

Una relación sana y cercana con Dios requiere pedirle que
nos revele la verdad y la voluntad de cambiar cuando nos
lo pida.

Profundice en la Palabra de Dios: Juan 8:47; Jeremías 33:3

Profundizar en sus misterios

¡Qué profundas son las riquezas de la sabiduría y del conocimiento de Dios! ¡Qué indescifrables sus juicios e impenetrables sus caminos! (Romanos 11:33)

Dios promete darnos una idea de los misterios y secretos a medida que lo buscamos (ver Efesios 1:9, 17). Sin embargo, el apóstol Pablo también nos dice que solo sabemos de manera imperfecta y que no conoceremos todas las cosas hasta que estemos con Jesús, cara a cara (ver 1 Corintios 13:9-10).

La confianza requiere preguntas sin respuesta. Dios nos revela muchas cosas y nos da respuestas a problemas complejos, pero hay veces en las que no podríamos recibir la respuesta a una situación, aunque Dios la diera. Nuestras mentes finitas no son capaces de comprender algunas cosas que solo Dios conoce.

Una cosa es confiar en Dios cuando las cosas van a nuestro favor y lo entendemos todo, pero otra muy distinta es confiar en Dios cuando no entendemos completamente por qué estamos pasando por algo. Mi opinión es que se requiere una fe mucho mayor para hacer esto último.

Pensamiento del día

Hay belleza en confiar en Dios y poner su fe en Él en todas las temporadas de su vida.

Profundice en la Palabra de Dios: Salmos 37:3-6; Job 11:7-9

El poder de la misericordia

Porque habrá un juicio sin compasión para el que actúe sin compasión. ¡La compasión triunfa en el juicio! (Santiago 2:13)

La misericordia siempre triunfa sobre el juicio. En otras palabras, la misericordia es algo más grande que el juicio. Dudo que ninguno de nosotros pueda mostrar mucha misericordia a los demás a menos que nos hayamos dado cuenta de la profundidad de nuestra propia fragilidad, debilidades y errores y hayamos aprendido a recibir misericordia de Dios.

Cuando nos damos cuenta de cuánta misericordia nos da Dios cada día, nos hace generosos al dar misericordia a los demás.

En su momento de quietud con Dios, tómese unos minutos y reflexione si hay alguien en su vida a quien necesite extender la misericordia. La misericordia es un regalo. No puede ser ganada o merecida, pero cuando se da libremente, la gente experimenta el poder del amor de Dios de una manera práctica que a menudo los cambia.

Pensamiento del día

No necesitamos otra razón para mostrar misericordia a los demás que el hecho de que Dios tiene y nos muestra misericordia.

Profundice en la Palabra de Dios: 1 Pedro 2:9-10; Mateo 5:7

Lidiar con gente celosa

Temer a los hombres resulta una trampa, pero el que con-
fía en el Señor sale bien librado. (Proverbios 29:25)

No todo el mundo va a ser feliz cuando empiece una nueva vida
en Dios y comience a vivir en su plan para usted. Su nueva actitud, nueva mentalidad y sus nuevas bendiciones pueden hacer que
otros se convenzan de pecado y se pongan celosos de las cosas que
le faltan en sus propias vidas.

Y no son solo cosas materiales. Al seguir a Dios, habrá gente
que estará celosa de su nueva paz, salud emocional y perspectiva
gozosa de la vida.

No se disculpe por lo que Dios le ha dado solo porque alguien
más esté celoso de ello. Si no pueden ser felices por usted, es su
problema, no el suyo. Puede animarlos y orar por ellos, pero no
deje que sus celos le desanimen. Regocíjese en las bendiciones del
Señor.

Pensamiento del día

Elija no dejar que las acusaciones de personas celosas o
sospechosas le intimiden y le hagan renunciar a lo que
Dios le ha proporcionado.

Profundice en la Palabra de Dios: Proverbios 27:4; Eclesiastés 4:4

La oportunidad trae la oposición

Porque se me ha presentado una gran oportunidad para un trabajo eficaz, a pesar de que hay muchos en mi contra.
(1 Corintios 16:9)

Cada vez que Dios pone una nueva idea en nuestros corazones o nos da un sueño, una visión o un nuevo reto para nuestras vidas, el enemigo estará allí para oponerse a nosotros.

Dios nos llama constantemente a nuevos niveles. Algunos parecen grandes e importantes; otros parecen relativamente pequeños o insignificantes. En cualquier caso, cuando alcancemos un nuevo nivel con Dios, nos enfrentaremos a un nuevo nivel de oposición de nuestro enemigo, el diablo.

Junto con la oposición, sin embargo, viene la oportunidad. Y Dios está siempre con nosotros, así que no tenemos que temer. Algunas cosas pueden parecer demasiado grandes para nosotros, pero nada es imposible con Dios. Él no se sorprende ni se asusta por nada, y con Él, podemos lograr cualquier desafío que se nos presente.

Pensamiento del día

Si está decidido a alcanzar los nuevos niveles a los que Dios le llama, no se rinda ante la oposición.

Profundice en la Palabra de Dios: Jeremías 32:17; 1 Timoteo 6:12

Su deuda está paga

*Si confesamos nuestros pecados, Dios, que es fiel y justo, nos
los perdonará y nos limpiará de toda maldad. (1 Juan 1:9)*

Dios no espera que no cometamos errores. Él ya sabe sobre cada
error que cometeremos, y ya ha decidido perdonarnos. El pecado
tiene que ser pagado, pero nosotros no tenemos que pagar. Jesús ya
pagó por nuestro pecado.

¿Qué si cuando fue a la compañía de electricidad a pagar su
cuenta ellos la buscan y le dicen: "Alguien pagó toda su cuenta
ayer"? ¿Qué tan tonto sería si se quedara allí parado tratando de
pagar la cuenta que ya ha sido pagada?

Eso es exactamente lo que hacemos a veces con respecto a
nuestro pecado. Pedimos a Dios que nos perdone y lo hace, y aún
seguimos intentando pagar con sentimientos de culpa. En nuestro
momento de quietud con Dios, podemos aprender a pedir y recibir.
Pedir perdón es un paso, pero recibirlo completa el proceso.

Pensamiento del día

Deje de intentar pagar una deuda que Jesús ya ha pagado.

Profundice en la Palabra de Dios: Salmos 51:1-2; Romanos 3:23-25

Una nueva visión de Dios

Pero Dios demuestra su amor por nosotros en esto: en que cuando todavía éramos pecadores, Cristo murió por nosotros. (Romanos 5:8)

Tal vez necesita una visión completamente nueva de Dios; una visión bíblica, no una visión mundana, como muchos tienen hoy en día.

Puedo asegurarle que no importa lo que haya hecho o lo que pueda estar haciendo mal, Dios le ama y, aunque le pida que cambie, nunca ha dejado y nunca dejará de amarle.

Si recibe su amor justo en medio de su imperfección, le dará el poder para cambiar su camino con su ayuda. El miedo no nos ayuda a cambiar verdaderamente. Puede provocar que controlemos nuestro comportamiento por un tiempo, pero a menos que seamos cambiados internamente, nunca cambiaremos permanentemente; solo Dios puede darnos un nuevo corazón y una nueva naturaleza (ver 2 Corintios 5:17).

Si recibimos el amor de Dios incluso cuando todavía somos pecadores, nuestra gratitud por su misericordia hará que queramos complacerle en lugar de temerle.

Pensamiento del día

Dios es bueno, amable, misericordioso, lento para la ira, perdonador, fiel y justo.

Profundice en la Palabra de Dios: Deuteronomio 10:12; 1 Juan 4:7-12

Dios con nosotros

*La virgen concebirá y dará a luz un hijo, y lo llamarán
Emanuel (que significa Dios con nosotros). (Mateo 1:23)*

Jesús vino al mundo para que pudiéramos ser redimidos de nuestros pecados, conocer a Dios y experimentar lo mejor de Él en nuestras vidas. Él quiere tener una estrecha relación con nosotros y ser invitado a todo lo que nos concierne.

Por eso uno de los nombres de Dios, Emmanuel, significa "Dios con nosotros". Quiere estar con nosotros, íntimamente involucrado en nuestras vidas. Quiere que conozcamos su voz y le sigamos.

La voluntad de Dios es que le oigamos claramente. No quiere que vivamos en la confusión y el miedo. Con la ayuda de Dios, podemos ser decisivos, seguros y libres. Él quiere que cada uno de nosotros cumpla con su destino y camine en la plenitud de su plan para nosotros.

Pensamiento del día

*El regalo de Dios para usted es una nueva vida llena de
justicia, paz, gozo e intimidad con Él.*

Profundice en la Palabra de Dios: Romanos 8:31; Jeremías 1:19

Recibir la Palabra de Dios

Pero otros son como lo sembrado en buen terreno: oyen la palabra, la aceptan y producen una cosecha que rinde el treinta, el sesenta y hasta el ciento por uno. (Marcos 4:20)

Es importante que recibamos la Palabra de Dios. Algunos escuchan la Palabra, pero no la reciben, y no les hace ningún bien. En el capítulo 4 de Marcos, Jesús contó una parábola de un sembrador que sembró la semilla (la Palabra de Dios) en diferentes tipos de tierra, pero solo un tipo de tierra dio fruto. Los diferentes tipos de tierra representan los diferentes tipos de oyentes de la Palabra de Dios.

Se nos enseña en esta parábola que incluso aquellos que están dispuestos a escuchar no siempre lo hacen de forma completa o correcta. No escuchan con la seria intención de recibir verdaderamente la Palabra que escuchan. Son oyentes emocionales que inicialmente se emocionan, pero cuando su fe es probada, se dan por vencidos.

Cuando la Palabra de Dios es genuina y sinceramente recibida, tiene el poder de hacer un trabajo asombroso en nuestras almas. Renueva nuestra mente y nos cambia a la imagen de Jesucristo. Si no ha tenido un cambio genuino de carácter, pregúntese si realmente está recibiendo la Palabra de Dios.

Pensamiento del día

La Palabra de Dios está viva y activa. Le cambiará si realmente la recibe.

Profundice en la Palabra de Dios: Colosenses 3:16; Salmos 119:10-11

Este es el camino

Ya sea que te desvíes a la derecha o a la izquierda, tus oídos percibirán a tus espaldas una voz que te dirá: Este es el camino; síguelo. (Isaías 30:21)

Todos necesitamos dirección y guía, especialmente ante una nueva situación. Cuando se enfrenta a un nuevo reto o circunstancia, la primera pregunta que hay que hacerse es: "¿Es esta la voluntad de Dios para mí?". Y la segunda pregunta es: "¿Tengo paz interior sobre esto?".

Cuando nuestros corazones son correctos y nuestros motivos son puros, podemos confiar en que Dios proveerá todo lo que necesitamos en cada paso del camino y nos llenará de paz a medida que avancemos.

Seguimos a Dios dando un paso de obediencia a la vez. A medida que damos cada paso y vemos a Dios trabajando, sabemos que es seguro dar otro paso. No es prudente seguir simplemente nuestros deseos personales, miedos, emociones, o buenas ideas, o el consejo de otros. En su momento de quietud con Dios, pida su dirección. Reconózcalo en todos sus caminos, y Él dirigirá sus pasos.

Pensamiento del día

Cuanto más escucha la guía de Dios y aprende a seguirlo, más fácil se hace escucharlo y seguirlo.

Profundice en la Palabra de Dios: Santiago 1:22; 2 Timoteo 3:16-17

Rechazar la autocompasión

Porque yo sé muy bien los planes que tengo para ustedes, afirma el Señor, planes de bienestar y no de calamidad, a fin de darles un futuro y una esperanza. (Jeremías 29:11)

La autocompasión es una emoción destructiva. Nos ciega a nuestras bendiciones y a las posibilidades que tenemos ante nosotros, y nos roba la esperanza para hoy y mañana. La gente que se compadece de sí misma a menudo piensa: *¿Por qué debería intentar lograr algo? No hará la diferencia.*

No desperdicie otro día de su vida en autocompasión. Cuando pierda la esperanza y empiece a sentir lástima de usted mismo, deténgase y diga: "Me niego a sentir lástima de mí mismo. Puede que esté en una época difícil de la vida ahora mismo, pero no dejaré de esperar cosas mejores".

Dios tiene pensamientos y planes para su bien, para darle esperanza para su futuro. Si se aferra a su esperanza, manteniendo su enfoque y fe en Jesús, cosas asombrosas sucederán en su vida.

Pensamiento del día

Cuando caemos en la autocompasión, estamos esencialmente rechazando el amor de Dios y dudando de su capacidad para cambiar las cosas.

Profundice en la Palabra de Dios: Romanos 8:28; 2 Corintios 4:16-17

La elección es suya

Elijan ustedes mismos a quiénes van a servir. (*Josué 24:15*)

El primer paso para hacer algo es elegir hacerlo. Para animar a alguien, primero elige buscar lo mejor. Para estar en paz, primero elige no preocuparse. Para empezar algo nuevo, primero elige salir y hacerlo.

Puede que no sepa cómo va a funcionar todo, pero puede tomar algunas decisiones fundamentales hoy. Comience diciendo: *¡Hoy elijo la paz sobre el miedo! ¡Hoy elijo romper ese viejo hábito y empezar uno bueno! ¡Hoy elijo no arremeter contra la ira! ¡Hoy elijo no vivir en el pasado!*

Tome una decisión, dé un paso, y nunca olvide pedir la ayuda de Dios (su gracia) para ejecutar su elección. Podemos hacer todas las cosas con y a través de Él, pero no podemos hacer nada sin Él (Filipenses 4:13).

Pensamiento del día

No puede elegir lo que pasa a su alrededor, pero sí puede elegir cómo va a responder.

Profundice en la Palabra de Dios: Juan 15:5; 1 Reyes 18:21

Establecer un ejemplo piadoso

Que los creyentes vean en ti un ejemplo a seguir en la manera de hablar, en la conducta, y en amor, fe y pureza.
(1 Timoteo 4:12)

Estoy convencida de que la gente cree más en lo que nos ven hacer que en lo que nos oyen decir. Por eso es importante que entendamos nuestra responsabilidad de dar un buen ejemplo bíblico. La manera en que vivimos nuestra fe es esencial para ser un testigo efectivo para los que nos rodean.

No solo le diga a los demás lo que deben hacer, sino que ellos le vean dar el ejemplo. Si un padre le dice a un niño que sea amable y luego el niño ve a su madre y a su padre siendo groseros el uno con el otro, han desperdiciados sus palabras.

La Biblia dice que debemos vigilar y orar (ver Marcos 14:38). En nuestros momentos de quietud con Dios, creo que debemos vigilarnos un poco más y orar para que vivamos la fe que tan audazmente profesamos. Cuando damos el ejemplo correcto, es una hermosa manera de compartir nuestra fe.

Pensamiento del día

Nuestras acciones hablan mucho más fuerte que nuestras palabras.

Profundice en la Palabra de Dios: Mateo 5:16; 1 Pedro 1:14-15

Esperanza para el futuro

Ahora bien, la fe es la garantía de lo que se espera, la certeza de lo que no se ve. (Hebreos 11:1)

Cuando piensa en el futuro, ¿está esperanzado o lucha con un sentir de temor? Las personas que han visto la fidelidad en el pasado tienden a tener esperanza para el futuro. Saben que una mala situación puede convertirse en un poderoso testimonio.

La esperanza es lo opuesto al pavor. Primo cercano del miedo, el pavor le roba la capacidad de disfrutar de la vida cotidiana y hace que la gente se sienta ansiosa por el futuro.

La esperanza nos permite confiar en Dios y dejar nuestras preguntas sin respuesta en sus manos; nos da poder para permanecer en paz, y nos permite creer lo mejor de los días venideros. Cuando vivimos con esperanza, tenemos una expectativa confiada en que Dios está a cargo y que nos está guiando hacia su gran plan para nuestras vidas.

Pensamiento del día

Puede vivir con esperanza, porque Dios tiene el poder de proveerle y guiarle a través de cada situación. ¡Todo es posible con Dios!

Profundice en la Palabra de Dios: 1 Pedro 1:13; Proverbios 24:14

¿Tiene una relación real con Jesús?

¡Dios le ama! Él le creó para ser una persona especial, única, exclusiva, y Él tiene un propósito concreto y un plan para su vida. Y mediante una relación personal con su Dios y Creador, puede descubrir un estilo de vida que verdaderamente satisfará su alma.

No importa quién sea, lo que haya hecho o dónde se encuentre en la vida ahora mismo, el amor y la gracia de Dios son más grandes que su pecado: sus errores. Jesús voluntariamente dio su vida para que usted pueda recibir perdón de Dios y tener nueva vida en Él. Él está esperando a que usted lo invite a ser su Salvador y Señor.

Si está listo para entregar su vida a Jesús y seguirlo, lo único que tiene que hacer es pedirle que perdone sus pecados y le dé un nuevo comienzo en la vida que Él diseñó para usted. Comience haciendo esta oración…

*Señor Jesús, gracias por darme tu vida y perdonar
mis pecados para que pueda tener una relación personal contigo.
Siento mucho los errores que he cometido, y sé que
necesito que me ayudes a vivir rectamente.*

*Tu Palabra dice en Romanos 10:9, que "si confiesas con tu boca
que Jesús es el Señor y crees en tu corazón que Dios lo levantó
de entre los muertos, serás salvo" (NVI). Creo que eres el
Hijo de Dios y te confieso como mi Salvador y Señor. Tómame tal
como soy, y opera en mi corazón, haciéndome la persona que tú quieres
que yo sea. Quiero vivir para ti, Jesús, y estoy muy agradecido, porque hoy
me estás dando una nueva oportunidad en mi nueva vida contigo.
¡Te amo, Jesús!*

¡Es maravilloso saber que Dios nos ama tanto! Él quiere tener una relación profunda e íntima con nosotros y que crezca cada día a medida que pasamos tiempo con Él en oración y en el estudio de la Biblia. Por eso, queremos animarle en su nueva vida en Cristo.

Por favor, visite https://tv.joycemeyer.org/espanol/como-conocer-jesus/. También tenemos otros recursos gratuitos en línea para ayudarle a crecer y perseguir todo lo que Dios tiene para usted.

¡Enhorabuena por su nuevo comienzo en su vida en Cristo! Esperamos oír de usted pronto.

Joyce Meyer es una de las principales maestras prácticas de la Biblia en el mundo. Como autora de éxitos de ventas del *New York Times*, los libros de Joyce han ayudado a millones de personas a encontrar esperanza y restauración por medio de Jesucristo. Los programas de Joyce, *Disfrutando la vida diaria* y *Everyday Answers with Joyce Meyer*, se emiten en todo el mundo en televisión, radio y el Internet. A través del ministerio Joyce Meyer Ministries, Joyce enseña internacionalmente sobre varios temas con un enfoque particular sobre cómo la Palabra de Dios se aplica a nuestra vida diaria. Su estilo de comunicación informal le permite compartir de manera abierta y práctica sobre sus experiencias para que otros puedan aplicar a sus vidas lo que ella ha aprendido.

Joyce ha escrito más de cien libros, que han sido traducidos a más de cien idiomas, y se han distribuido más de 65 millones de sus libros por todo el mundo. Entre sus éxitos de ventas están *Pensamientos de poder*; *Mujer segura de sí misma*; *Luzca estupenda, siéntase fabulosa*; *Empezando tu día bien*; *Termina bien tu día*; *Adicción a la aprobación*; *Cómo oír a Dios*; *Belleza en lugar de cenizas*; y *El campo de batalla de la mente*.

La pasión de Joyce por ayudar a las personas que sufren es fundamental para la visión de Hand of Hope (Manos de esperanza), el brazo misionero de Joyce Meyer Ministries. Hand of Hope realiza esfuerzos de alcance humanitario en todo el mundo como programas de alimentación, cuidado médico, orfanatos, respuesta a catástrofes, intervención y rehabilitación en el tráfico de seres humanos, y mucho más, compartiendo siempre el amor y el evangelio de Cristo.

JOYCE MEYER MINISTRIES
DIRECCIONES DE LAS OFICINAS
EN E.U.A. Y EL EXTRANJERO

Joyce Meyer Ministries
P.O. Box 655
Fenton, MO 63026
USA
(636) 349-0303

Joyce Meyer Ministries—Canadá
P.O. Box 7700
Vancouver, BC V6B 4E2
Canada
(800) 868-1002

Joyce Meyer Ministries—Australia
Locked Bag 77
Mansfield Delivery Centre
Queensland 4122
Australia
(07) 3349 1200

Joyce Meyer Ministries—Inglaterra
P.O. Box 1549
Windsor SL4 1GT
United Kingdom
01753 831102

Joyce Meyer Ministries—África del Sur
P.O. Box 5
Cape Town 8000
South Africa
(27) 21-701-1056

OTROS LIBROS DE JOYCE MEYER

The Power of Simple Prayer
Power Thoughts
Power Thoughts Devotional
Reduce Me to Love
The Secret Power of Speaking God's Word
The Secrets of Spiritual Power
The Secret to True Happiness
Seven Things That Steal Your Joy
Start Your New Life Today
Starting Your Day Right
Straight Talk
Teenagers Are People Too!
Trusting God Day by Day
The Word, the Name, the Blood
Woman to Woman
Worry-Free Living
You Can Begin Again
*Your Battles Belong to the Lord**
* Guía de estudio disponible para este título

LIBROS EN ESPAÑOL POR JOYCE MEYER

Belleza en lugar de cenizas (Beauty for Ashes)
Buena salud, buena vida (Good Health, Good Life)
Cambia tus palabras, cambia tu vida (Change Your Words, Change Your Life)
El campo de batalla de la mente (Battlefield of the Mind)
Cómo formar buenos hábitos y romper malos hábitos (Making Good Habits,
Breaking Bad Habits)
La conexión de la mente (The Mind Connection)
Dios no está enojado contigo (God Is Not Mad at You)
La dosis de aprobación (The Approval Fix)
Efesios: Comentario bíblico (Ephesians: Biblical Commentary)